● 本课题受山东政法学院2019科研计划重点项目（2019Q02A）资助

# 创业心理资本与创业绩效关系的再检验

## 基于认知偏差的视角

杨凤鲜 ◎ 著

知识产权出版社
全国百佳图书出版单位
—北京—

图书在版编目（CIP）数据

创业心理资本与创业绩效关系的再检验：基于认知偏差的视角/杨凤鲜著. —北京：知识产权出版社，2020.10

ISBN 978-7-5130-7174-1

Ⅰ.①创… Ⅱ.①杨… Ⅲ.①创业—心理—资本—关系—企业绩效—研究 Ⅳ.①F241.4

中国版本图书馆CIP数据核字（2020）第173518号

#### 内容提要

本书基于心理偏差的视角分析创业心理资本各维度的积极作用和消极作用，如乐观超过一定限度有可能会表现出过度自信，自信/自我效能超过限度会衍生出自恋和傲慢等。为了抵消负面效应，在传统心理资本中补充谨慎、谦虚和认知灵活性等维度，并进一步构建创业心理资本与创业绩效关系模型，设计调查问卷进行实证检验。本书的研究为创业者提高创业素养提供理论依据，也为高校等教育机构的创业心理教育提供理论建议与实践指导。

| 责任编辑：韩　冰 | 责任校对：潘凤越 |
|---|---|
| 封面设计：回归线（北京）文化传媒有限公司 | 责任印制：孙婷婷 |

## 创业心理资本与创业绩效关系的再检验
### 基于认知偏差的视角
杨凤鲜　著

| 出版发行： | 知识产权出版社有限责任公司 | 网　　址： | http://www.ipph.cn |
|---|---|---|---|
| 社　　址： | 北京市海淀区气象路50号院 | 邮　　编： | 100081 |
| 责编电话： | 010-82000860转8126 | 责编邮箱： | hanbing@cnipr.com |
| 发行电话： | 010-82000860转8101/8102 | 发行传真： | 010-82000893/82005070/82000270 |
| 印　　刷： | 北京建宏印刷有限公司 | 经　　销： | 各大网上书店、新华书店及相关专业书店 |
| 开　　本： | 720mm×1000mm　1/16 | 印　　张： | 14 |
| 版　　次： | 2020年10月第1版 | 印　　次： | 2020年10月第1次印刷 |
| 字　　数： | 225千字 | 定　　价： | 69.00元 |

ISBN 978-7-5130-7174-1

出版权专有　侵权必究

如有印装质量问题，本社负责调换。

# 前　言

在现代的我国，创业被视为挖掘新的经济增长点、保持经济增长动力、实现经济新旧动能转换的抓手。但是创业的成功不仅需要资源、环境和机遇等客观因素，还需要创业者具备良好的心理素质和心态。诞生于积极心理学和组织行为学的创业心理资本概念是一个描述创业心理素质的综合概念，并得到学者的广泛认可。在创业领域，学者认为心理资本的重要性超越人力资本、社会资本和经济资本，因为优良的心理资本使创业者可以更好地协调和配置其余三种资本。但是在理论研究和创业实践中，人们发现某些心理资本维度被过度强调也会造成"过犹不及"的效果。尤其是随着认知和行为科学研究的进展，人们对大脑和认知的运作规律有了更清晰和理性的认识。研究者发现人们在决策过程中很容易出现认知偏差。而相比其他人，创业者更容易受到特定认知偏差的影响，如过度自信、控制错觉、事后明白以及小数原理等偏差对创业行为都有显著的影响。因此，假定在更重视和强调创业心理品质积极效应的研究现状中，某些积极心理品质超过一定限度也可能会带来负面影响和偏差行为。

现有的关于认知偏差的研究基本是直接从某种认知偏差入手研究，如直接研究过度自信、损失厌恶、自恋等的特性及其对创业绩效的影响。但是还存在另外一种形式的认知偏差，即某些正面心理品质如果超过一定限度也会带来负向的影响。很少有学者关注到这一点并进行研究。但是在创业领域，这些负面效应有可能直接关系着创业企业的生存与成长。我们假定某种心理品质并不必然是"全好"或者"全坏"的，即便是某些积极心理品质，如果超过一定限度也会带来负面效果。基于这种角度思考似乎才可以解释现实创业实践中某些创业者表现出盲目自大、过度自信等行为特征及企业决策的过度投资、承诺升级等现象。该研究丰富了创业心理资本的内涵和认知偏差领域的相关理论，并为创业活动的顺利实施和创业心理资本教育提供理论借鉴，对提升创业者的心理素质和创业能力，提高我国企业竞争力具有重要的理论意义和实践意义。

创业心理资本是创业者在创业过程中表现出来的一种积极心理状态，是创业者将创业活动持续进行下去的一种内在驱动力。本书使用的创业心理资本的维度借鉴 Luthans 等人的观点，包括自我效能感、乐观、希望、韧性四个方面。大量的研究表明创业心理资本及其各维度对创业绩效及行为具有正面效应和影响，少量文献则提到了心理资本的负面效应及心理资本与创业绩效可能呈倒 U 形的关系。本书通过文献分析和理论推导的方式分析心理资本及其各维度的负面影响，发现乐观超过一定限度有可能会表现出过度自信，自信/自我效能超过限度会衍生出自恋和傲慢，希望超过限度有可能会表现出急功近利、冷漠无情的特征。

在兼顾正、负效应的基础上，继续分析在创业领域创业心理资本对创业绩效的正面影响和负面影响，发现创业自我效能感在获取资源、创业意愿、困境面对层面对创业绩效产生积极影响。而当自我效能超出一定限度时可能使创业者很难从错误中学习，无法维持长久和谐的人际关系，进而负向影响创业绩效。乐观能使创业者更积极地感知创业环境、更能正视挫折、影响其他创业者和企业员工士气的提升、建立社会网络关系和利用社会资源等积极影响。过度乐观也可能导致创业者对环境和机会的误判，从而导致决策和行动的失败，而且过度乐观的创业者其自我省察和自我反思的能力也较弱。希望在创业目标设计、执行与实现过程中均发挥着重要作用，对创业团队的管理和创业团队的工作绩效提升也有正向影响。创业者的希望品质超过一定限度有可能会出现"虚假希望"，即制订的创业目标不切实际。此外，在路径实现方面，有可能导致创业者走捷径、忽视伦理价值观、逃避社会责任甚至忽视股东利益或把员工逼得太紧等。韧性可以防御创业压力、强化创业者的某些特质，如创业能力和抗挫力。而在负面效应方面并没有找到可以立论的观点。

# 前言

根据以上分析，本书设计研究假设，假定自我效能、乐观、自信均对创业绩效有倒 U 形的关系，而韧性具有正向的线性关系。然后，通过文献研究、访谈和专家意见等形式完成了调查问卷，并通过问卷发放收集了足够的样本数据。经过问卷筛选，对所收集的有效数据进行了描述性分析、信度和效度的检验、相关性分析和回归分析，从而得到了回归模型，最后对研究模型和初始假设进行了验证。本研究得到以下主要结论：

自信/自我效能与创业绩效呈倒 U 形关系。该假设获得了实证检验，从而证实了国内外已有的研究成果和本书的推论。

乐观与创业绩效的倒 U 形关系得到了部分支持。因为从实证回归结果来看，乐观与创业绩效线性关系的显著性高于乐观的平方项与创业绩效的倒 U 形关系的显著性。尽管该倒 U 形关系的显著性检验也通过了最低限度的检验（$p<0.1$）。这可能是因为乐观对创业者往往具有更重要的意义，正是由于创业者的乐观精神，才使创业者敢于在高创业失败率前继续从事创业活动。而处于创业初期或中小微型创业企业的生存环境更加不易，创业者更需要乐观精神将创业活动进行下去。

希望与创业绩效的倒 U 形关系得到检验，而且希望与创业绩效的倒 U 形关系表现较为明显。这可能是因为希望的积极效应和负面效应在创业过程中的表现均较为明显。尤其在负面效应方面，很多初创企业在艰难的环境中为了获得生存，其第一桶金可能存在"灰色地带"，并将其归结为不得已而为之。但长此以往，如果创业者不积极带领企业转向更规范的经营和更具社会责任的投资，则很可能使企业走向亏损甚至失败。

韧性与创业绩效的正向线性关系获得验证。无论在逆境或顺境中能始终保持一颗平静的心，似乎是所有人的至高追求。本书的实证分析也证实了该假设，而通过模型对倒 U 形关系的检验不具备实际意义。因此，韧性与创业绩效的线性关系更合理且得到了实证的检验。

既然心理资本的某些维度与创业并不必然是正向关系，如果超过一定的限度会对创业行为或创业绩效带来负面影响，鉴于此，本书继续尝试从抵消负面效应的基础上分析有哪些心理品质可以弥补心理资本的负面效应，进而构建心理资本的新维度，经过查阅文献和调查，确定了是谨慎、谦虚、认知灵活性三个心理品质。谨慎是指对外界事务或自己言行密切注意,指人们思考和行为的周密性和严谨性。创业者的谨慎可以在一定程度上避免过度乐观带来的承诺升级、过度投资等决策失误。但是谨慎超过一定限度也可能带来优柔寡断、难以决策等负面影响。从认知和行为角度来讲,谦虚是指作为个体对自己优缺点正确认知和评价的标准。谦虚有利于个体不管是对自身还是对他人都保持一种开放、流动的状态,愿意不断学习和成长,不局限自己。因此可以有效规避自恋特质和避免对员工或创业伙伴逼迫太紧、冷酷无情等负面效应。认知灵活性指个体能以各种方法建构来自多渠道的信息,并根据情境变化做出适当的反应。认知灵活性可以让个体关注更多元化的信息,提高个体的学习能力和决策的全面性,从而避免因为急功近利忽视很多信息或方面的考虑而做出错误决策。

根据以上分析,本书进一步设计研究假设,假定谨慎对创业绩效有倒U形关系;谦虚、认知灵活性均对创业绩效有正向的线性关系,而修正后的创业心理资本整体与创业绩效有正向的线性关系。经过测量工具设计、检验及模型检验后,得出如下结论:第一,谨慎与创业绩效的倒U形关系并不成立,而获得支持的是谨慎与创业绩效的正向线性关系。这可能是因为创业者群体的果断性和决断力的特征表现更明显。第二,谦虚与创业绩效的正向线性关系得到验证。第三,认知灵活性与创业绩效的正向线性关系得到检验。第四,修正后的心理资本与创业绩效之间的正向关系获得验证。修正后的心理资本对创业绩效的解释变异量较之前有提高,说明修正后的创业心理资本对创业绩效有更好的预测力。

本书的创新之处主要体现在以下三个方面:第一,从认知偏差的视角分析创业心理资本的负面效应,结合认知科学和行为科学的内容研究人们的决策机制以及某些正面心理品质被过度强调反而会带来偏执的负面效果,呈现出过犹不及的特性,从而扩展和深化了创业心理资本理论和认知偏差理论。第二,利用实证研究方法对创业心理资本和创业绩效之间的关系进行再检验,以往也有学者从理论上提出创业心理资本与创业绩效之间有可能会呈现倒U形的关系,但是并没有从实证上进行验证。本研究尝试构建假设模型,利用科学的实证研究方法对模型进行检验。利用定性和定量相结合的方法检验假设模型的科学性，在方法上具有一定的创新。第三，基于最小化负面效应的视角补充创业心理资本维度。既然创业心理资本的某些维度超过一定限度会表现出过犹不及的效果，那么我们可以在现有心理资本维度的基础上尝试增加其他要素，以中和或者减弱它的负面效应。新的维度和旧的维度可能会产生某种拮抗的作用，从而抵消双方的负面效应，以使整体的正面影响最大化，并进一步对该假设进行实证检验，丰富了创业心理资本的研究内容。

# 目 录

■ 第1章 绪 论 ·············································································· 001
    1.1 研究背景 / 001
    1.2 研究问题及相关概念界定 / 004
    1.3 研究意义 / 009
    1.4 本研究的方法和技术路径 / 012
    1.5 研究创新点及难点 / 013
    1.6 本章小结 / 015

■ 第2章 认知偏差与创业心理资本理论研究综述 ·························· 017
    2.1 创业的一般理论研究 / 017
    2.2 创业心理研究述评 / 026
    2.3 心理资本 / 034
    2.4 创业心理资本 / 044
    2.5 认知偏差研究 / 051
    2.6 本章小结 / 060

■ 第3章 心理资本的双面效应 ························································ 062
    3.1 心理资本的正面效应 / 062
    3.2 心理资本的负面效应 / 071
    3.3 心理资本的双面效应总结 / 079
    3.4 本章小结 / 081

■ 第4章　基于双面效应的心理资本与创业绩效模型构建 ················· 082
　　4.1　自我效能与创业绩效的关系 / 082
　　4.2　乐观与创业绩效的关系 / 085
　　4.3　希望与创业绩效的关系 / 088
　　4.4　韧性与创业绩效的关系 / 090
　　4.5　心理资本与创业绩效的关系 / 093
　　4.6　研究假设汇总与模型构建 / 094
　　4.7　本章小结 / 095

■ 第5章　基于双面效应的心理资本与创业绩效实证分析 ················· 097
　　5.1　研究变量的操作性定义与测量方法 / 097
　　5.2　问卷设计流程与问卷构成 / 106
　　5.3　研究样本量、问卷发放与数据分析方法 / 107
　　5.4　本章小结 / 109

■ 第6章　实证分析数据与结果 ················································· 110
　　6.1　描述性统计、信度和效度分析 / 110
　　6.2　假设检验分析 / 119
　　6.3　假设检验结果总结与讨论 / 125
　　6.4　本章小结 / 128

■ 第7章　基于补偿视角的创业心理资本新维度 ·························· 129
　　7.1　谨慎 / 129
　　7.2　谦虚 / 133
　　7.3　认知灵活性 / 139
　　7.4　本章小结 / 143

■ 第8章　修正后心理资本与创业绩效关系实证检验 ····················· 145
　　8.1　新维度与之前维度的关系 / 145

8.2 新维度与创业绩效关系模型 / 147

8.3 研究假设汇总与模型构建 / 154

8.4 研究变量的操作性定义与测量方法 / 154

8.5 问卷设计与数据回收 / 160

8.6 本章小结 / 161

## ■ 第9章 新维度实证分析数据与结果 ········ 162

9.1 信度与效度分析 / 162

9.2 假设检验分析 / 167

9.3 假设检验结果总结与讨论 / 170

9.4 本章小结 / 172

## ■ 第10章 研究结论与展望 ········ 173

10.1 研究结论 / 173

10.2 研究贡献 / 174

10.3 研究局限及研究展望 / 183

10.4 本章小结 / 185

## ■ 参考文献 ········ 186

## ■ 附　录 ········ 206

# 第1章

# 绪　论

管理学大师德鲁克曾指出，创业型就业是美国经济快速发展并持续保持活力的重要因素之一。在现代的我国，创业同样被视为挖掘新的经济增长点、保持经济增长动力，甚至是实现经济新旧动能转换的抓手。因此，国家和政府为创业者提供了很多的有利政策。但是创业并不是一个简单的事情，除了资源、环境和机遇等客观因素外，还需要创业者具备很多的素质和能力，尤其是创业者的综合心理素质和良好心态，如自信、坚韧、果断、谨慎、敢于创新、勇于承担风险等。诞生于积极心理学和组织行为学的创业心理资本概念是一个描述创业心理素质的综合概念，并得到学者的广泛认可。随着认知行为领域的研究进展，创业心理资本的内涵和维度也在不断扩展。

## 1.1　研究背景

创业对宏观经济的影响和意义不言而喻，但从微观个体和单个的创业企业来讲，创业是一项高风险、高失败率的活动。根据《2017年互联网创业群体调查报告》显示，100%的创业公司，经过几年的发展，有86%的创业企业能安全度过初创期，而能安全进入成长期阶段的企业只有6%，有4%的创业型公司能进入成熟期，而能成功上市的企业不到1%。如果我们以成功上市作为创业企业成功的标准，那么创业的成功率只有1%左右。追溯创业企业失败的原因，我们很容易想到的是：资金链断裂、融资无望、商业模式有争议、盈利模式不清晰等，但是更重要的原因可能是管理者或创业者的心理资本不足。创业者没有足够的心理能量带动创业者在困境中继续学习，寻求突破，最终不得不放弃。

最近越来越多的创业者参与"闭门挑战会议""戈壁挑战赛""荒野求生训练"等看上去似乎与创业无关的活动，但这实际上是提升心理资本、为创业者心理赋能的过程。Pierre Azoulay 等人（2020）的研究比较了不同年龄段创业者的成功率，发现45~50岁创业者的成功率大约是30岁创业者成功率的2倍。为什么中年创业群体的成功率更高呢？研究发现他们有更多的时间积累财务资本、人脉关系和业务能力，除此之外，更重要的是他们的领导能力和解决问题能力的不断积累和提升。这也可以理解为年龄较大创业者的心理资本水平同样较高，这使他们可以沉稳面对各种问题和挑战，并更有办法协调和配置物质和人力资源。因此，良好的心理资本对创业成功起着至关重要的作用。

心理资本是源于积极心理学和组织行为学的基本理论和思想，自诞生之日起就受到了国内外学者的广泛关注。大量的国内外实证研究证明，心理资本对组织成员的个体工作满意度、组织公民行为、销售业绩、绩效表现、个体的工作压力感、留职意愿、降低缺勤率等均具有正向的影响（Avey, Patera, and West, 2006；仲理峰，2007）。Luthans 等学者（2008）提出的心理资本的四个构念形成于组织行为学领域，现有研究将心理资本概念扩展于各行各业组织内成员的行为研究，如企业、医院、集体、学校、科研机构、政府等组织内的雇员、农民工、大学生、研究人员等。

心理资本也是创业教育的重要内容。我国的创业教育走的是一条"以赛带教"的过程。1999年清华大学推出了第一届"挑战杯"创业计划大赛，拉开了中国各高校大学生创业大赛的帷幕。至此，我国高校的创业教育迅速发展，积累了丰富的教育经验。在创业教育实践中，我们发现学生的创业心理资本与创业团队构建与合作、项目选择、大赛成果演示、创业后续进展等都有密切的联系。很多高校在创业教育中加入了心理资本培训的内容，但是学生在实践过程中仍存在很多偏差行为，例如学生对自己的创业点子过度自信，过分强调自己在团队中的领袖地位，为了获得竞赛成功夸大创业绩效等。那么，这些偏差行为产生的内在心理机制是什么？是否某些心理资本维度被过度强调也会造成"过犹不及"的效果呢？

基于此，我们查阅了认知科学、行为经济学等相关领域的研究成果。发现随着认知和行为科学研究的进展，人们对大脑和认知的运作规律有了更清晰和理性的认识。除了生理特性影响人们的决策过程，人类的心理特征，如主观性、自信心和自觉力等都会影响人们的思考和决策（Thaler，2005）。人们在决策过程中很容易出现认知偏差。那么我们不禁要问：在特别需要关注风险和不确定性的创业活动中，创业者存在心理偏差吗？答案是肯定的。Busenitz 和 Barney（1997）指出如果没有偏见和直观推断，很多创业行为将不会发生。Baron（2004）研究发现认知偏差是创业者快速决策的原因，相比其他人，创业者更容易受到特定认知偏差的影响。

此外也有学者开始关注黑暗人格和负面情绪对创业行为的影响，其中包括心理资本维度的两面性，如过度自信、自恋、权术主义（Simon and Houghton，2003；何良兴、苗莉、宋正刚，2017）。2015 年 Miller 围绕创业领域提出应该关注创业心理资本对创业的消极影响作用。一些积极心理特性如果表现得超出正常的范畴，可能会出现"过犹不及"的效果，如乐观、自信、充满激情的对立面可能是过度自信、自恋、急功近利等，其中涉及心理资本的各维度。DeNisi（2015）对此补充到一些创业积极心理品质与创业绩效可能呈现倒 U 形的关系。

也有很多研究者专门分析某种认知偏差对创业产生的影响。杨学儒和李军（2016）提出在经济理性创业者、有限理性创业者和过度自信创业者三类假设之间，过度自信创业者是更好的假设。何良兴等人（2017）分析了黑暗人格和情绪特征对创业的影响。赵文红和孙卫（2012）探索了四种认知偏差，即过度自信、控制错觉、事后明白以及小数原理等偏差对连续创业行为的影响。杨隽萍等人（2020）的研究指出过度自信和乐观偏差在创业失败成本与再创业风险感知路径中起部分中介作用，同时乐观偏差和过度自信正向影响创业者的再创业风险感知。杨隽萍等人（2019）分析指出由于新生创业难以获得准确信息客观评价创业项目，更多依赖主观判断，易受到过度自信和控制幻觉等认知偏差的影响，对项目评估过于乐观并承诺升级。

某些积极心理品质超过一定限度也可能会带来负面影响和偏差行为。例如，乐观超过一定限度有可能会表现出过度自信，自信/自我效能超过限度会衍生出自恋和傲慢，希望超过限度有可能会表现出急功近利、冷漠无情的特征。那么这些认知偏差或者负面效应对创业绩效的影响是什么呢？以过度自信为例，它可能是诱发创业行为的关键因素。如果我们是完全理性的创业者，面对不到1%的创业成功率，可能很难去选择创业。但是现实中仍有无数的人将创业付诸实践，那么过度自信可能是较合理的解释。但是过度自信可能也是创业高失败率的原因，它有可能使创业者高估创业项目的可行性而轻率投资，从而负向影响创业绩效。

基于此，本研究结合创业活动的特点从认知偏差的角度再次检验创业心理资本与创业绩效之间的关系。从创业心理资本要素可能带来的负面效应角度分析创业心理资本与创业活动之间的关系。心理资本对创业活动具有重要的意义，如何完善创业心理资本维度对创业教育和创业者都具有重要的意义。因此，本研究进一步尝试从弥补负面效应的基础上提出新的心理资本构成要素，以完善心理资本构念研究。期望通过本研究，探寻和界定最优水平的心理资本，充分发挥心理资本的正面效应，并尽量减少负面影响，使创业者以更优的心态支持创业，提升创业绩效。

## 1.2 研究问题及相关概念界定

### 1.2.1 主要研究问题

本研究依据认知和行为科学领域相关成果，立足认知偏差视角，从"度"的视角分析心理资本与创业绩效之间的关系。以往的研究多关注心理资本的积极影响，但是根据认知行为科学的研究，任何心理特质超过一定限度都有可能带来负面效应。因此，本研究分析创业心理资本的双面效应，并验证其与创业绩效之间的关系。研究目的是探寻最优的心理资本水平，并进一步尝试从最小化负面效应的角度补充心理资本维度。具体包括以下三个方面的研究：

(1) 创业心理资本各维度的双面效应

以往关于创业者心理资本的研究，多关注其积极作用，但是从认知偏差的视角出发，其中的一些心理特征可能具有负面效应，本书收集了创业心理品质、心理偏差和黑暗人格等相关文献，发现心理资本的乐观、自信/自我效能、希望品质如果超过一定限度，超出正常的心理范畴均会带来负面效果。

(2) 创业心理资本与创业绩效关系的再检验

结合已有文献研究成果设计心理资本量表调查问卷和创业绩效问卷，选择创业者群体样本收集数据，验证心理资本与创业绩效是否具有倒 U 形的关系。现有的资料从实证角度研究二者关系的较少，多是理论推导，本研究利用实证方法检验二者之间的关系。

(3) 创业心理资本维度构建

如果以上的各项推论得到验证，我们尝试从抵消负面效应的基础上分析有哪些心理品质可以弥补或抵消心理资本的负面效应。通过查阅本土化心理资本开发的相关文献以及负面效应的反义词，尝试在心理资本各维度中增加新的要素，以弥补心理资本的负面效应。

## 1.2.2 相关概念界定

任何研究都始于研究对象内涵及范畴本身。本书主要研究创业心理资本与创业绩效的关系问题，因此首先需要对创业、心理资本、创业心理资本和创业绩效等进行概念阐述。

(1) 创业与创业行为

随着时代的变迁，创业的内涵也在不断变迁。最早对创业进行明确定义的是 Richard Cantillon（1775），他将创业定义为一种风险性行为。早期的创业研究者关注到创业的高风险特性。随着西方社会商品经济的进一步发展，创业逐渐成为一种常见的经济行为。人们开始关注如何获得创业成功，对于机会的识别和开发进入人们的视野。这一时期的创业定义多与机会、商机有关。例如，Kirzner（1973）认为创业就是在现有的市场环境中寻找新的机会，而且创业者能否辨识出这种机会与创业者的能力有关。Shane 和 Venkataraman

(2000) 更进一步意识到创业者的主动性，提出创业者不仅可以识别出既有机会，而且可以主动开发商业机会。这与乔布斯（1991）的观点一致，他认为消费者并不能明确知道自己的需求是什么，需要创业者或产品开发者直接创造出产品或服务给消费者，甚至可以对消费者进行教育。

还有的学者从资源整合的角度界定创业，如 Gartner（1985）认为创业的整体含义包括创业者、创业组织、外部环境和创业过程四个维度。创业的成功需要四个要素协调配合，而且他指出创业者不仅包括创业者个体还包括创业团队。Timmons 和 Spinelli（2008）给出了类似的定义，而且他指出了创业要素与创业机会的关系。他认为创业团队与各种资源是创业的关键要素，而且创业过程就是创业团队识别出创业机会，并利用各种资源开发创业机会的过程。随着融资渠道的扩展，创业活动逐渐从创业资源转向创业能力，如 Bygrave 和 Hoferl（1991）强调创业者在创业初期不用担心资源不足。Hart（1995）给出了同样的建议，他也认为创业是机会的识别和开发，而且创业者无须担心创业资源的稀缺，不断积累创业经验对创业者来说更重要。Jeffry A. Timmons 也认为创业是一种能力的体现，他指出创业是一种结合思考、推理和运气的行为方式，它为运气所带来的机会所驱动，但需要创业者拥有运筹全局的思考力和和谐的领导能力。

关于创业行为，学者也有不同的认识，有的学者认为创业行为是指创办新的企业，创建并运转一个新的组织（Bird，1995；Gartner and Band，1993；张玉利、杨俊，2003）。Sternberg（2006）指出了广义的创业行为，不仅是创办新企业，还包括原有企业的转型升级。Schumpeter（1934）从创新的角度给出了更宽泛的创业行为。他认为创业行为包括开发新产品、引进新工艺、采用新的组织形式、开发新市场、使用新原料等。Penrose（1959）给出了类似的定义，他认为技术创新、组织变革、产品开发、财务变化和市场定位都是创业行为，而且也强调关键是思想和技术的创新。

本书主要研究创业者在创业活动中的心理品质和表现，主要是创业者个体或者在创业团队中的个体心理与行为表现。狭义上的创业是指识别创业机会并通过建立新的企业组织开发创业机会的过程。广义上的创业是指围绕创业机会进行资源整合与开发的过程，可以通过建立新的企业也可以是在原有企业的基础上开发新产品、开辟新的市场或者财务革新、采用新的技术或者工艺流程。本书选取的研究指标是从事创业活动的个人或者团体，因此更贴近狭义上的创业含义。因此，本书将创业者定义为从事创业活动及行为，具有一定的领导能力和解决问题的能力，能识别创业机会，能通过整合资源开发创业机会进行经营活动并能承担风险的人。

**(2) 创业心理资本**

心理资本是组织行为学和积极心理学相结合的产物，是继传统的经济资本、人力资本和社会资本之外的第四大资本。随着心理学的不断发展，在现代领域中心理资本被认为是组织竞争优势的主要来源和企业最优价值的资产（Luthans and Youssef，2004）。在创业领域，心理资本被认为是创业者应该具备的核心心理素质。

根据 Luthans 等人（2007）对心理资本的界定，心理资本是指个体积极成长和发展过程中表现出来的一种心理状态，由自我效能、乐观、希望、韧性四个维度构成。Goldsmith 等人（1997）认为心理资本与人力资本不同，它强调个体内在的积极心理力量，是个体或创业者不断前行和持续创新的源动力，因此它比人力资本对个体的创新动力和创业绩效产生的影响更大，而且更有实践意义的是心理资本的性质。学者们（Luthans et al.，2004—2007；Avey，Patera，and West，2006）经过实证和理论研究皆认为心理资本是一种"类状态"变量，即具有状态性，可通过干预措施开发，也具有特质性，比较稳定，不像情绪和情感那样具有情境性。既然心理资本可以通过短期培训来构建抵抗压力、解决问题、面对挑战的心理资源，那么创业教育可以开展心理资本的培训，以提高创业者的心理资本来获取较高的创业满意度和创业绩效。

我们将创业心理资本界定为创业者在创业过程中表现出来的一种积极心理状态，是创业者将创业活动持续进行下去的一种内在驱动力。创业心理资本同样具有投资和收益特性，可以通过培训和开发来提升和积累心理资本。通过科学的培训，创业者个人或团体可以练习整合心理资源，不断提升心理方面的竞争优势，并有足够的内在力量整合外在的社会资源、人力资源和经济资源，最终实现创业目标。本书使用的创业心理资本的维度借鉴 Luthans 等人（2007）的观点，包括自我效能、乐观、希望和韧性四个方面。

### （3）创业绩效

对创业企业的绩效进行界定和测量并不是一件容易的事，单纯依靠财务指标或者客观指标具有时间、行业等向度上的难以比较性，因此对创业绩效的界定也较为困难。学者多认可利用主观指标和客观指标相结合的方法衡量创业绩效。

对创业绩效的内涵界定不一致，决定了创业绩效的测量方式也不同。Ling等人（2007）将创业绩效界定为企业存活、成长与营利性三个维度。一般借用组织管理理论衡量企业绩效的指标和方法，如衡量企业存活的财务绩效测量指标有利润、市场份额和资产收益率等，衡量成长绩效的指标如现金流、销售增长率和市场价值等。Chatterji 和 Aaron（2009）认为创业绩效是企业在市场上构筑竞争优势的体现。彭正龙和何培旭也认为高新技术创业企业的创业绩效来源于企业利用掌握的独特资源建立的市场竞争优势，因此，依据该理论创业绩效多通过新产品产值、获得的专利数量和新产品的开发速度等衡量指标来衡量创业绩效。Colombo 和 Delmastro（2002）认为创业绩效是对新创企业通过创业活动或行为是否达成创业目标的测量，因此可以开发一些非财务指标来进行测量，如目标达成程度、员工满意度等。

不难发现，上述原理和指标更适合较为成熟的企业的绩效评估。由于新创企业刚进入市场，产品的市场占有率和利润率较低，存在小企业财务数据的不连贯性和难以获得性，因此很多学者专门开发针对新创企业的测量量表进行测量。Chrisman 和 Bauerschmidt（1998）提出从新创企业生存和成功两个维度进行测量，生存是指企业能否从财务上实现自身的收支平衡，成功是指企业能否创造稳定的消费者价值，获得一定的市场认可度和占有率。还有的学者开发主观测量量表来代替客观财务数据进行测量，并通过实证检验验证该方式具有同客观指标一样的效度，因此这种方法也获得了广泛认同。

本研究的主体是正在参与创业或有创业经验的个体，由于涉及的创业企业大小不一，所在的行业也不一致，因此，本研究将创业绩效界定为创业者个体对创业目标达成程度的测量，是创业者对创业活动的效率或创业满意度的评价。在测量方式上采用主观测量与客观测量相结合的方法,以适应创业企业在规模、行业和成熟度等方面的不一致性。

## 1.3 研究意义

### 1.3.1 理论意义

第一,完善创业心理资本理论。心理资本是创业者在创业过程中必须具备的一种心理素质。根据现有研究,它的重要性甚至超过经济资本、人力资本和社会资本。随着全民创业活动的普及,创业心理资本越来越成为创业教育的重要内容。本研究从心理偏差的视角分析创业心理资本与创业绩效之间的关系,完善了创业心理资本相关理论。随着认知行为科学的进展,人们对大脑的工作机制和人的决策过程了解得越来越详细,单纯地强调创业心理资本的正面效应有时也会带来负面的行为效果,因此有必要考量心理资本的适当水平和程度。基于心理偏差视角的创业心理资本双面效应分析丰富了创业心理资本的相关研究内容。此外,基于最小化负面效应的目的,对传统心理资本维度进行补充和修正。通过实证分析验证其效度和理论上的可行性,进一步丰富了创业心理资本的内涵并为创业心理资本教育提供理论意义上的指导。

第二,丰富了认知偏差理论研究。现有的关于认知偏差的研究基本是直接从某种认知偏差入手研究,如直接研究过度自信、损失厌恶、自恋等的特性及其对创业绩效的影响。但是还存在另一种形式的认知偏差,即某些正面心理品质如果超过一定限度也会带来负向的影响。很少有学者关注到这一点并进行研究。但是在创业领域,这些负面效应有可能直接关系着创业企业的生存与成长。2015年Miller围绕创业领域提出某些积极心理特性,如果表现超出正常的范畴,有可能会出现"过犹不及"的效果,并列举了大量在创业领域里面的例子。DeNisi(2015)赞同Miller的观点,并补充到一些创业积极心理品质与创业绩效可能呈现倒U形的关系。这两篇文章直接提到了正面品质超过限度有可能带来负面影响,但他们并没有利用实证方法验证这一假设。本研究尝试从定量或者"度"的角度分析创业心理品质的影响,并通过实证分析验证自我效能、乐观、希望和韧性等品质对创业的影响是全面正向的，还是如预期的那样有可能是倒 U 形的关系。我们假定某种心理品质并不必然是"全好"或者"全坏"的，即使某些积极心理品质如果超过一定限度也会带来负面效果。基于这种角度思考似乎才可以解释为什么接受创业心理资本培训的学生会表现出盲目自大、过度自信等行为特征。基于"度"的思想分析正面心理品质超过一定限度所带来的负面影响的研究丰富了认知偏差领域的相关理论。

第三，对相关研究提供实证支持。通过实证研究方法，构建基于认知偏差视角的创业心理资本与创业绩效关系的再检验概念模型。以往对于该相关问题的研究还停留在理论推理层面，缺乏收集样本数据进行实证检验。本研究试图基于认知偏差理论、创业心理资本理论等理论分析，在前人研究的基础上，改编并设计创业心理资本问卷、创业绩效调查问卷，并利用统计分析工具分析问卷的信度和效度。然后从所处的创业环境出发，通过收集我国创业企业的一手数据，以科学的统计分析方法验证所构建的理论模型的科学性和合理性。

### 1.3.2 实践意义

第一，研究成果有助于指导创业者创业活动的顺利实施。通过研究创业心理资本与创业绩效之间的关系，指导创业者建立恰当的创业心理资本水平。适宜的创业心理资本水平，使创业者更恰当地调配人力、物力等外部资源，选择恰当的时机衡量什么时候可以做出行动决策，什么时候应该谨慎行事，静待时机，避免冒进。接受过心理资本培训的创业者在创业的过程中通常会比没有接受过心理资本培训的被试表现得更有自信，在逆境环境中坚持得更久，对未来的预期更有希望。但他们往往也会表现出没有调查分析或没有信息基础的盲目乐观或者自信，从而轻率地做出投资决策。我们在心理资本加入谨慎、谦虚和认知灵活性之后，被试的上述行为有了明显改善，他们似乎更能对盲目自信有即时性的觉察，对环境的变化也更敏锐。修正后的创业心理资本对于创业者的创业活动带来积极影响。

第二，认知偏差视角的实证结论，将成为创业者觉察内在心理动机的契机,并为提升创业者的心理资本水平提供理论解释。创业者在做决策过程中对内在心理动机的觉察,对外在环境与资源的衡量与把握,审视自己什么时候该行动,什么时候该隐忍,以及对未来趋势的准确判断都离不开心理能量的支持。这一系列行动的过程伴随着心理资本的锻炼与提升。而且心理资本具有迁移性,在创业过程中提升的心理资本水平或者思维模式可以迁移到生活、工作和学习中,并影响着周围的创业伙伴或者合作者。如果没有对心理资本水平的觉察,一切的行动决策处于混沌或自发状态中,那么创业者的成长有可能是缓慢的,甚至只能依靠行动后果或失败教训来总结经验或者教训。反之,创业者可以事先做好心理建设,事先预测环境或形势的发展方向,更能掌握先机。本研究为创业者提高心理资本水平提供理论依据,并有助于创业者在心理资本的支持下尽快积累创业经验,学习创业技能和领导能力。

第三,丰富创业心理资本教育的内容,促进创业教育的发展。基于认知偏差视角的创业心理资本研究为丰富创业心理资本教育内容提供了理论依据。传统心理资本的四个维度是应用较为广泛而且也最为大家接受的观点。但是创业活动具有特殊性,创业心理资本的维度应该更符合创业所需要的心理特质。虽然创业心理资本扩充维度的其他研究也有一些,但是在接受度和实践性上还有待扩展。基于认知偏差视角的心理资本立足于创业实践总结传统心理资本维度的可能问题,在解决问题的基础上补充心理资本维度,具有更强的实践性。

第四,提高我国企业整体创新和创业能力。随着我国改革开放的深入发展和国际地位的提高,我国企业与国际经济的联系更加紧密。在开放环境下,我国创业者创办企业需要深远的战略意识、敏锐的眼光和正确的战略决策,这更需要创业者拥有过硬的心理素质和心理资本水平。基于认知偏差视角的创业心理资本与创业绩效关系研究为我国创业者借助国内、国外两种资源,利用国内、国外两种市场,循序渐进提高我国自主创业成功率和提升创业能力和水平提供了理论基础。

## 1.4 本研究的方法和技术路径

### 1.4.1 研究方法

研究方法影响研究结果的可靠性和研究的整体价值，因此选择合理的研究方法在理论研究中非常重要。本研究采用实证研究方法，设计调查问卷进行数据收集，并对调查数据进行统计分析。具体步骤为：首先通过研读文献和理论推导，建立本研究的框架，并提出理论假设；然后设计、发放调查问卷进行实证分析，并验证提出的相关理论假设；最后通过对假设的检验，得出本研究的结论，并提出相关建议。

（1）文献研究法

通过学校提供的丰富文献资料和数据库系统，如 Elsevier、Emerald、Web of Science、EBSCO 等以及中国知网、维普期刊、万方数据库等数据库系统，同时利用网络搜索引擎，如 Google Scholar 等，围绕心理资本、创业、认知偏差和创业绩效等关键内容查询相关文献。资料查询后，首先对文献进行整理、泛读，对研究方向有一个整体把握，并从中选出本领域的重要文献和重要专家的文章深度阅读，追踪本领域最新研究成果；然后总结与本研究相关的概念、理论，分析常用的研究方法，并进行归类整理，建立文本知识库和知识体系，并及时增加、补充、扩张相关知识和理论。通过以上文献调研，形成对本研究理论的整体认识，再通过缩小研究范围，聚焦到本研究的论点上，对其深度挖掘和解读，最终提出本研究的概念、研究模型和研究假设。

（2）实证研究方法

实证研究方法是本研究采用的主要研究方法，在文献解读、分析和理论研究的基础上，提出本研究的相关假设，构建研究模型，然后进行问卷设计，发放问卷收集数据，利用多元回归分析数据并验证提出的假设。问卷设计是本研究收集数据的主要方法，为了保证数据的科学性、真实性，对问卷题目和调查对象进行了严格的规范控制。本研究采用 SPSS 统计分析工具，对数据进行整理，得出结果后对结论进行进一步讨论。

### 1.4.2 技术路径

本研究的分析框架从创业实践和创业教育中遇到的问题出发，在对国内外相关文献进行系统梳理的基础上，提出基于认知偏差视角的创业心理资本与创业绩效关系的概念模型。本研究遵循规范的实证研究方法对研究假设进行验证，对数据统计处理结果进行分析和讨论，最终形成关于创业者心理资本与创业绩效关系的研究结论。本研究的技术路径如图 1-1 所示。

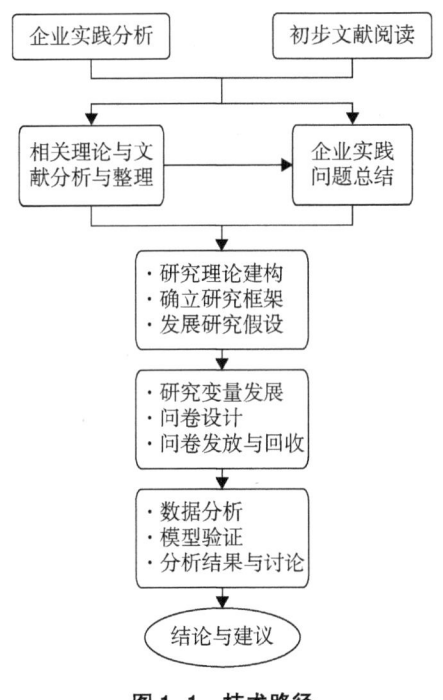

图 1-1 技术路径

## 1.5 研究创新点及难点

### 1.5.1 研究创新点

第一，从认知偏差的视角分析创业心理资本的负面效应。现有关于创业心理资本的研究多得出的是正面结论，即多数研究不管创业心理资本的维度如何，一般的理论或实证结论均是创业心理资本各维度给创业绩效带来积极影响，实证检验为正向关系。但是在创业实践中我们发现如果在创业教育中过度强调创业心理资本的正向影响，也会带来负面的效应，而且直接影响创业企业的投资效率和财务绩效指标。基于此，我们结合认知科学和行为科学的内容研究人们的决策机制以及某些正面心理品质被过度强调反而会带来偏执的负面效果，呈现出过犹不及的特性。如乐观超过一定限度有可能会表现出过度自信，自信/自我效能超过限度会衍生出自恋和傲慢，希望超过限度有可能会表现出急功近利、冷漠无情的特征，从而扩展和深化了创业心理资本理论和认知偏差理论。

第二，利用实证研究方法对创业心理资本和创业绩效之间的关系进行再检验。以往的实证研究多关注到两者之间具有正向的关系。虽然也有学者从理论上提出创业心理资本与创业绩效之间有可能会呈现倒 U 形的关系，但是并没有从实证上进行验证。而经过实证检验之后的结论才具有一定的理论统计意义和普适性。正是基于这样的考虑，本研究基于前期大量文献阅读和分析，以及中后期的理论推导和实证分析，尝试构建一个基于认知偏差视角的创业心理资本与创业绩效关系的研究模型。然后利用科学的实证研究方法和步骤设计调查问卷，收集一手数据，并利用统计软件检验研究模型在实证上是否成立。本研究利用定性和定量相结合的方法检验假设模型的科学性，在方法上具有一定的创新。

第三，基于最小化负面效应的视角补充创业心理资本维度。如果前面的理论假设模型在统计学上成立，那么我们接下来尝试如何最小化负面效应。既然创业心理资本的某些维度超过一定限度会表现出过犹不及的效果，那么我们可以在现有心理资本维度的基础上尝试增加其他要素，以中和或者减少它的负面效应。如面对过分自信、自恋、急功近利等特性，我们尝试在其中增加谨慎、谦虚、认知灵活性等维度。当然这些新的维度超过一定限度也会带来负面效应，但是它的负面效应也可以通过以前的维度进行抵补或中和。所以新的维度和旧的维度可能会产生某种拮抗的作用，从而抵消双方的负面效应，以使整体的正面影响最大化。当然我们也需要从实证上去验证是否增加了新的维度后创业心理资本与创业绩效之间呈现出单向的正面关系。

从认知偏差视角对创业心理资本的修正进一步丰富了创业心理资本的研究内容。

### 1.5.2 研究难点

第一，对既有的创业心理资本维度进行补充和修正是本研究的一个难点。由于从认知偏差视角考虑创业心理资本的负面效应并修正负面效应几乎是一个空白，所以对所选择维度的适切性和正确性需要谨慎思考。笔者几乎查阅了所有创业心理资本的相关维度文献，并翻阅了大量关于认知行为领域和创业心理特质研究的文献，甚至查阅了词典，以寻找适切、科学的名词来抵补已有心理资本维度的负面影响。首先找出所有可能的名词，然后对其进行逐一分析，最终选择了三个名词作为补充维度。为了进一步检验补充维度的合理性，继续构建理论模型检验修正后的创业心理资本与创业绩效之间的关系。如何选择最精准的名词来代表补充维度，而不使读者产生歧义是对笔者在理论建构方面的重大挑战。

第二，模型的建立及变量的测量。关于创业心理资本与创业绩效之间的倒 U 形关系的假设检验在前人的研究文献中很少涉及，尤其是关于倒 U 形关系验证方法。由于创业心理资本、创业绩效的题项设计、数据收集过程等都关系到两者的倒 U 形关系能否得到验证，因此建立合理有效的研究模型并对变量进行合理测量是本研究的难点之一。在对变量测量与统计中，因各被试的文化水平、理解能力不同，变量的权重影响力差异可能较大，这也是在做实证研究时遇到的困难，所以研究结果可能会有误差。笔者将努力把误差降到最低点，以达到预期的研究目标。

## 1.6 本章小结

本章概述性地介绍了本研究的目的、基本内容和实现路径等。

第一，介绍了本研究的研究背景和问题的提出。以往的研究和创业教育多关注创业者的积极心理品质，但是随着认知科学的进展和创业实践经验积累，人们意识到积极心理品质超过一定限度也会带来负面效应，因此提出基于认知偏差视角的创业心理资本与创业绩效关系命题非常有必要。通过实证研究方法，对其进行理论构建和验证是一次有益的尝试。

第二，阐述了研究意义和研究中涉及的主要概念。主要概念有创业心理资本、创业和创业行为、创业绩效。

第三，阐述了研究内容和展示了研究框架。研究内容围绕创业心理资本的负面效应、创业心理资本与创业绩效的关系、创业心理资本维度的修正，探索基于认知偏差视角的创业心理资本和创业绩效的关系模型。

第四，简要介绍了技术路线和研究方法。

第五，概括了本研究的主要创新点和难点。

# 第2章

# 认知偏差与创业心理资本理论研究综述

学者们从各个领域对创业活动展开了研究,如经济学、管理学、认知心理学和社会学等学科领域,均获得了丰富的成果。经济学者认为创业是劳动、资本、技术和管理等生产要素的组合和配置(蔡莉、柳青,2007)。管理学者则从资源基础观、价值创造观、制度理论及创新观点角度阐述创业及其相关理论。认知心理学者关注创业者个体的特质、动机及与环境互动时展现的心智特点。社会学家的观点是从结构化理论角度解读创业者如何在与社会系统之间的互动过程中产生创业机会与创业行为。本章在简要介绍创业者一般理论的基础上,结合本书的研究主题,着重从心理学、认知行为学角度综述创业有关的理论研究。

## 2.1 创业的一般理论研究

与创业有关的研究内容离不开创业者、创业过程、创业绩效及创业能力等理论,它们是本研究的一般理论原理。第1章介绍了创业的内涵界定,这里阐述创业的其他一般理论研究,包括创业者的定义、创业过程理论和创业绩效理论。

### 2.1.1 创业者理论

狭义的创业是指识别创业机会并通过建立新的企业组织开发创业机会的过程。随着对创业研究的深入，创业者的内涵也经历了一个不断扩大的过程，由最初的关注个体层面延伸到创业团体，现有的研究把创业组织，如公司创业、公共机构和非营利组织等组织创业（Drucker，1985）也纳入创业者范围。

早期创业研究关注创业者的个体特征，而且早期的创业者具有较重的经济学特点。创业者一词最初源于 16 世纪的法语"entreprendre"，意为"去执行"。1755 年法国经济学家 Cantillon 在《商业概论》中首次将该词引入经济学，并将创业者的含义定义为在企业组织中承担风险的人。随后，法国经济学家萨伊（1803）将创业者定义为将经济资源从生产效率低的地方向生产效率高的地方转移，并获得收益的商业代理人。亚当·斯密（1775）也在《国富论》中定义了创业者内涵，他认为创业者是企业活动的计划者和组织者。Knight（1921）指出创业者的本质是承担风险和面对不确定性。可见，这一时期研究创业的学者多为经济学家，而且大多关注创业活动的不确定性和高风险性特征，强调创业者的风险承担特性，因此这一时期也称为创业理论的风险学派阶段。

到 20 世纪 30 年代，学者们开始从管理学角度分析创业者特征。较早的具有管理学特征的经济学家 Schumpeter（1934）从研究创新角度入手，认为创业者是主导企业开展各种创新活动，围绕创新进行商业化运作，打破原有的市场边界并获得商业利益的人。主流的观点是围绕创业机会和资源配置角度对创业者进行解读。Kirzner（1978）和 Livesay（1982）提出了类似的定义，均认为创业者是能够识别创业机会、能够协调配置各种资源开发这些创业机会并最终获得经济利益的人。Bruyat 和 Julien（2001）认为创业者是善于组合资源并创造价值的人，新价值的创造离不开创业者的资源整合。Paul 和 Sarah（2003）认为创业者是善于利用各种可获得性的资源，并且做出最终决策的领导者。还有的学者从组建新组织的角度定义创业者，如 Birley（1993）认为创业者是至少建立一家或几家企业的个体，而且强调没有先前经验的首次创业者。可见，这些学者从机会识别、资源整合、组织创建的管理学角度对创业者进行定义。

从 20 世纪 70 年代起，随着心理学和行为学的发展，很多学者从心理和行为学角度对创业者的特性进行分析。他们主要集中于个体层面从特质、心理特性等角度对创业者展开研究。如 Kirzner（1973）与 Casson（1982）强调创业者的认知、敏感性和想象力等认知特性对创业发展、企业利润的影响。Kirzner（1979）在前期研究的基础上提出创业者的警觉性（Alertness）特质，获得广泛认可。创业"警觉性"也翻译为"敏感性"或者"洞察力"，它使创业者对市场中可能的创业机会保持高度敏锐，并能机智地利用各种稀缺资源。Drucker（1985）认为创业者具有不断寻求改变的特质，他们敢于突破既有规范，因此可以从事创新性的活动和事业。Shane 和 Cable（2002）研究了创业者使用和存储信息的大脑结构和心智模式，它们是创造力和识别机会的内在基础。Timmons 和 Spinelli（2008）将创业者的特质总结为四个方面：承担风险组织企业并管理资源、机会识别并获取商业利益、坚韧的创业精神、风险转嫁，并指出具备这四种特质才能称为创业者。创业者特质相关研究整理见表 2-1。

表 2-1 创业者特质相关研究整理

| 研究视角 | 相关文献 | 创业者特质 |
| --- | --- | --- |
| 经济学 18 世纪 50 年代—20 世纪 20 年代 | Cantillon（1755） | 在企业组织中承担风险 |
| | 萨伊（1803） | 将经济资源从生产效率低的地方向生产效率高的地方转移，并获得收益的商业代理人 |
| | 亚当·斯密（1775） | 企业活动的计划者和组织者 |
| | Knight（1921） | 创业者的本质是承担风险和面对不确定性 |
| 管理学 20 世纪 30 年代—21 世纪初 | Schumpeter（1934） | 主导企业展开各种创新活动，围绕创新进行商业化运作，打破原有的市场边界并获得商业利益的人 |
| | Kirzner（1978）、Livesay（1982） | 识别创业机会、协调配置各种资源、开发这些创业机会并最终获得经济利益 |
| | Bruyat 和 Julien（2001） | 善于组合资源并创造价值的人 |
| | Paul 和 Sarah（2003） | 善于利用各种可获得性的资源，并且做出最终决策的领导者 |
| | Birley（1993） | 至少建立一家或几家企业的个体，而且强调没有先前经验的首次创业者 |

续表

| 研究视角 | 相关文献 | 创业者特质 |
|---|---|---|
| 心理与行为学 20世纪70年代至今 | Kirzner（1973）、Casson（1982） | 强调创业者的认知、敏感性和想象力等认知特性对创业发展、企业利润的影响 |
| | Kirzner（1979） | 创业者的警觉性特质，使创业者对市场中可能的创业机会保持高度敏锐，并能机智地利用各种稀缺资源 |
| | Shane 和 Cable（2002） | 创业者使用和存储信息的大脑结构和心智模式，它们是创造力和识别机会的内在基础 |
| | Timmons 和 Spinelli（2008） | 创业者的特质总结为四个方面：承担风险组织企业并管理资源、机会识别并获取商业利益、坚韧的创业精神、风险转嫁 |

资料来源：对不同学者的研究结论进行整理。

可见，创业者功能和特质的研究是创业理论的重要组成部分。综合以上学者的观点，本研究认为，创业者是承担风险、组织创新、创建新的组织、识别市场机会并配置资源进行开发、管理企业运营并获取经济利益等商业活动的主要参与者和领导者，他们是引领企业创造新的价值并不断向前发展的人或组织。

### 2.1.2 创业过程

20世纪90年代，学者们开始将创业研究的焦点转向创业过程，试图发现创业过程背后蕴含的一般规律和法则。传统的研究一般围绕创业过程中创业机会的识别和开发、创业企业的经营过程两个环节展开研究。现有的研究更倾向于将创业过程描述为创业想法到新创企业转化和后续新创企业的成长两个阶段。学者们普遍认为创业的基本流程是：发现和评估市场机会是创业过程的出发点和起点；组建企业并制订经营计划是必经阶段；创业者的重要任务是整合创业资源，组织并经营新创企业。

最先研究创业过程问题的学者是 Gartner，他在1985年提出创业的核心任务是捕捉机会和创建新企业，并围绕这两大核心任务提出了创业的五个动态过程，即机会识别、定义商业模式、评估和获取商业资源、组建新企业和管理新创企业。随后，Gartner关注到创业过程的复杂性特征，他提炼出创业过程背后的四个关键要素：个人、环境、组织与创建过程，并认为要获得创业成功必须保持四个要素的平衡和良性互动。William（1994）同样强调创业过程中不同要素的相互作用，他改进了Gartner的模型，提出的创业过程模型包括个人、机会、环境、风险与报酬五个要素。Bhide（1994）和Hitt等人（2001）则强调了创业过程中战略管理的作用，他们认为战略管理伴随企业新创和成长过程的始终，并将创业过程描述为企业新创建和成长过程中的战略管理过程。Timmons（1999）对创业过程的描述更接近认知心理学的研究范式，他强调创业过程是一个思考、推理和行为过程，而且在该过程中要保持机会驱动、思维方式和领导方式等要素的平衡。而且他提出了创业驱动模型，认为创业机会、资源和团队是驱动创业的三大因素，并强调三者之间的动态适应和匹配是创业成功的关键。

　　Holt（1992）则结合生命周期理论来探讨创业过程，并分析了每个阶段的成长任务和重点。他将创业过程划分为创业前阶段、创业阶段、创业企业早期成长阶段和创业企业晚期成长阶段四个阶段。在创业前阶段，创业者要对创业项目进行整体考察和谋划，评估潜在的市场环境，随后筹集项目的前期投入资金，并制订专业的商业计划；创业阶段的首要任务是生存和找准自身的市场定位，必要时根据市场情况和企业的财务状况调整商业计划；创业企业早期成长阶段，企业的首要任务是获得发展，在这一时期面临的挑战可能是对企业资本的配置和应对市场突如其来的变化；创业企业晚期成长阶段，企业的发展任务是制定良性的管理体系，不断提高企业运作的效率。我国的很多学者也借鉴生命周期理论提出不同的创业过程划分方式。吴耀昌（2015）提出创业过程包括创业动机、创业机会感知、整合资源开发创业机会、管理新创企业四个阶段。王玉帅等人（2009）提出的创业过程包括三个阶段：动机阶段、机会阶段和企业成长的前阶段（新创企业成立42个月之内）。学者们对创业的动机阶段展开了丰富的研究，创业动机阶段是创业意愿或创业目标形成的阶段。影响个体创业意愿产生的因素很多，包括个体心理特征因素和外在环境因素。个体心理特征变量包括自我效能、风险倾向性。这些因素既有先天形成的影响，也可以通过后天的学习和教育形成，因此创业教育特别重要。客观环境要素包括掌握资源的数量、创业政策完成程度，这两种因素均与创业意愿成正向关系。

创业机会阶段的机会识别历来是创业过程管理研究的重点和核心。Garvin（1993）认为创业机会识别是一个复杂的过程，创业机会的识别包含机会发现和机会形成两个阶段，而机会发现阶段又包括准备、孵化和洞察三个阶段；机会形成阶段则包括机会的评估和深加工两个阶段。Venkataraman 和 Sarasvathy（2001）特别强调了机会识别在创业过程中的作用，提出有两种方式可以将创业机会转为市场价值，一是创建新公司，二是出售创业点子给现有企业。Shane 和 Venkataramen（2000）再次强调商业机会在创业过程中的核心地位，并重点关注创业者个人特质对机会识别和开发的影响。创业机会存在的原因、时间和方式是创业过程的基本问题，并结合创业者和创业行为的独特性，构成了创业活动的独特性。

虽然发现机会是创业过程的核心，但获取创业资源也是创业过程中非常关键的环节。创业资源的整合直接影响创业活动的成功，因此创业者的资源获取和整合能力是创业者重要的创业能力之一。对于创业者的资源获取方式，现有的研究主要聚焦在两个方面，一是 Backer 和 Nelson（2005）提出资源拼凑（bricolage）的概念，主张随地取材，并赋予既有资源新的价值。Burt（1992）、Hargadon 和 Sutton（1997）则主张以中介的方式，创业者首先在资源网络中取得优势地位，然后可以横跨不同领域的知识来取得资源。

Ireland 等人（2003）则综合了以上心理特征、资源等要素提出了一个综合性的、基于战略视角的创业过程。该模型以创业心智和创业文化及领导力作为创业过程的逻辑起点，以战略资源管理和运用创造力与开发创新为主要路径，最终的目的是形成创业企业的竞争优势。其中创业心智即属于认知理论的范畴，包括机会识别、创业警觉等维度，如图 2-1 所示。

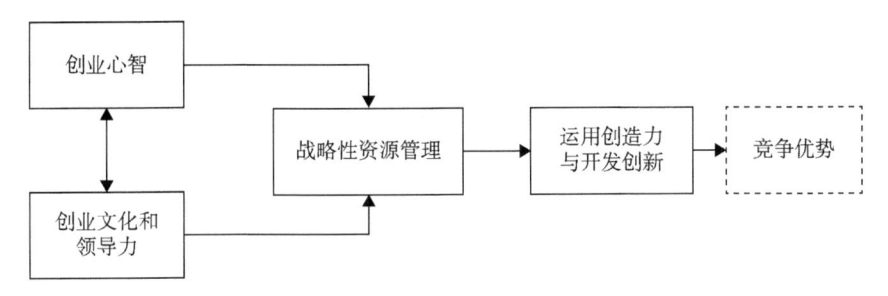

图 2-1 Ireland 等人的战略创业过程

资料来源：IRELAND R D, HITT M A, SIMON D G. A Model of Strategic Entrepreneurship: The Construct and its Dimensions [J]. Journal of Management, 2003, 29 (6): 963-989.

总之，创业过程的研究经历了从创建新组织层面及包含要素的考察，到创业阶段的划分，再到创业过程中创业机会、资源获取等关键环节的研究。本研究将创业过程划分为创业意愿产生、创业机会识别和开发、创业价值实现阶段。每一个阶段创业者面临的任务不同，所需要的心理素质也不同。如创业意愿产生阶段，创业动机的酝酿、创业勇气的积累和创业目标的完善；创业机会识别和开发阶段，企业生存压力的管理、面对困难的挑战和对未来的愿景保持；创业价值实现阶段，企业使命感和未来目标的保持、企业管理层的调整和挑战等。

### 2.1.3 创业绩效

对于创业绩效的测量是创业研究的一个难点，因为创业企业不能完全等同于一般意义上的企业组织，所以测量常规企业绩效的方法不太适合于测量创业企业绩效。因此需要通过文献研究梳理创业企业绩效的内涵与测量方法。关于创业绩效的成熟理论主要有目标理论、系统资源论、过程理论和利益相关者论四种。不同的创业绩效理论决定了不同的测量方式。

目标理论认为每个创业者在创业开始时都有自己的创业目标，因此创业绩效可以用目标达成的程度来测量（Etzioni，1964），它强调创业完成的结果。在创业研究与实践中，该理论均得到了广泛的应用。因为在创业初期一般创业企业的所有权和经营权还没有分离，创业者或创业团队是绩效评估的主体，这时创业目标可以被准确、客观地测量。

系统资源理论是 Yuchtman 和 Seashore 于 1967 年提出来的。该理论强调企业获取并维持稀缺资源或战略资源的能力。他们认为创业企业的生产与发展离不开与周围环境的互动，企业能否不断从周围环境中获取所需要的资源决定了创业能否成功。该理论将"组织能力的培养"与"获取资源"纳入创业绩效测量的范围。对创业能力的培养具有一定的指导作用。

过程理论是 Steers（1977）提出的，他主张从员工行为角度来测量创业绩效。该理论认为员工对组织的承诺行为与程度，即员工是否认同企业的愿景和目标，员工是否愿为企业付出努力，是否愿与企业一起承担风险。员工对组织的这种承诺行为是衡量创业绩效的一个重要维度。并且他提出"员工承诺度"这一指标来测量创业绩效，计量方式是测量员工组织承诺行为的频率和程度。

利益相关者理论认为可以从与创业活动有关的利益相关者角度去衡量创业绩效（Connolly, Conlon, and Deutseh, 1980）。利益相关者包括供货商、投资者、顾客、员工甚至政府等主体，他们的满意度均会影响创业企业的生产和发展。因此创业企业不仅要关注投资者和顾客的相关利益，也要关注其他利益相关者的利益，协调好各方的利益才能实现创业企业的目标。

还有学者采用更为直接的指标，如财务指标、创新指标和成长指标等。如薛红志（2005）直接采用财务指标衡量创业绩效，如现金流、销售收入、销售增长率、股东权益率和利润率等。创业绩效相关指标的整理见表 2-2。

表 2-2　创业绩效相关指标的整理

| 不同理论 | 代表文献 | 衡量角度 | 绩效指标 |
| --- | --- | --- | --- |
| 目标理论 | Etzioni（1964） | 目标达成的程度 | 目标完成度 |
| 系统资源理论 | Yuchtman 和 Seashore（1967） | 企业获取并维持稀缺资源或战略资源的能力 | 组织能力的培养、获取资源 |
| 过程理论 | Steers（1977） | 员工对组织的承诺行为与程度 | 员工承诺度 |
| | Timmons（1999） | 创业过程与各阶段的成效 | 首期：机会的发掘；初期：经营团队的组成；启动后：资源的需求。并兼顾各阶段平衡 |

续表

| 不同理论 | 代表文献 | 衡量角度 | 绩效指标 |
|---|---|---|---|
| 利益相关者理论 | Connolly、Conlon、Deutsch（1980） | 与创业活动有关的利益相关者角度去衡量创业绩效 | 供货商、投资者、顾客、员工甚至政府等主体的满意度 |
| 网络理论 | Honig、Davidsson（2003），Christian、Julien（2000） | 社会网络对创业流程的影响 | 创业者过去的工作关系、自主人际关系、亲属关系与社群 |
| 生态理论 | Van de Ven、Hudson、Schroeder（1984） | 以组织（新企业的规划、组织过程）与生态（结构、政经条件）的角度 | 创业构想的来源、构想的评估、市场的分析、竞争分析、事业规划程序、创立的规模、先期资本的来源与额度、实务问题的解决等 |
| 直接衡量 | 薛红志（2005） | 财务指标、创新指标、成长指标 | 现金流、销售收入、销售增长率、股东权益率、利润率 |

资料来源：对不同学者的研究结论进行整理。

以上研究中很多学者使用财务绩效指标和成长绩效指标。这两者的区别是，成长绩效指标是一种相对测量指标，它比财务绩效指标更容易测量，也更加准确。因为当一个企业可以持续地为市场创造价值时，我们就认为企业成长了。但是单纯的财务指标无法表示企业的这种变化。两者联系时，有时成长绩效指标也需要用财务指标来表示，如销售额和利润率等。此外，成长绩效指标还包括非财务指标，如员工承诺度、获取资源、利益相关者满意度、市场份额和员工人数的增长等。而对创业企业来说，利用这些非财务指标可能更适合，因为对创业企业来说，很多还没有实现经营权和所有权的分离，所以在财务制度上可能并不健全和公开，甚至有一些企业在创业初期会降低利润率，以隐瞒利润。还有一些企业出于成长考虑可能会长期处于非盈利状态，而发展潜力较好。因此本研究也采用成长绩效指标与财务绩效指标相结合的方式来测量创业企业绩效。

## 2.1.4 文献述评

从以上关于创业理论的文献综述与分析中可以得出如下结论：

（1）关于创业者特质的理论研究经历了从经济学、管理学到行为心理学的理论范畴的变迁。从心理与行为角度研究创业者特质是创业领域研究的热点和趋势之一。创业企业在机会识别、管理资源和创建团队等各个环节需要具备坚韧的创业精神，并在创业过程中需要时刻保持警觉性。

（2）创业过程中各个环节均需要创业者具备某些心理特质或要素，来支撑创业者完成该阶段的任务并进入下一阶段。本研究将创业过程划分为创业意愿产生、创业机会识别和开发、创业价值实现阶段。每一个阶段创业者面临的任务不同，所需要的心理素质也不同，因此在研究创业过程及绩效时需要考虑心理资本等心理要素的影响。

创业绩效的衡量方式有多种。单纯使用某一种指标或者某一类指标无法反映创业企业的诸多差异性。而且对创业企业来说，很多还没有实现经营权和所有权的分离，单纯使用财务指标或者成长指标可能得出的数据很难具有可比性，因此用财务绩效指标与成长绩效指标相结合、主观指标与客观指标相结合的方式来测量创业企业绩效。

## 2.2 创业心理研究述评

对创业者来说，创业活动是一项自主性、选择性和主导性特别强的活动，因此创业者的心理活动和思维决策过程就成为创业研究中的一个重要内容。20世纪90年代中期，学者们由专注创业者个人特质研究逐渐转向关注创业者心理和认知行为方面的研究。认知心理学、行为科学等领域的研究成果为创业心理研究提供了丰富的理论基础。

### 2.2.1 创业心理研究

创业者的心理素质是在创业实践中不断积累和完善的。早期的创业研究内容主要关注创业者的个性特征或者心理学特征，主要研究任务是"识别出哪些人会成为创业者"。研究的结果认为创业者具有一组特定的特质，这些特质是创业者区别于常人的地方，也是他们会选择创业行为的重要原因。该研究领域的核心理念也处于不断发展变化中。

新古典平衡理论认为，市场机会是客观存在的，对所有人都是公平的，要不要开发市场机会以及如何开发市场机会关键在于创业者自身。因此该理论学派的学者关注创业精神。Miller Friesen（1983）指出创业精神是指个体表现出的敢于创新、勇于承担风险和开拓进取的品质。Sharma 和 Chrisman（1999）将创业精神归纳为组织和个体的创新精神，是促成新事业形成、发展和成长的源动力，要求创业者具备求新、求变、求发展的心态，如图 2-2 所示。Shame（1974）认为创业精神不在于创建新公司，只要创业者将新事物带入现有的系统中并创造了新价值，如新产品或服务、新流程或新的管理制度，就可以称为具有创业精神。心理学家认为创业者的创业精神会促使他们发现创业机会，愿意承担风险。否则创业机会对他们是没有意义的，他们也不会关注和发现创业机会。因此创业家的人格特征和心理要素才是影响创业者发现创业机会的关键要素。学者进一步研究提出控制欲望、成就感、冒险精神、积极进取等个性特征，决定了一个人是否具有创业精神。

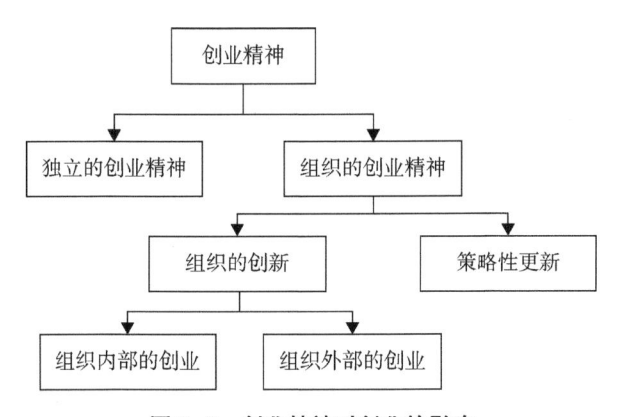

**图 2-2 创业精神对创业的影响**

资料来源：SHARMA P, CHRISMAN J J. Toward a Reconciliation of Definitional Issue in the Field of Corporate Entrepreneurship [J]. Entrepreneurship Theory and Practice, 1999, 23（3）: 11-27.

特质理论主要解释创业者具有什么样的特质，如成就动机（McClelland, 1961）、控制倾向（Brockhaus, 1982）、勇于承担风险（Brockhaus, 1980）、对不确定性的忍耐力（Schere, 1982）。但是特质理论也存在缺陷，因为每一个特质理论对创业的影响在现实中都能找到反例。因此学者注意到完全的特质理论不能解释创业成功，还需要关注情境因素和人的学习能力。

行为理论在弥补特质理论的缺陷方面做出了贡献，该理论学派认为不是关注创业者是什么，而应关注创业者的行为，创业者做了什么（Gartner，1988）。管理学大师德鲁克认为创业精神不是一种人的性格特质，而是一种行为。特质理论和行为理论的结合，为解释创业者的心理特征提供了丰富的理论基础。

关于创业心理要素的研究成果。Voorhis（1980）认为创业者需要具备的特征包括竞争趋向、行动力强、控制倾向、独立品格、中度风险偏好等。Horwitz（1986）研究发现创业者与一般的企业管理者在控制源、成就需要和风险倾向等方面具有显著差异。还有学者研究了精力旺盛度、行为规范性（Sexton and Bowman-Upton，1986）、自主趋向、韧性（Neider，1987）、个体自我控制（Greenberger and Sexton，1988）和自我实现需要（Knight，1987）等方面。在研究趋势中，学者多关注的重要创业心理要素包括情感、创业动机、成就需要、控制欲望、创业热情和创业意图，见表2-3。

表2-3 创业企业家的心理特征研究汇总

| 年份 | 作者 | 特征 |
| --- | --- | --- |
| 1848 | Mill | 承担风险 |
| 1917 | Weber | 正式权力源 |
| 1934 | Schumpeter | 革新：动机 |
| 1954 | Sutton | 渴望承担责任 |
| 1959 | Hartman | 正式权力源 |
| 1961 | McClelland | 承担风险；有实现成就的需要 |
| 1963 | Davids | 野心；渴望独立；承担责任；自信 |
| 1964 | Pickle | 驱动力/精神、人际关系、沟通能力、技术知识 |
| 1971 | Palmer | 风险评估 |
| 1971 | Hornaday 和 Aboud | 实现成就的需要、自主性、进取性、权力、认识、革新/独立 |
| 1973 | Winter | 对权力的需求 |
| 1974 | Borland | 内部控制中心 |

续表

| 年份 | 作者 | 特征 |
| --- | --- | --- |
| 1974 | Liles | 实现成就的需要 |
| 1977 | Gasse | 个人价值导向 |
| 1980 | Sexton | 精力/雄心；主动撤回 |
| 1981 | Welsh 和 White | 控制的需求、责任追求、自信/驱动力、迎接挑战、适当承担责任 |
| 1983 | Pavett 和 Lau | 理念、人文和政治能力，熟悉特定领域里的技术 |
| 1986 | Ibrahim 和 Goodwin | 分权能力、处理顾客与员工关系的能力，人际交往技巧与控制着重要资源和相关技能的人结成网络的能力 |
| 1987 | Hofer 和 Sandleg | 具有可体现高度责任感和权威感的强有力管理技巧；既是管理家更是专家 |
| 1989 | Wheelen 和 Hunger | 用各种计划、预算、程序和评估等来执行战略的能力 |
| 1992 | Chandler 和 Jansen | 自我评估以识别商机的能力 |
| 1992 | McGrath、MacMillan 和 Scheinberg | 高度个人主义、不易接近、避免不确定性、大丈夫气概 |
| 2003 | Shane 等 | 成就动机在创业中的表现和影响 |
| 2008 | Baron | 消极和积极情感在创业活动中的作用 |
| 2013，2017 | Melissa 和 Cardon 等 | 创业激情在创业中的影响 |

资料来源：根据杰里弗·蒂蒙斯《创业者》，华夏出版社 2002 年版第 7-8 页修改整理。

Baron（2008）分析了情感在创业活动中的作用，并构建了情感的理论模型，阐释情感在感知创业机会、获取资源等创业活动中的作用。他认为情感会影响创业认知。情感有两种类型：积极情感和消极情感。积极情感在创业活动中起主要作用，它使创业者关注创业活动更长远的行动。消极情感对创业活动也具有重要的意义，例如它使创业者调整不理想的行动，并做出努力关注并提高下一步行动。当消极情感促发创业者的下一步行动时，会转化为积极情感。总体而言，情感是连接创业者外在环境和内在需求的桥梁并诱发创业行动。

创业激情的研究始于社会心理学，其含义为一种能激发人们创造力和行动力的强烈情感，是一种推动个体更高效投入活动的有意识的体验（Belitz and Lundstrom，1997）。Melissa 和 Cardon 等学者将创业激情这一概念引入创业领域中，将其作为一种创业者的独有特质和一种过程性的情绪体验。Baum（2011）认为创业激情是创业者都具备的相对稳定的特质，是普遍存在的。而Vallerand等人（2003）则认为创业激情只有在创业过程中才会产生，是创业者的思想和行为相统一时产生的一种生理和心理状态。Chen（2009）则认为创业激情可以激发创业者不断前进的动机，是创业者在困难和挫折面前不断前进和持续付出努力的动力，直到获得创业成功。

成就动机是解释创业动机的一个重要变量（Shane, Locke, and Collins, 2003），成就动机可能是创业者最显著的特征之一（Babb et al., 1992），是创业者的一种成就需要，是创业者想要不断超越他人或自己的内在动力。Stewart等人（2003）指出与非创业者相比，创业者具有更强烈的愿望想要获取优势地位并获得更高的成就。成就动机会随着创业者的成长和经历而不断变化，所以它表现为一种使创业者不断变得更好的动态过程（McClelland, 1990; Hansemark, 2003）。Hansemark（2003）研究指出成就动机虽然是创业者的重要特质，但是它不能单独对创业活动产生影响，而是与其他特质一起构成特质组合才能发挥作用。Haynie等人（2010）也认为创业组合能对创业活动产生显著的促进和提升作用。如创业者情感可以激励创业活动产生创业动机。创业动机为创业活动提供方向和持续性，创业热情使创业者愿意在创业活动中持续投入时间和精力，同样为创业活动提供了持续的动力，而且创业动机有利于创业者产生自我认同，满足自我认知的需求，反过来会进一步激发创业热情。

可见，创业心理研究的起源较早，特质理论主要关注创业者自身的个体特征，而行为理论将创业者放在特定的情境中研究人的行为反应，强调人们的学习能力和能动的适应力。特质理论和行为理论的结合，为深入探索创业者的心理特征和行为模式提供了丰富的理论基础，也为本研究提供了理论借鉴。

### 2.2.2 创业认知行为学研究

认知心理学主要研究人们的认知过程和规律，目的在于了解个体的感知、记忆和思维过程，尤其是人们在与他人和环境互动的过程中展现的感知、记忆和思维等心智过程。利用认知心理学可以解释创业者在创业过程中的思维和决策过程，因此后续很多学者开始借鉴认知心理学的内容来解释创业认知和创业行为。

根据创业相关理论的研究综述，创业过程主要包括创业动机的产生、商业机会的识别，以及获取各种资源以开发商业机会。创业认知研究重点关注在这三个关键创业环节中人们的思维和决策过程，如关于新产品或新服务的创造性思维的产生，如何识别创业机会，如何获取资源等。Baron 和 Ensley（2006）解释了创新性思维的来源。他们认为创造性思维主要来自于创业者记忆库中存储的信息结构，单个的、散乱的记忆碎片并不能产生创造性思维，关键在于个体在大脑中组织、存储各种信息时所形成的认知结构。个体如果意识到一些不符合常规的变化、趋势或事件之间的某些联系，就能促使个体以一种新的方式重新加工和使用这些信息，从而产生新的思维，这种新思维的产生过程也叫作"模式认知"。他们进一步解释创业者为什么能发现创业机会，由于这种认知结构有主动帮助人们关注多种信息之间联系的引导作用，因此如果创业者有某些特殊的或其他人没有的信息，那么他更容易识别出该领域的商业机会。

还有的学者研究了创业者的敏捷性思维（Heuristics-based Logic）、创业警觉性（Perceived Connections and Alertness）和创业专业性（Entrepreneurial Expertise）等认知范畴。敏捷性思维也被翻译为先动性，是创业者能够预判市场机会，并先于竞争对手付诸行动的特质。Miller 和 Friesen（1983）将其概括为前瞻性行为，这种特质使创业者赢得市场生产空间。杜运周等人（2008）发现这种前瞻性行为与中小型创业企业的生存和发展存在密切的关系，中小型创业企业的敏捷性思维能帮助企业在市场中获得先发优势，促进企业快速成长并有较高的创业绩效。

Mitchell 等人（2002）将创业警觉性的含义描述为创业者用来评估市场机会、创建新企业及管理企业成长的知识结构。这种知识结构有利于创业者以简化的心智模式去拼凑、解读，进一步明确复杂的信息价值，并挖掘出这些复杂信息背后的商业价值。Gaglio 和 Katz（2001）探索了创业警觉性的认知心理过程，该研究认为创业者可以不用刻意搜寻信息，将自身置于信息流中就可以发现创业机会,创业者的认知风格和思维方式对创业成功有更好的预测作用。Li（2004）创建了信息搜寻模型和适应性学习理论,并在此基础上分析了创业警觉性包含的维度:兼顾常规、创新思维、探索新信息、持续完善。

学者也研究了创业者的先前经验对创业的认知的影响。MacMillan（1986）指出创业者的先前经验是指创业者在之前的经历中获取的信息、知识和技能等,这些先前经验是创业者掌握更多知识和技能的基础,它们是创业者的一种隐性能力,有助于创业者更有效地采取行动。研究认为创业者的先前经验包括创业经验、行业经验和职能经验。Baron（2004）研究指出创业者过往的生活或工作经验,有利于创业者形成独特的认知结构,并引导创业者构建出新的"目标—手段"关系,形成机会知觉。Zhu 和 Cummings（2007）指出,创业者的先前经验越丰富,积累得越多,越有助于创业者的创业活动。尤其是先前经验与创业活动相关度越高,如社会资本的积累、相同行业技术的积累、领导能力的积累等,对创业者在机会识别、战略选择等创业活动中的影响越大。

其他关于创业认知理论的研究包括:Shane（2003）指出一些心理变量,如能动性、信心、警觉性等均会影响人们如何决策和思考。Busenitz 和 Lau（1996）则使用认知结构和认知过程等理论知识解释为何有些人有更强的创业意图。卢希鹏（2010）研究了创业者与非创业者在认知上的差异,发现相较于非创业者,创业者在创业计划认知、创业意愿认知和创业能力认知上均具有显著的差异。

吴耀昌（2015）以压力为中介变量,构建了一个包括生理因素和心理因素在内的创业绩效模型,进而分析这些生理和心理因素对创业绩效的影响。其研究结果表明创业者的个体生理和心理特征与工作压力之间存在双向传导机制。这种双向传导作用是导致创业者个体差异影响创业绩效的内生性机制,如图 2-3 所示。

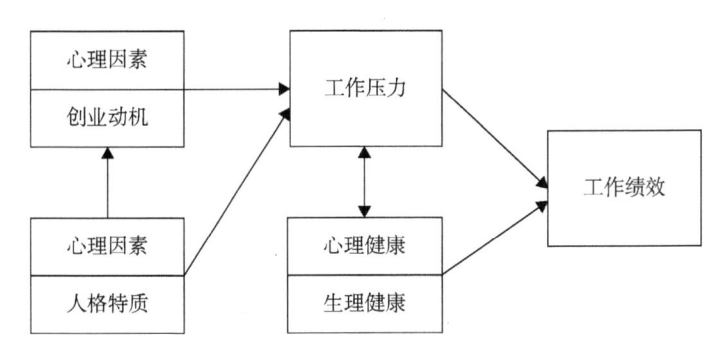

**图 2-3　创业者生理和心理因素对创业绩效的影响**

资料来源：吴耀昌. 创业者生理心理因素对创业绩效的影响 [D]. 苏州：苏州大学，2015.

由此可见，利用认知理论可以探索创业者如何利用外在环境变化来觉知创业机会，如何利用外部网络获取资源以及如何开创新企业。创业过程中的各个环节与创业者内在的认知模式高度相关。认知理论是连接创业者自身层面与环境层面，解释创业者如何与环境互动的理论平台，也为本研究提供了基础理论。

### 2.2.3　文献述评

自新古典经济学开始，关于创业企业家心理研究的发展主要经历了两个阶段的发展历程，早期创业者心理研究更加注重以创业者个体为研究对象，研究创业者所具备的独特个性或心理特质，主要回答"什么样的人是创业者"这一问题。随着研究的进展，发现总结出来的各种特质仍然无法包含所有的创业类型，因为对大多数创业特质来讲总能在现实中找到反例。针对这一问题，学者们扩宽思路，将创业者放入环境背景中，由关注什么样的人是创业者，扩展到关注创业者所处的环境以及创业者的行为反应。

创业者特质和行为理论的研究为后来创业心理资本的提出提供了理论基础。创业者主体个体特征与创业企业成长与绩效之间存在密切联系，要把握这种内在联系，需要对创业者的心理行为方面加以考察，考察创业者的心理要素和相关内容如何影响创业行为和创业活动的展开，在这个过程中，以揭示创业者个体心理因素对创业企业成长和创业绩效的综合作用机制。

## 2.3 心理资本

### 2.3.1 心理资本的含义与维度

"心理资本"这一名词由来已久，最早是作为员工生产力的影响因素之一进行研究的，因此诞生于管理学、经济学和投资学等相关领域中。Goldsmith 等人（1997）将心理资本定义为个体对工作态度、职业道德、自我认知和生活态度的看法。对心理资本的研究弥补了以往经济研究中主体的个性特质难以观察和测量的弊端，因此得到了不少学者的青睐和使用。如 Hosen 等人（2003）总结心理资本的构成要素应该具有稳定性和耐久性的特征，并总结其具体内容包括自我监管、心理品质与倾向及认知能力等要素。Cole 等人（2006，2009）将心理资本定义为一种个性特征，并且这种个性特征能对劳动生产率产生影响，包括自我效能、控制点、自尊和情绪稳定性四个核心构念。他们认为应该用自我评价的方法来度量心理资本。

随着心理资本研究的展开，很多学者对心理资本的构成要素进行了补充。但是也存在构成内容不统一，没有一致的、有依据的标准。而且学者多是从主体的个性特征角度进行归纳，与人格概念难以区分，很容易产生混淆。基于此，Seligman 和 Csikszentmihalyi（2002）提出质疑："到底存在不存在心理资本，如果存在其内涵是什么，如何界定以及如何应用于实践？人们研究心理资本的过程是否也是在构建自己的心理资本的过程？"他们的问题在提示研究者，或许存在心理资本，只是心理资本的内涵和构成要素还没有一致的结果，还需进一步研究。

Seligman 和 Csikszentmihalyi 于 1997 年提出积极心理学概念，并详细阐述了其兴起的背景、研究内容和意义。积极心理学的内涵是通过对人们身体和心理机能的研究，发现使个体、组织和社会获得良好发展的心理因素，并通过调整这些因素使人们的心理健康水平和幸福感知度获得提高，并进一步促进社会和谐发展。其主要的研究内容包括个体积极情感体验、积极人格和积极社会环境三个方面。积极情感体验属于个体主观层面上的维度，包括满足和幸福感、快乐和幸福流、希望和乐观主义；积极人格属于个体特质方面的维度，包括工作的能力、爱的能力、对美的感受力、宽容、毅力、创造性、勇气、人际和谐、前瞻性、灵性、智慧、天赋等。对这些品质的研究主要集中在来源和功能上。积极社会环境属于群体层面的范畴，包括公民美德和社会环境，如何构建使个体成为有责任感、有礼貌、利他主义、宽容和有职业道德的公民的积极社会环境，健康的家庭、和谐的社区、有效能的学校和有社会责任感的媒体等。

2007 年，Luthans 等人探讨了心理资本的属性，并将其界定为"类状态"，它是介于状态和特质之间的一种属性。区分的标准是稳定性和改变及开发的难易程度两个维度（见图 2-4）。Ⅰ区代表积极特质变量，这些变量十分难以改变且非常稳定，如智力水平、天赋等其他通过遗传获得的个性特征。Ⅱ区属于类状态变量，具有相对稳定性但是又较为容易改变和开发，如希望、自信、乐观、韧性、幸福感、感恩、宽恕、智慧等。Ⅲ区代表类特质变量，比较稳定且不容易发生改变，包括一些人格因素，如大五人格、核心自我评价等。Ⅳ区是积极状态变量，这类变量不太稳定且非常容易改变，通常代表一种感觉，且与情境相关，如快乐、悲伤等。在此基础上，学者们提出心理资本是个体成长与发展过程中表现出来的一种积极心理状态，进而界定了心理资本的内涵。由此可见，对心理资本属性的探讨将特质或变量看作一个连续体，突破了以往状态与特质的二分法的局限性，解决了状态类与特质类在定义上的分歧。

通过以上研究发现：一方面，心理资本具有稳定特性，不像快乐、悲伤等情绪一样会快速发生变化；另一方面，心理资本也不像人格特质、智力等要素一样不容易产生变化。心理资本的维度具体包括：

（1）自信：尤其面对困难度和挑战性较高的工作时，有自我效能（信心）并能付出必要的努力来获得成功。

（2）乐观：表现为对现在及未来的成功或失败有积极的归因。

（3）希望：对目标执着追求，并能在必要时调整路径和方式，以实现目标。

（4）韧性：当面临困难和逆境时，可以坚持目标，迅速复原并获得超越，最终获得成功。

心理资本的这一定义和解释逐渐得到学者的认可，并对其在工作场所的作用和绩效展开了广泛的研究。

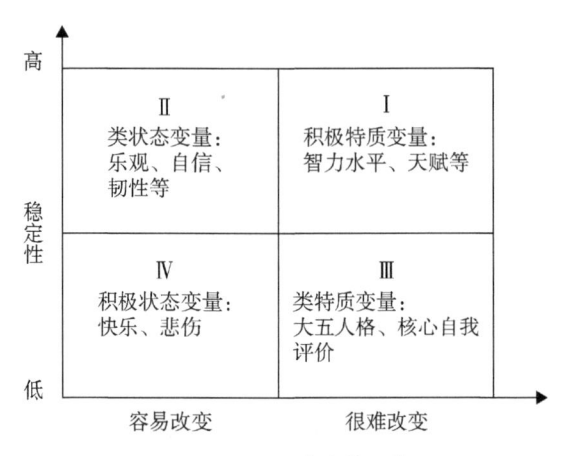

图 2-4　心理资本的属性

资料来源：根据文献整理。

2003—2007年，Luthans等学者不断完善心理资本的概念：第一，强调心理资本的基础特征是具有积极性和能够使个体产生竞争优势；第二，在竞争中超过了人力资本、经济资本和社会资本。Luthans和Youssef（2004）指出，衡量这四种资源的标准是长久性、唯一性、可积累性、相互连通性和可更新性。经济资本和人力资本在可积累性方面具有优势，社会资本在唯一性、可积累性、相互连通性方面具有优势，而只有心理资本可以在这五个方面均形成竞争优势，如图2-5所示。

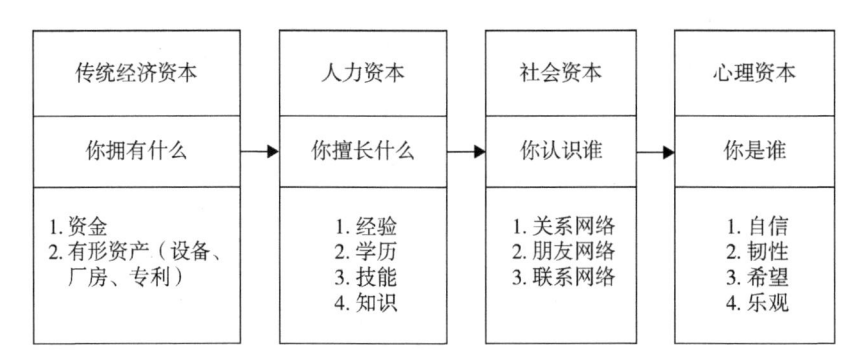

图 2-5　创业企业竞争优势资本的扩展

资料来源：LUTHANS F, LUTHANS K W, LUTHANS B C. Positive Psychological Capital: Beyond Human and Social Capital [J]. Business Horizons, 2004, 47（1）: 45-50.

基于 Seligman 和 Csikszentmihalyi（2000）的建议，Luthans 和 Youssef（2004）提出心理资本是存在的，而且是有用的，可以应用于工作场所开发从业者的工作潜能，并且心理资本可以通过后天的培训获得。因此，他们借鉴当时新兴的积极心理学观点对心理资本进行了重新定义，并提倡将心理资本的积极性应用到工作场所中。Luthans 等人（2007）以积极心理学和组织行为学为理论基础提出心理资本的构成维度，包括自我效能、乐观、希望和韧性。他们认为这四项积极心理能力是符合积极组织行为学（POB）标准的，即具有相对稳定性、可以测量、能够开发。后续的研究证明心理资本可以通过开发与管理获得并促进工作绩效的提升，如更高的生产效率、更好的服务质量等。Luthans 团队在 2008 年对心理资本干预效果进行了实验研究，取得了良好的结果。实验设计是对企业员工进行了两次基于网络的心理资本干预，首先是针对自信和韧性的提升，另一次是针对希望和乐观两个维度。干预方法通过网络学习的途径。实验结果表明，通过网络学习的方式对心理资本进行培训和干预能有效提高员工的心理资本水平。之后，该团队又于 2013 年以商学院的学生为研究对象做了心理资本的干预研究，实验同样得到了正向的结论，商学院学生的心理资本水平在短期干预下获得了有效提升。这些研究证明了心理资本是可以通过培训获得提升的，并不是一成不变的，如图 2-6 所示。

对本研究来说，对心理资本的概念界定主要基于前人研究成果和创业管理学的角度。心理资本是个体在创业过程中表现出来的，对创业者的创业意愿、创业行为和创业绩效产生积极影响，并能够促使个体在创业中有效解决存在的压力和挑战的积极心理力量。关于心理资本的属性，根据前人的研究结论，本研究同样将心理资本界定为可测量、可开发、可促进企业绩效成长的类状态变量，而且在企业成长中心理资本在形成企业竞争优势方面具有引领和支配作用，即良好的心理资本可以增进经济资本、人力资本和社会资本的有效利用。

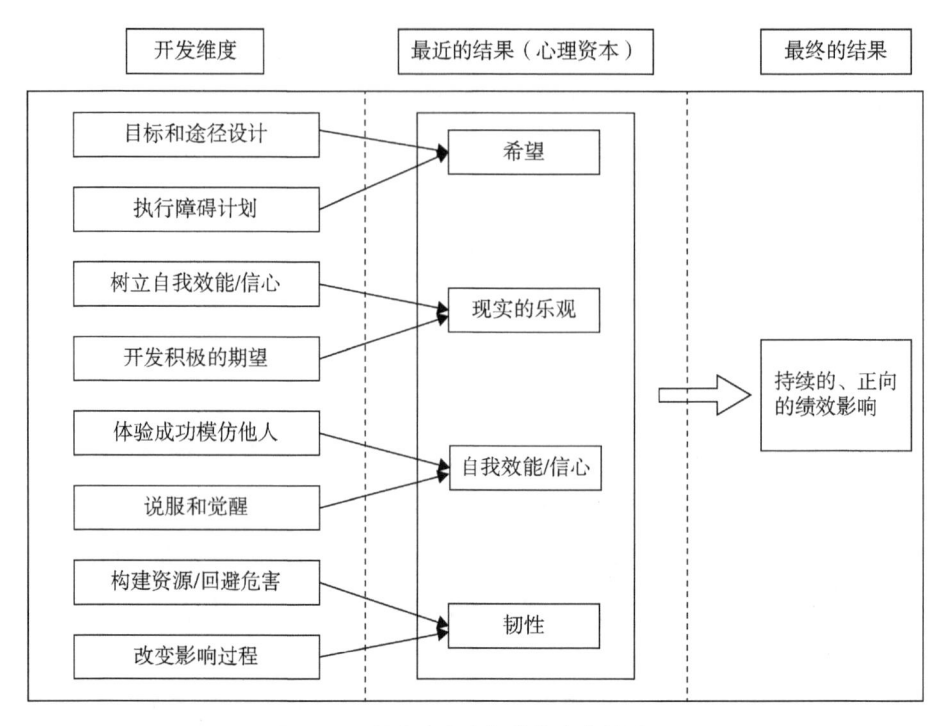

```
┌─────────────┐  ┌──────────────────┐  ┌──────────┐
│  开发维度    │  │ 最近的结果(心理资本) │  │ 最终的结果 │
└─────────────┘  └──────────────────┘  └──────────┘

┌─────────────────────────────────────────────────────┐
│  ┌──────────────┐                                    │
│  │ 目标和途径设计 │──┐                                │
│  └──────────────┘  │    ┌──────┐                    │
│  ┌──────────────┐  ├──→ │ 希望  │                    │
│  │ 执行障碍计划  │──┘    └──────┘                    │
│  └──────────────┘                                    │
│  ┌──────────────┐                                    │
│  │树立自我效能/信心│──┐                                │
│  └──────────────┘  │   ┌──────────┐                  │
│  ┌──────────────┐  ├─→ │ 现实的乐观 │                 │
│  │ 开发积极的期望│──┘   └──────────┘    ┌──────────┐  │
│  └──────────────┘                    │持续的、正向│  │
│  ┌──────────────┐                  ⇒ │的绩效影响  │  │
│  │体验成功模仿他人│─┐                  └──────────┘  │
│  └──────────────┘ │   ┌──────────┐                  │
│  ┌──────────────┐ ├─→ │自我效能/信心│                 │
│  │ 说服和觉醒    │─┘   └──────────┘                  │
│  └──────────────┘                                    │
│  ┌──────────────┐                                    │
│  │构建资源/回避危害│─┐                                │
│  └──────────────┘ │    ┌──────┐                     │
│  ┌──────────────┐ ├──→ │ 韧性  │                     │
│  │ 改变影响过程  │─┘    └──────┘                     │
│  └──────────────┘                                    │
└─────────────────────────────────────────────────────┘
```

**图 2-6　创业企业竞争优势资本的扩展**

资料来源：LUTHANS F, NORMAN S M, AVOLIO B J, et al. The Mediating Role of Psychological Capital in the Supportive Organizational Climate-employee Performance Relationship [J]. Journal of Organizational Behavior, 2008, 29 (2): 219-238.

### 2.3.2　心理资本的结构

对心理资本结构的认识是一个渐进的过程，而且心理资本的结构与学者的理解和研究角度有较大的关系。对心理资本结构的分类主要从两个方面展开：一是从属性角度，二是从数量角度。

属性角度是指学者从对心理资本维度的属性界定角度（特质、状态类还是类状态类）展开研究，有的学者认为心理资本是一种人格特质，所以他们以相对稳定的、不易发生改变的特质类变量来构成心理资本的维度。Goldsmith 等人（1997，1998）认为心理资本的构成要素是自尊；Letcher（2004）认为心理资本维度等同于大五人格结构，具体包括情绪稳定性、开放性、外向性、宜人性和责任感。Cole（2006，2009）认为心理资本结构是指核心自我评价，包括自我效能、自尊、控制点和情绪稳定性，而这同样属于具有特质类属性的变量。

还有学者从符合POB标准和类状态属性的角度定义心理资本。因此在界定心理资本构成维度时首先判断该变量是否具有积极的类状态属性，然后审定是否符合POB标准，即是否有理论基础、可否开发和管理、可测量及与工作绩效相关。该角度代表性的变量包括自我效能、乐观、希望和韧性，如图2-7所示。也有的研究认为可以只采用希望、乐观和韧性三个维度作为心理资本的构成要素。

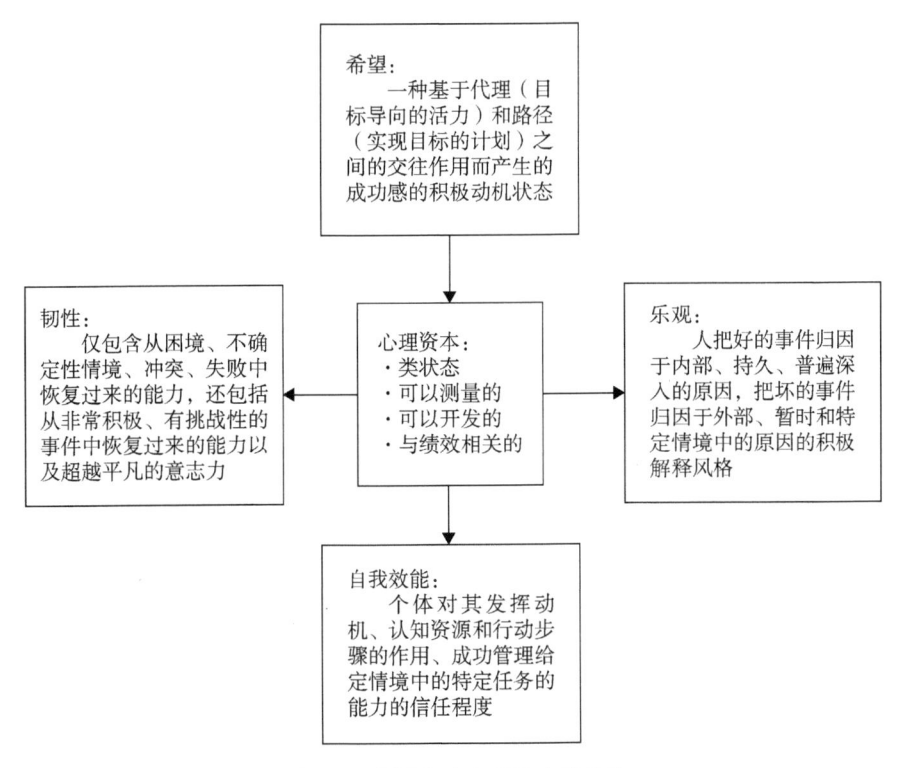

**图2-7 属性角度心理资本的结构**

资料来源：根据文献整理。

尽管心理资本的四维构成维度已获得学者的普遍认可，但是也有学者认为既然心理资本的外延尚不明确，而且现有这些维度是经列举而得的，那么不排除增加其他维度的可能,因此可以对心理资本的结构进行更深入的探索。Page 和 Donohue（2004）认为心理资本结构中应该补充信任变量；Luthans 等人（2007）同样进行了相关探索,他们通过分析评估发现一些认知和情感要素非常符合心理资本要素的评价标准,进而极有可能成为心理资本新的构成变量,这些要素包括创造力、幸福感、沉浸体验、幽默和智慧。

另外一种心理资本维度的分析方式是从数量角度展开,简言之,就是利用心理资本维度的构成个数来划分。纵观国内外的研究结果,现有的构成维度有二维、三维、四维和多维划分方式。

（1）二维划分。二维划分实际是一种粗略的划分方式,每一个维度下面又分为若干子维度。较早的相关研究可以追溯到 Goldsmith 等人在 1997 年进行的研究,他们的研究内容是分析人力资本和心理资本对员工绩效表现的影响差异,其中在对工资指标影响的研究中从控制点和自尊两个维度来解析心理资本。其中控制点包括内部控制和外部控制。而自尊的构成因子取决于一个人的价值观、是否善良、对个人外貌的评价、社会能力的大小和身体健康状况。国内学者也对心理资本的构成维度进行了分析,例如,魏荣和黄志斌（2008）分析了科技团队的心理资本构成要素,这里的科技团队主要指企业中的科技研发创新团队。该研究从显性和隐性两个角度分析心理资本的构成要素。其中显性心理资本具有状态属性,指的是一种正向的、积极的心理状态,表现为可持续性和弹性,包括团队的共同愿景、乐观归因、团队韧性和组织效能等。隐性心理资本具有特质属性,指的是一组正向的、积极的心理特质,具有可持续性和稳定性,包括团体的情商、团体动力、价值观念和团队认知素质等。柯江林等人（2009）则从做人和做事两个角度划分心理资本维度,因此将心理资本划分为事务型和人际型两个维度。其中事务型心理资本包括传统的心理资本维度——乐观、希望、自信、韧性,同时增加了勇敢、奋发进取两个要素。而人际型心理资本的维度是他们的创新,主要以我国传统优秀品质为核心内容择取要素,选择的维度包括宽恕包容、谦虚诚恳、恭敬礼让、感恩奉献等。

（2）三维划分。三维划分主要是围绕 Luthans 团队的研究成果开展的。Luthans 的科研团队在 2002 年的研究中将心理资本划分为三个维度：希望、韧性和乐观,而且这三个维度是按照积极组织行为的概念标准提出的。而且Luthans团队在2005年利用该研究框架对中国的工人进行了分析,他们发现中国工人的心理资本符合这三个维度,并对乐观、希望和韧性进行了解释。乐观是相对于目标来说的,该维度描述了行为者相信自己的行为会产生有价值的结果,因此是对未来的一种积极预期。因此有研究据此指出乐观水平高的企业员工更可能对企业或组织保持忠心并高效率的工作,即高的乐观水平预示了高的员工承诺和高的员工绩效。希望是相对于路径和方法来说的,即希望是驱动个体积极行动寻找路径和方法的内在动力。而且希望越高的个体更有可能付诸行动,对完成任务更有自信。更有甚者,希望水平高的个体在遇到困难和障碍时更有可能会调整甚至改变原来的方法和路径,以达成目标。韧性是针对困难和挫折来说的,它是指个体在碰到困难时的心理复原能力,而且能从挫折、失败中获得经验和进步的能力。研究指出高韧性个体的创新性可能更强,能适应变革、冲突和失败等不同的环境甚至是困境,并能在其中不断成长改进,以提高绩效。该三维度的心理资本框架为后续的一系列研究奠定了基础。

(3)四维划分。现在常见的心理资本四维模型是在与社会资本和人力资本的比较中诞生的。Luthans和Youssef(2004)提出的心理资本维度除了之前的乐观、希望和韧性外,增加了自信/自我效能维度。自信/自我效能是针对自己能力的评价与信念的构念,是指个体认为自己具备能获得和使用各种资源并产生既定目标能力的信念。个体可以从哪里获得这种信念呢?研究指出可以在后天的培养中获得,主要包括以下途径:个体的成功经验、参加各种学习和培训、社会信仰的传递与影响、他人的积极反馈和自身的心理唤醒。该研究对其他三个维度也进行了获取和培训途径的总结。该研究认为希望可以通过制订目标、渐进提升、亲身参与、充分的准备、弹性的规划、局部尝试或在大脑中预先演练、再次调整目标来积累和提高希望水平。乐观可以通过接纳过往的失误、合理衡量现状、搜寻未来的商业机会、对现状的客观评价、弹性灵活的实现途径等方式来提升和培养;韧性可以通过将注意力集中于企业资产、内外部风险或者战略来积累和提升。这种四维划分方法是接受度最广的心理资本范畴而且通过了多位学者的实证检验。国内很多学者也接受和认同该观点并给予实证研究，如赵西萍和杨晓萍（2009）、张阔等人（2010）、管文件和张焱（2010）等。当然也有学者对该四个维度进行了修正，如惠青山（2009）通过对中国职工的心理资本进行分析，提出希望、乐观、自信和冷静四个维度，他将韧性替换为冷静，并将冷静解释为是在面对困难和挫折时，依然能保持平静的心态，比韧性更具体。

（4）多维划分。Luthans 等人（2008）在分析心理资本的维度时也提到心理资本是一个开放的构念，存在增加其他变量和维度的可能，只要这些变量是符合积极组织行为学标准的范畴即可。因此后续的很多研究学者根据自己的研究内容和主题提出了自己的心理资本构成维度。如 Letcher（2004）则参考大五人格的内容，提出心理资本维度包括外向性、开放性、责任感、情绪稳定性和宜人性。Page 和 Donohue（2004）则在 Luthans 等人的思维模型基础上增加了"诚信"维度。我国学者田喜洲和蒲勇健（2008）通过对旅游业企业员工的研究，在 Luthans 等人（2010）四维度心理资本的基础上增加了快乐（幸福）、情商（情绪智力）等心理维度，构成六维度的心理资本，见表2-4。

综上，心理资本的概念和构成维度还没有统一的结论，所以目前心理资本仍是一个开放的构念，而这一观点也得到了多数学者的认可。以上关于心理资本维度的划分为本文的研究提供了丰富的理论基础和借鉴。由于心理资本在对于创业者和企业来说具有重要的意义，本文的心理资本维度划分借鉴属性角度的维度划分方法，即包括乐观、自信、韧性和希望四个维度，而且具有类状态变量的性质。

表 2-4　数量角度的心理资本维度划分

| 研究者及年份 | 维度 |
| --- | --- |
| Goldsmith 等人（1997，1998） | 自尊、控制点 |
| Luthans F.（2002） | 信心、希望、韧性 |
| Page 和 Donohue（2004） | 希望、乐观、自信、韧性、诚信 |
| Luthans F. 等人（2004，2005，2007，2008） | 自我效能/信心、希望、乐观、韧性 |
| Luthans F. 等人（2005） | 希望、乐观、韧性 |
| Jensen 和 Luthans（2006） | 乐观、韧性、希望 |

续表

| 研究者及年份 | 维度 |
|---|---|
| Larson 等人（2006） | 信心/自我效能、希望、乐观和韧性 |
| Avey 等人（2000，2008，2009，2010） | 乐观、自我效能、韧性、希望 |
| Hmieleski 等人（2007） | 乐观、自我效能、韧性、希望 |
| West 等人（2009） | 乐观、自我效能、韧性 |
| Zhao 等人（2009） | 乐观、自我效能、韧性、希望 |
| Hodges（2010） | 自信、希望、乐观和韧性 |
| 仲理峰（2007） | 希望、乐观和韧性 |
| 魏荣和黄志斌（2008） | 显性心理资本、隐性心理资本 |
| 田喜洲和蒲勇健（2008） | 自信、希望、乐观、韧性、快乐（幸福）、情绪智力（情商） |
| 赵西萍和杨晓萍（2009） | 自信或自我效能、希望、乐观和韧性 |
| 惠青山（2009） | 冷静、希望、乐观、自信 |
| 柯江林、孙健敏、李永瑞（2009） | 事务型心理资本、人际型心理资本 |
| 张阔、张赛、董颖红（2010） | 自我效能、韧性、乐观、希望 |
| 管文件和张焱（2010） | 自我效能、希望、韧性和乐观 |

资料来源：侯二秀. 知识员工心理资本对创新绩效的影响机理研究［D］. 大连：大连理工大学，2012.

## 2.3.3 文献述评

心理资本理论自提出以来，就得到了国内外学者的重视，学者们主要开展了三个方面的研究：心理资本的概念界定、心理资本的结构、心理资本与其前因和结果要素之间的作用关系。

（1）心理资本是一个类状态变量，具有可开发、可培训并对创业绩效产生影响。心理资本从属性上来讲稳定性较高且较为容易改变，而且心理资本对员工、管理层和创业者的工作态度和行为绩效均有实证上的正向影响。在创业领域，由于创业者面临的环境和不确定性更高，心理资本对创业者的意义更大，对于创业者处理困境与持续创业行为具有重要意义。但是也有学者注意到心理资本对创业绩效的负面影响，因此本研究结合认知偏差理论来分析心理资本对创业绩效的双面理论，以进一步扩展心理资本的内涵和适用性。

（2）心理资本是包含许多积极心理能力的多维构念。从上面的文献中可以看出，心理资本是包含多种维度的构念，而且各个多维的构成内容存在一定的交叉重叠和遗漏。如 Luthans 及其团队成员多以希望、乐观、自我效能和韧性作为心理资本维度进行研究，但是他们也提出心理资本是一个开放的构念，还有在其中增加其他维度或进行扩展的可能空间。国内外学者在研究中尝试从不同角度扩展心理资本的维度内容，如 Page 和 Donohue 在其中增加了诚信维度，田喜洲和蒲勇健增加了快乐和情绪智力维度，惠青山论证了冷静维度，因此，本研究在论证心理资本正面效应和负面效应的基础上尝试从弥补心理资本负面效应的角度增加新的变量。

## 2.4　创业心理资本

### 2.4.1　创业心理资本的内涵与模型

在前述的文献述评中，我们分别对创业、创业心理和心理资本等相关内容做了梳理和述评。我们发现在创业研究中，对于创业者的心理特征和人格特质的研究占了很大一部分，是现在研究的热点。但是现有的研究中对创业心理和特质的研究包括的内容和名目繁多，既包含了无法改变的人格特质层面的内容，也包括了可以改变的心理状态的内容。这使得在实践层面很难对创业心理特征去操作和开发。而 Luthans 等学者提出的心理资本构念是明确可以开发和通过后天培训获取的较为稳定的变量。因此我们提出创业心理资本构念，以期对创业成功有积极影响的心理特征进行总结和归纳，并可以在实践中进行指导开发和培养。

对于创业心理资本的研究处于刚刚起步阶段，学者们将心理资本的范畴应用于创业领域来研究创业所需的内在心理品质。江波和高娜（2013）对创业心理资本展开了系统研究，他们将创业心理资本定义为创业者在创业情境中所表现出来的一种积极心理状态，主体是创业者，创业背景是创业情境。他们还研究了创业心理资本的提升方式和路径。高娜和江波（2014）在之前研究的基础上，进一步编制了创业心理资本量表，采用问卷调查的方法筛选410名中小企业创业者为被试对象进行量表设计。经过实证检验推定了七个因素纳入创业心理资本量表，这七个构念分别是积极成长、热情创新、敏锐卓越、主动应对、自我效能、乐观希望和社交智慧，如图2-8所示。仔细分析这七个因素的内涵，可以发现自我效能、乐观希望的含义与Luthans心理资本中自我效能的内涵基本相一致；主动应对主要指的是能否坦然面对挫折，即抗挫力、抗逆力如何，能否善始善终，所以该维度与韧性的概念相符合。因此可以说，该创业心理资本构念基本容纳了Luthans心理资本的各个维度，同时还提出了积极成长、敏锐卓越、热情创新和社交智慧四个新的维度。这既可能与我们非常关注人际和谐的传统文化有关，也可以解释为为了适应创业活动的特殊性和复杂性。

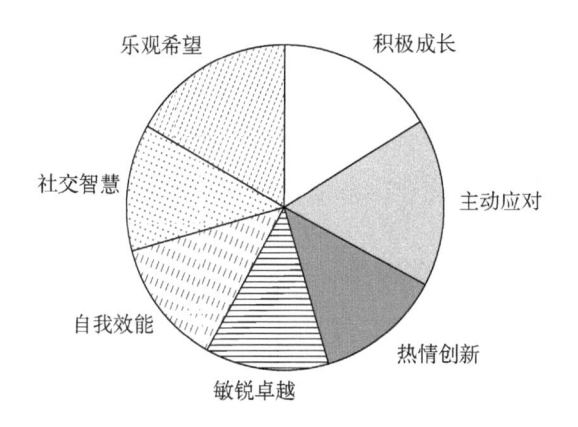

**图2-8 创业心理资本构成维度**

资料来源：高娜，江波. 创业心理资本量表的初步编制 [J]. 牡丹江师范学院学报（哲学社会科学版），2014（2）：127-129.

王瑾（2013）经过理论推理认为创业心理资本可以借鉴Luthans心理资本的构念维度，包含乐观、希望、韧性和自我效能四个维度。但是他修订了Luthans的心理资本量表，使之适用于创业情境，形成了创业心理资本量表。然后利用修订的创业心理资本构念和量表进一步研究了其与创业意向的关系以及创业心理资本在学科、性别等变量上的差异性。牛骅（2015）则提出了不同意见，他认为柯江林、高娜等人提出的心理资本构念中与人际关系有关的维度属于胜任力的范畴，不符合心理资本的概念范畴。他认为符合创业心理资本内涵的维度包括三个，即创业心理资本的三因素模型，特异敢为、积极成长和乐观希望。其中乐观希望与 Luthans 的心理资本乐观希望的内涵相一致；特异敢为是指敢于在思想和行动上与他人不一致，敢于创新、敢于行动；积极成长包括积极沟通，主动搜集信息和情报，主动学习新知识。他在该创业心理资本内涵的基础上对其与创业绩效和创业机会能力的关系进行了实证检验。研究发现创业心理资本与创业绩效和创业机会识别能力均具有正向的关系，而且创业机会识别能力在创业心理资本和创业绩效之间具有部分中介作用。张爽（2017）以研究生为潜在创业者提出创业心理资本是创业者在创业情境中成长与发展过程中呈现的一种积极心理状态，具有相对的稳定性，可以测量，且比较容易改变和开发。

根据以上研究，本研究认为创业心理资本的含义及其构成维度是乐观、希望、韧性和自我效能，取自 Luthans 心理资本的构成维度。从这些构成维度的角度来分析创业心理资本对创业绩效的正面效应和负面效应。然后以其他学者所论证的概念为理论基础来继续扩展创业心理资本维度。

### 2.4.2 创业心理资本的功效研究

与心理资本在组织行为学领域的快速发展相比，其在创业心理资本领域的研究文献还比较少。根据现有的研究显示，心理资本与工作绩效之间关系的研究主要从两方面展开：一方面直接研究心理资本整体或某一维度因素与创业绩效的关系，另一方面研究心理资本与创业意识、创业机会等创业相关变量的关系。

**(1) 创业心理资本与创业绩效的相关研究**

关于心理资本与绩效的相关研究很多，包括员工的工作绩效、新创企业绩效和财务绩效等（见表2-5）。在创业绩效方面的现有文献中，Hmieleski 和 Carr（2008）比较了人力资本、社会资本、心理资本和经济资本对创业绩效的影响，并以环境动态性为中间变量分析了两者之间的关系。该研究发现，心理资本比其他资本形式对创业绩效的影响更大，环境动态性增强了两者之间的关系。Babalola（2011）也研究了创业心理资本与创业企业绩效之间的关系，不过她所指的心理资本的内涵是自尊和成就需要两个维度。我国学者刘欣（2013）利用高娜（2011）提出的创业心理资本七因素模型研究创业心理资本与创业绩效之间的关系，发现创业心理资本与创业绩效和创业机会能力均具有显著的正向关系，而且创业机会能力在创业心理资本与创业绩效之间起着完全的中介作用。张爽（2017）借鉴了柯江林等人（2009）的心理资本构念，包含事务型心理资本和人际型心理资本两个维度，他研究了心理资本与职业探索、创业意向和个体风险偏好之间的关系，均发现具有显著的正向关系。其中心理资本和任务特征对个体风险偏好的影响具有显著的关系，以方差分析的方法发现事务型心理资本高分组的风险偏好显著高于低分组，即使在损失条件下的风险偏好也显著高于收益条件。

表 2-5 心理资本对创业绩效的影响维度

| | | |
|---|---|---|
| 绩效 | 员工个体绩效 | Luthans 等人（2005），Luthans 等人（2007），Youssef 和 Luthans（2007），Luthans 等人（2008），仲理峰（2007） |
| | 新创企业绩效 | Hmieleski 和 Carr（2008），Babalola（2011），刘欣（2013），张爽（2017） |
| | 高技术企业绩效 | Peterson 等人（2008） |
| | 群体财务绩效 | Smith、Vogelgesang 和 Avey（2009） |

资料来源：根据文献整理。

较多的学者研究了创业自我效能与创业绩效之间的关系，这可能是因为自我效能与其他要素相比发展得更为成熟，是研究成果更丰富的要素之一。占一半比例以上的研究得出了正向的结论，即自我效能与创业绩效具有正向的关系。但也有不同的观点，Hmieleski 和 Baron（2008）的研究发现，企业家自我效能与创业企业绩效在不同条件下表现出不同的关系，并且环境动态性和气质乐观起到调节两者之间关系的作用。我国学者牛芳、张玉利和田莉（2012）的研究结论也证明两者并不具有显著的直接关系，如图 2-9 所示。Miller（2015）的研究指出自信/自我效能是领导者需要具备的首要品质，尤其是对于面临不确定性和严酷环境的创业者而言。不幸的是对于一些人来说，这些特质有可能演化为自恋和傲慢。而 McCarthy、Schoorman 和 Cooper（1993）注意到自信的创业者会不知不觉地升级他们的承诺，最终步入亏损的境地。Camerer 和 Lovallo（1999）认为自信和乐观可能是一把"双刃剑"，一方面能够帮助创业者在信息高度不确定和高风险的情境中迅速做出决策和行动，以适应动态环境的需要；另一方面，自信和乐观也可能导致对创业环境和机会的错误判断，从而做出错误的决策和创业行动。

```
┌──────────────┐     ┌──────────────┐     ┌──────────┐
│ 创业者对环境  │ ──▶ │ 组织的决策   │ ──▶ │   结果   │
│ 和自我的认知  │     │ 策和行为     │     │          │
│              │     │              │     │          │
│ ·自信        │     │（创业导向）  │     │ ·企业绩效│
│ ·乐观        │     │ ·创新        │     │          │
│              │     │ ·超前行动    │     │          │
│              │     │ ·风险承担    │     │          │
└──────────────┘     └──────────────┘     └──────────┘
```

**图 2-9　创业心理资本各维度对创业绩效的影响**

资料来源：牛芳，张玉利，田莉. 创业者的自信、乐观与新企业绩效：基于 145 家新企业的实证研究 [J]. 经济管理，2012，34（1）：83-93.

还有的学者研究了乐观因素与创业企业绩效之间的关系，不过结论却大相径庭。Hmieleski 和 Baron（2009）的研究表明企业家乐观会负向影响新创企业绩效，该研究以企业总收益和雇员增长速度代表企业绩效。Malmendier 和 Tate（2005）的研究表明也在自信和乐观的程度上，个体常常表现为过分自信和乐观，医生、CEO 和创业者等都是典型代表。我国学者牛芳等人（2012）的研究结论却显示乐观与新创企业绩效之间有正向关系，更进一步地，乐观心理对行业和职能经验异质性与创业企业绩效之间的关系具有正向的调节作用。关于企业家韧性和希望与企业绩效之间关系的直接研究还较少，尽管在心理资本整体与创业绩效的关系研究中会涉及两者的论述。

创业效能感的含义类似创业心理资本中的自我效能/自信维度。Stajkovic 和 Luthans（1998）、Baum 和 Locke（2004）的研究表明在创业过程中创业效能感起着积极稳定的作用，可以据此预测创业绩效的大小。范巍和王重（2004）在研究环境、个人特征等因素对创业者行为的影响时发现，自我效能是预测创业绩效的一个非常显著的因变量指标。Forbes（2005）研究发现了类似的结论，指出创业效能感会对创业绩效有正向积极的影响。有学者也分析了创新精神与创业绩效之间的关系，如楼晓靖和丁文云（2012）通过对中小企业者的研究发现创新精神与创业绩效之间有相关关系，但具体是什么关系该研究没有进一步展开。王洪法（2007）则通过对绍兴和青岛地区的研究，明确指出创新精神和创业绩效之间具有显著的正向关系。Ibrahim 和 Ellis（1993）指出对现代创业者来说，是否具备建立和维持人际关系网络的能力影响着创业资源的获取和创业绩效的高低。Evans 和 Volery（2001）的研究也指出，在现今世界经济一体化背景下，能否与商业合作伙伴之间建立和维持良好的关系对创业者的生存和发展都具有特别重要的作用。

刘欣（2013）还分析了积极成长、社交智慧和敏锐卓越等创业心理资本维度对创业绩效的影响。她认为积极成长体现为创业目标明确且具有较强的执行力，能够积极学习新知识，搜寻新信息。敏锐卓越表现为对商业机会的洞察和识别能力，而且有批判性思维并追求卓越。社交智慧是指沟通能力较强并能对自己和他人的动机和情绪保持敏锐的觉察力，使自己可以在不同的场合做出合适的行为。而根据日常经验，具备这些特质的创业者能更好地应对多变复杂的创业环境，并使企业更好更快地实现生存和发展，以获取更高的创业绩效。

（2）创业心理资本与创业机会能力

创业者对创业机会的感知和识别能力影响创业结果的成败，进而影响创业绩效。创业机会是客观存在于商业环境中的，也有的学者或企业家持一种主动创造创业机会的理念，即消费者的需求需要企业去引导和培训，从而创业机会需要创业者去创造。不论持哪种观点，创业者的个人特质和机遇等会影响创业者对创业机会的感知和敏感度，其中也包括心理资本。Krueger 和 Dickson（1994，1999）研究表明，创业者越自信，他们对创业机会的感知度越高，自信心越强的创业者越容易感知到创业机会，两者呈正向的关系。因此自信/自我效能是创业者心理因素中影响创业机会识别的一个非常重要的因素。我国学者占怡和杜红（2005）同样发现创业效能感对创业者的机会识别能力有显著的正向影响。Krueger（1994）也研究了乐观对创业者创业机会识别的影响。他发现创业者越乐观，对创业机会的感知度也会越强，更乐观的创业者对创业机会识别的判断会更自信。

（3）创业心理资本与创业意识的关系

还有的学者研究了创业心理资本与创业意识之间的关系。创业意识是创业活动萌生的初始环节,并贯穿创业活动始终,是创业者在创业过程中的心理活动(郭成月,2017)。创业意识是一种个性意识倾向,既包括创业初始阶段的态度导向,即创业者在展开创业活动前对创业内容的计划安排、预期结果和所持态度的总和;也包括在创业过程中对创业内容的协调和支配,即创业态度的持续和对时间、资源投入程度的弹性把控,使其不偏离最初的目标和宗旨。因此创业意识在创业活动中起着非常重要的调节作用。

创业意识包括自主意识、素质意识、价值意识、风险意识和支持意识等五个维度,不同维度的创业意识与创业心理资本的关系不尽相同,受创业心理资本的影响也各不相同。自我效能最初是由班杜拉提出的,他是社会学习理论的初创人。他将自我效能定义为个体在某种特定场景下对自己是否能完成某类任务的自我评价,他的研究发现除了技能的高低,个体的自我效能会直接影响行为结果的成败。因此在创业领域自我效能也会影响个体对自我创业能力的评价,进而影响个体对自身能否进行创业的判断,最终影响个体是否选择创业的决策和行为。自信的创业者可以在创业进行中迎接各种挑战,适时进行策略挑战,激励创业者发挥自己的潜能,在这个过程中也使个体的创业资本获得积累和提升,进而优化创业意识。郭成月(2017)研究表明韧性对创业意识的影响较小,但对创业风险意识具有比较显著的影响。韧性较高表现为较强的意志力,意志力较强的创业者在面临各种风险的挑战时更容易做出准确判断并及时做出行动措施,保证了创业实践活动的顺利进行。

郭成月(2017)进一步研究了高校学生的创业心理资本培训效果。研究发现经过创业心理资本培训的学生在毕业时产生的就业压力显著小于没有接受过心理培训的学生。考虑到创业心理资本与创业意识之间的关系,创业心理资本培训可以通过对自我效能、乐观、希望、韧性等心理维度的后天培训来推动和提升学生的创业主动意识、创业风险意识,进一步提升创业素质意识。由此看来,创业心理资本培训可以对高校学生的创业实践活动提供较有力的支持。因此科学的创业心理资本培训对促进学生的创业意识、提高心理健康水平具有重要的作用。当然,创业心理资本培训活动对完善高校的心理健康教育机制同样具有重要的意义。

综上分析,整体创业心理资本与创业绩效之间的关系研究得较少。较多文献从心理资本的各构成维度来研究心理资本与创业绩效的关系。除了心理资本对创业绩效的影响外还包括对创业意识、创业机会和人际关系等方面的影响。这些研究有的得出了正向的结论，有的得出了非正向的结论。本研究以认知偏差理论为基础将从更完整的角度验证心理资本与创业绩效之间的关系，从而为更深入理解创业心理资本的作用机制提供借鉴。

### 2.4.3 文献述评

整体来看，创业心理资本的内涵和构成维度更多还是借鉴传统心理资本领域的研究成果。创业心理资本对创业绩效之间关系的研究还较少，而且结论也不太一致。尽管也有学者从本土角度利用深度访谈、语句分析及实证分析相结合的方式设计专门的创业心理资本构念和维度，但是这些构念的接受度还有待进一步提高和接受实证检验。因此本研究同样借鉴 Luthans 的心理资本构成维度。

现有关于创业心理资本与创业绩效的关系，从实证分析来看多数得出了正向的结论，但是也有少部分学者并没有得出正向关系。因此本研究继续深入探索非正向关系的内在机理和原因，结合创业实践和相关理论进一步分析创业心理资本与创业绩效的内在关系。

此外，创业心理资本对创业意向、创业机会能力也具有正向的关系。这说明创业心理资本通过影响创业过程的各个环节来对创业绩效产生直接或间接影响。这些研究为本研究提供了丰富的理论基础。

## 2.5 认知偏差研究

随着认知和行为科学研究的进展，人们对大脑和认知的运作规律有了更清晰和理性的认识。研究发现人们在决策过程中是很容易出现认知偏差的。除了生理特性影响人们的决策过程，人类的心理特征，如主观性、自信心、自觉力等会影响人们如何思考和决策（赵文红、孙卫，2012）。那么在特别需要关注风险和不确定性的创业活动中，创业者同样存在心理偏差。

## 2.5.1 认知偏差理论

研究发现人们在决策过程中是很容易出现认知偏差的。经济学通常假定人是理性的，完全理智，具备充分的计算能力。西蒙（1943）提出了有限理性的概念，自此人们对"经济学人"的假设开始松动，开始更客观地认识人的思考和决策方式。Tversky（1974）在有限理性的基础上，对人们的认知决策过程进行了大量的研究，并提出了认知偏差的概念。认知偏差的含义是由于人们在对事物和环境进行认知、判断和决策的过程中，不可避免地受到情境、自身能力甚至情感和情绪的影响而产生的与事实本身的偏离和差距。他发现不管是拥有很多经验的老手还是刚入行的新手，当遇到信息错综复杂、情境不明晰时，通常会采用一种思考的捷径，以快速得出结论。而在这种情形下得出的结论通常与利益或收益最大化的原则有差距。邓公平（2013）认为认知偏差可能出现在认知过程的各个环节上，如对特定事物和线索的注意偏差、跳跃式的思维活动等。他将认知偏差解释为人们在信息输入、加工、输出的过程中产生的系统误差，而且这种系统偏差具有顽固性和普遍性，见表2-6。

表2-6 常见的认知偏差汇总

| 认知偏差 | 介绍 | 主要作者 |
| --- | --- | --- |
| 小数定律 | 个人从十分有限的小样本中得出适用于大样本的结论 | Haley, Stumpf, 1989；Simon 等人, 2000 |
| 控制错觉 | 指某件事情在很大程度上取决于运气和机会而非个人能力时，个人却过度强调能力在提升绩效方面所起的作用 | Langer, 1975；Simon 等人, 2000；Carr 和 Blettner, 2010 |
| 过度自信 | 个体非常相信自己的决定，对于某种结果持有更高的可能性预期，这要高于根据其已知信息所能得出的可能性 | Klayman 等人, 1999；Busenitz, 1999；Gudmundsson 和 Lechner, 2013 |
| 代表性偏差 | 忽视了事件的基准率，依据较少的、随即样本进行决策，将事物与有代表性的典型进行比较 | 任旭林和王重鸣, 2007 |
| 乐观偏差 | 高估有利事件的可能性，低估不利事件发生的可能性 | Gassar, 2010；Gudmudsson, 2013 |

续表

| 认知偏差 | 介绍 | 主要作者 |
|---|---|---|
| 计划谬误 | 决策者在相似情境中也许不考虑过去经验，更主要的是诱导出未来导向，他们倾向于将当前情境中从过去经验中分离出来，主要受到未来时间导向的影响 | Kahneman 和 Lovallo，1993 |
| 现状偏差 | 更偏向于目前的情境和状态，把任何现状的改变当作某种程度上的损失 | Talebi 等人，2014 |
| 责任升级 | 对某个初始决定的责任意识而导致的对这个决定继续投入时间、精力和金钱的倾向 | Staw，1981 |

资料来源：刘中慧. 认知偏差对创业新手资源整合行为的影响研究［D］. 杭州：浙江理工大学，2018.

社会认知理论提出，由于人们的知识水平、先前经验以及动机的不同，人们在不同的社会情境中认知事物时，往往会出现认知偏差。社会认知在社会心理学领域中也是非常重要的理论基础，而且研究学者还在不断完善和丰富社会认知的内涵与特点。例如，人们在20世纪70年代以前一直将人定义为一个"朴素的科学家"，像科学家的思维方式一样去探索周围事物，然后小心求证得出某种结论。但是，随着对社会认知理论研究的深入，科学家发现人们并不遵循科学家的认知模式，很多时候人们在还没有搜集足够的信息时就开始遵循一些极为简单的规则对这些有限的信息进行加工，并得出某种结论，从而很容易出现大量的认知偏差。所以20世纪70年代以后科学家改变了对人们认知过程的定义，认为当人们面对复杂的信息和情境时，为了快速得出结论，反而会用尽可能小的信息搜寻范围作为其决策加工的依据，以缩短信息加工过程，这被认为是产生认知偏差的根本原因（朱新秤，2000）。因为在有限的时间和资源下，人们处理的信息也是有限的。因此认知心理学的研究者在此基础上提出启发式概念，认为人们在比较复杂和陌生的情境下，倾向于启动简单的启发式的思考模式，以简化思维。因此社会心理学理论将人们产生认知偏差的根源总结为信息的复杂化和人们加工信息能力的有限性。

进化理论将认知偏差的产生解释为人们认知的启发式框架不适应当前环境的变化或没有及时随着环境的改变而进化。启发式框架是指人们将以往的经验、方法、模式或套路应用于解决新的问题。进化理论认为，启发式方法提升了人类祖先在过往环境中的生存可能性，但是应用于现在的环境时却有可能产生不适应。因此进化视角将认知偏差界定为是个体适应性的表现，这种解释不同于其他视角的理论。从个体生存和发展的角度来说，个体做出适应性行为与两个方面有关：一个方面是注意过程，即信息搜寻和获取过程，该过程取决于个体对环境中不同刺激的敏感性；另一个方面是大脑的信息处理过程，即与认知过程有关，该过程决定了个体如何解释觉知到的情境。

还有的学者用神经网络架构去解释认知偏差。该理论试图去解释人类的大脑为什么特别倾向于启发式决策方式。该理论认为认知偏差源于大脑内在的工作机制，而这些内在机制奠定了生物神经网络工作的基础。该研究辨别并解释了四种基本的神经网络工作原则：关联、兼容性、聚焦和保留，并指出这四种规则是所有神经网络都具备的。这些原则被神经网络优化，以执行各项生物、感知和运动功能。由于具备这些原则，人类会倾向于组合和联系各类有关或无关信息，优先识别与目前的情境、观点或期望相近或有关的信息，保留那些容易被忽略但讲了可能有用的信息，并能将精力集中于主要的信息，同时忽略其他未被激活的信息。神经网络理论认为这些机制之间相互补充，而非相互排斥。这些机制都有可能对认知偏差产生影响。由于对不同的信息扭曲的程度不同，会产生不同程度的认知偏差。

综上分析，对于认知偏差相关理论的研究人们已经取得了较多的研究成果，对偏差类型和偏差表现与机理的分析还在不断完善中，但与投资领域相结合解释创业者的非理性行为方面还尚显不足。由于创业领域信息的复杂化和抽象化，这些偏差在创业领域和创业者身上的表现还需进一步完善和探索，以推动创业学的发展。

### 2.5.2 认知偏差的影响因素

从个体与环境的互动角度来讲，形成认知偏差主要受以下几个方面因素的影响：决策者自身的因素、环境的因素及两者互动相关因素。它们或单独或若干方面共同起作用，引起了认知偏差行为的产生。现总结如下：

### (1) 决策主体方面因素的影响因素

决策者自身方面的因素包括情绪、认知和行为方面。

情绪方面。情绪对决策过程有着重要影响，甚至是决策产生的重要构成因素。将决策分为直觉型决策和风险型决策。情绪是直觉型决策的重要推动部分，也是风险型决策的构成因素。好的心情会促使决策者做出更冒风险的决策，在投资领域中会做出更多买进。反之，坏的心情会影响决策者对未来和环境持悲观态度，从而较为保守，不愿投资，甚至会有更多卖出交易。Mano（1994）研究发现积极情绪的决策者会采取更保险的措施，以减少损失，而消极状态的决策者反而会做出更多冒险的决策。当决策者的情绪反应更为长久且强烈时，对决策的影响会更明显，做出的决策更有可能是依靠直觉。

认知方面。过分自信是比较明显和普遍的一种认知偏差。过分自信是指人们对自己的能力、分析、预测的判断通常高于实际的估计值。由于决策者将自己的决策建立在不真实的假定之上，从而没有办法做出正确的判断，影响决策的准确性。我们经常习惯于从以往的事件和经验中总结解决问题的模式，但是这些经验和模式往往使决策者更容易产生认知偏差，尤其是易得性偏差和代表性偏差。由于新的问题往往产生于新的环境和条件，以往的模式、知识和经验可能不适应于新的问题和情境，但是决策者对新环境和新信息的掌握较为滞后，将更多的关注点和注意力集中于熟悉的情境，即有经验的使用、主观感受等，从而做出偏差性决策（Tversky and Kahneman，1971）。

行为方面。行为金融学家发现人们的决策行为特征有追求确定性的收益，面对损失时会更具风险偏好，强调小概率事件，寻找参考值或参照点以界定收益或损失。Tversky 和 Kahneman（1971）将这些行为特征总结为前景理论，并提出了不同于传统经济学的风险决策理论——前景理论。理性的决策者假定决策者在做出任何决策前，都要尽可能地搜集全面的信息，进行充分的分析和计算，充分预估决策的各种结果，并选择最优的或能带来收益最大化的解。并将人们的风险偏好分为风险规避型、风险偏好型和风险中立型。但是行为经济学家发现人们的决策并不总是这样的，人们在面对确定的收益时，会倾向于规避风险，但是在面对损失时，又会成为风险偏好者。风险偏好型的决策者对损失不敏感，对收益较为敏感，为了追求获益不惜冒更大的风险，因此决策的风险性更高。风险规避者则相反，他们对损失较为敏感，对收益反应迟钝，小心谨慎，不求大利，因此决策更加保守。

**(2) 环境因素**

组织环境及组织文化。所在组织的结构、组织人员结构、组织文化和任务等都会对组织中做出决策的主体行为造成影响。组织文化不同，组织中决策者的决策方式和应对模式也不太一样。例如，专制性强的组织注重服从，用规章制度管理成员，决策步骤也会更加程序化。而较为民主的组织强调创新、创造和冒险，这类组织的决策风格可能更偏向直觉型的决策，包含更多非理性的成分。如果一个组织中或一个组织任务中有多个决策者，那就需要协调不同决策者的决策风格，以免决策行为差异太大的个体共同合作会产生更大的认知偏差和失误，降低决策的准确度和效率。因此，需要协调和综合存在多个决策者的组织中的决策问题。

社会—文化环境。不同的文化环境孕育不同的行为方式、人格特点和风险认知。不同地域，人们在风险态度和概率判断上也存在差异。例如，相比我们，西方人更加过度自信，也更具风险倾向，国人可能更加保守，在决策中更趋于稳健。在人际关系识别中，西方人更主动，凸显个人的付出和成绩。而我们更注重和谐，将功劳归为集体和大家的共同努力。因此不同的文化导致人们在解决问题时，其应对方式和决策方式也存在很大区别（Adams and Boscarino, 2005）。

**(3) 决策者与环境的交互作用**

Gutnik（2006）通过认知神经经济模型来描述决策环节的动态过程。该模型展示了决策如何随着时间和决策环境的变化而演变的过程，并且突出了决策中主体情绪和认知的作用。该模型的理论基础是将决策者的认知、情绪和行为视为一个有机的整体，并随着环境的改变而发生变化。决策环节只是构成整个认知动态过程的一个片段，甚至只是一个瞬间。随着决策者认知能力、外在环境的变化，决策者的决策过程和结果也有可能会随之变化。这整个过程是一个包含脑神经系统在内的复杂的系统。该系统以决策者为中心，决策主体的身体、心智和环境三者构成一个有机整体。因此，决策是决策者与环境交互作用的过程，其中，决策者包括其身体、大脑、思维、认知、行为，环境包括组织、文化和社会因素。在该过程中各个因素交互作用，而不是单项或单线的对应关系。

该模型尤其适用于解释在时间、信息和资源有限的情形下，为什么决策者倾向于采用启发式的思维模式。因为在有限时间内解决复杂的决策问题，决策者需要快速收集有关信息，并随着信息的获取随时对问题进行认知更新，综合考虑风险和收益做出相应决策。在这种情形下，决策者的决策过程是一个对各个阶段的收益和风险进行控制的动态过程，并且该过程还随着时间和决策问题的发展而不断变化。决策者主要通过反应方式和评价标准来衡量风险和收益，决策者的认知和情绪稳定性也是其中重要的影响因素，并通过决策过程和行为呈现出来，然后进入下一个评价周期。而且整个决策过程相互联系，前一阶段的决策影响着后一个阶段的决策过程。因此，认知、情绪和行为三者是一个有机整体，三者之间相辅相成并相互影响。

可见，创业决策是一个包含一系列认知和心理操作的信息加工工程，决策者的情绪和认知等自身因素以及组织环境、社会和文化环境等方面都将影响创业者决策的制定和选择过程。创业者在创业过程中可能很多问题和情境都是新出现的状况，在创业者的认知和记忆储备中没有现成的模式和经验可循，这时创业者有可能启动大脑简化决策范式，而这些范式受决策者自身的知识、经验、判断力、决策风格、情境、文化观念的影响很大，从而可能会影响决策的理性和客观性。因此，有必要分析创业决策中的认知偏差对创业活动的影响，而这些认知偏差以心理资本负面效应的视角展开研究，从而丰富了创业决策中认知偏差理论的相关研究。

### 2.5.3　认知偏差与创业绩效关系研究

关于认知偏差在经济学领域和管理学领域的现象被大量学者研究，如消费者行为、组织行为、公司并购、金融投资和创业领域等。研究者发现，创业者与非创业者的认知偏差存在明显差异，创业者相比非创业者在责任承担、过度自信和乐观方面会有更高的分数。Kahneman 和 Tversky（1979）指出认知偏差产生是由于个体不能完全理性地处理问题,而是通过一种简化的方式和模式快速得出结论,主要是通过一些较为固定的启发式模式。这些模式和偏见在一定程度上可以帮助人们简化问题的解决过程,但也不可避免会导致感性、不够周全的决策,具有某种认知具象性。Baron(2004)认为创业者的决策过程包括以下几个步骤,首先收集与创业有关的信息,其次人们对信息进行整合和加工,最后再从信息整合的结果中得出决策。然而这整个过程中,每个步骤都容易出现认知偏差。例如,在收集信息阶段,存在不完全信息、偏差信息和无效信息的影响,加工阶段受到创业者个体特定启发式的思考模式的影响,决策过程存在过度自信、偏重特定信息等偏差,由于这些偏差决策方式的存在最终导致错误的决策。此外,何斌(2004)、Busenitz 和 Barney(1997)的研究指出,创业活动本身的特性会影响认知偏差的产生。创业活动存在大量不确定性因素,其本身就要求创业者有更高的认知能力。创业过程中存在的大量信息不对称因素本身很容易使创业者产生信息混淆。因此创业者在创业环境中面临的高压力情境、信息的复杂性很容易超出人们的认知范围,使创业者个体出现认知偏差。

王德鲁(2015)分析了管理者认知偏差对企业的二次创业和转型行为以及绩效具有影响,管理者的过度自信对企业实施二次创业和转型的决策具有重大影响。周爱保(2009)研究了我国金融领域的从业者普遍存在过度自信现象,影响公司的投资决策、薪酬设计等行为。赵文红和孙卫(2012)认为创业者的认知偏差反映了创业者思考、归因以及决策方式,不同的创业者具有不同的创业风格。Simon 等人(2000)通过实证研究发现创业者的过度自信与其风险感知之间并不存在显著的相关关系。Baron(1998)和 Simon 等人(2000)指出创业者的认知偏差与创业者的风险决策行为之间具有相关性,尤其是影响创业者风险决策过程中的信息处理环节,从而影响其对创业风险的感知和评价。Keh 等人(2002)研究认为创业者的认知偏差对其风险感知是存在影响的。国内自从 2007 年开始重视对认知偏差与创业关系的研究。王重鸣(2007)发现认知偏差对创业者的风险识别产生影响。陈正荣和王小波(2007)认为认知偏差会使创业者出现非理性行为,非理性行为是企业决策失误的一个重要原因,从而导致企业产生财务风险。董俊武和陈震红

(2007)以武汉"中国光谷"创业者为研究对象,研究了认知偏差中小数定律、控制幻觉等类型的认知偏差对创业的影响,发现均与创业决策有正向关系,其中小数定律认知模式的存在会显著降低创业者决策的正确性,而控制幻觉与创业者的风险感知水平有负向影响,从而导致创业决策的非理性。孙跃和胡蓓(2009)探讨了过度自信、小数定律和控制幻觉对企业员工离职决策的影响。刘万利和胡培(2010)研究了风险感知和风险倾向及其与创业者决策行为的影响,发现创业者风险感知与风险倾向之间具有明显的相互作用,并且共同对创业者的决策行为产生影响。

综上分析,很多学者对认知偏差与创业绩效之间的关系展开了研究。总体来讲,认知偏差影响创业者的归因方式、管理决策和风险感知等方面。这些方面传导到创业绩效,多数学者得出了负向的结论,即会导致创业者的非理性决策和提升财务风险。但是认知偏差对创业也不全是负面的影响,一个显著的特点是,认知偏差可以提高创业者在错综复杂的环境中做出决策的速度,使创业者减少决策的时间成本,这对创业者抓住商业机会来讲有一定的优势作用。本研究结合以上分析,探索创业者心理资本及其各维度超过一定限度会产生哪些认知偏差类型,进而探索对创业绩效的影响。

### 2.5.4 文献述评

本节通过对认知偏差的内涵、影响因素及认知偏差与创业绩效的关系进行了文献综述,了解到目前研究领域还存在有待进一步扩展的空间,尤其是对创业领域来讲,而这也成为本研究的出发点和落脚点。

(1)对认知偏差类型及表现机制相关研究取得了丰硕的研究成果,但是在投资领域对创业者认知偏差的表现和类型还尚显不足。而也有研究指出,与其他从业者相比,创业者的认知偏误表现更明显。因为创业者所处的环境信息更多样化及对未来的不确定性更高,因此有更多的机会启动简化决策范式。探索创业领域中认知偏差的表现形式及机制具有重要的意义。

(2)影响认知偏差的因素很多,包括个体的情绪、认知风格和行为特点等。而心理资本属于个体认知和个性角度的范畴,只是心理资本较为稳定,但是也可以通过后天培训发生改变。那么不同的心理资本属性或者心理资本程度的高低会不会影响认知偏差的表现形式和作用机制，是本研究要探索的内容。

（3）认知偏差是个体决策时认知机制和心理活动的组成部分。创业者的心理活动及心理特质影响创业者的整个创业过程，而创业者不同的心理特质有可能会影响创业者不同的认知偏差表现。而创业心理资本正逐渐成为创业领域及创业心理培训的重要内容。但是在研究中我们也发现创业心理资本及各维度与创业绩效的关系并不必然是正向关系，有的学者得出了非正向关系甚至提出非线性关系，而推测有可能是倒 U 形关系。而根据人类认知行为科学及认知偏差理论的研究和进展，推测有可能某些心理要素可能在特定情境下会启动大脑的认知偏差模式，从而使决策的有效性降低。因此本研究探索基于双面效应的创业心理资本对创业绩效的影响。而上述文献为研究提供了丰富的理论基础。

## 2.6 本章小结

本章主要从以下几个方面进行文献回顾：

第一，回顾和分析了创业相关理论研究，包括创业者特质理论、创业过程理论和创业绩效的衡量方式。创业过程的每个环节都需要创业者不同的心理资本或心理特质作为支撑。衡量创业绩效的方式有多种，而鉴于创业阶段、行业、规模及所有制结构等方面的差异性，选取成长性指标进行测量。

第二，回顾和分析了创业心理研究相关理论，包括创业心理研究的发展进程、研究侧重点，以及创业认知行为学的研究进展和对创业活动及绩效的影响等方面的文献。

第三，对心理资本研究相关文献进行了回顾和分析，包括心理资本的内涵与起源、创业心理资本的结构与各维度的构成及演进过程的梳理，以及所用到的研究方法的整理和分析。

第四，回顾和分析了创业心理资本的相关理论，包括创业心理资本的内涵与模型，创业心理资本在创业领域的表现及作用，具体包括对创业绩效、创业者机会识别能力和创业意向的关系进行了整理和分析。

第五，对认知偏差理论相关文献进行了回顾和分析，包括对认知偏差的内涵、认知偏差的影响因素、认知偏差与创业绩效的关系等理论以及所使用的研究方法等内容进行了整理。

通过对文献的回顾和分析，本研究认为，立足于认知偏差理论和视角分析创业心理资本对创业绩效的正、负两方面的影响是深化创业绩效理论、丰富认知偏差理论的有效途径，接下来，本研究将沿着这一思路进行理论推导与实证研究。

# 第3章

# 心理资本的双面效应

以往创业者心理特征的研究，更多关注心理资本的积极作用，考虑到创业者面临的环境和挑战，拥有这些心理品质是具有适应性的。但是随着认知和行为科学研究的进展，发现人们在决策过程中是很容易出现认知偏差的。尤其在具有高不确定性和高风险性的创业活动中，经常出现过度自信、自恋、为达目的不择手段等行为倾向。这使其中的一些心理特征可能具有双面效应，如自信、进取性、成就动机和热情乐观等。如果这些心理特征超出正常的心理范畴，可能会带来"负面效果"。拥有这些积极品质的企业家，也要面对当它们发挥消极作用时的风险（Miller，2015）。下面我们分别分析心理资本的每一个维度如果超过正常限度，会带来哪些负面效应，我们用什么概念和名词来描述这些效应更合理。本章搜集了创业心理品质、心理偏差、黑暗人格等相关文献，发现心理资本的自信/自我效能、乐观、希望品质如果超过一定限度均会带来负面效果。

## 3.1 心理资本的正面效应

### 3.1.1 自我效能

自信/自我效能（Luthans et al.，2007）指个体对自己在特定情境中可以激发动机、调动认知资源以及采取行动来实施并完成某项事务的信念。高维和（2011）认为个体自信是个体特征与环境相互作用的产物。例如，我可能对自己某一方面的能力非常自信，但对于完成其他事项的能力就不够自信。社会认知理论认为自我效能是衡量个体是否自信的评价指标，是与特定的情境相联系的。因此自信和自我效能这样的认知特性会影响个体的思维和决策。自我效能在多个研究领域取得了较为丰硕的成果，包括学校教育、心理健康和组织管理等领域。

自我效能在学生的学习成绩、情绪、动机和行为方面具有深刻的影响（郭本禹、姜飞月，2008）。池丽萍和辛自强（2006）通过实证分析发现，自我效能与大学生的学习动机具有显著的正向关系，自我效能高的学生，其学习行为的内在动机较强，同时焦虑水平也较低，也不太在乎他人对自己的评价和看法。梁九清（2008）对350名大学生进行了调查，发现自我效能与焦虑呈显著的负相关关系，自我效能低的人面对困难会更加低估自身的真实水平，并且会感到陷入困境，从而使自身承受的压力更加放大，进而产生较高的焦虑水平。吴晓薇等人（2015）通过研究发现高自我效能的个体在社交焦虑、攻击和抑郁等方面的感受性较低，情绪管理水平较高，情绪也会更积极乐观。

研究表明自我效能影响员工的工作绩效。张韫黎、陆昌勤（2009）研究了企业员工的自我效能，发现当员工面对阻断性压力时，高自我效能水平的个体可以有效减缓压力紧张情绪，也能够维持一定的工作满意度，员工的离职倾向也较低。方阳春（2014）以自我效能为中介变量，发现其在领导对员工观点失败的包容力与团队绩效之间发挥完全的中介作用，而在领导公平对待员工与团队周边绩效变量之间呈现部分中介作用。周明建等人（2011）的研究表明员工自我效能可以通过中介作用影响人岗匹配与员工工作态度之间的关系，自我效能高的员工在适当的岗位可以创造更高的价值、取得更好的绩效并获得更高的工作满足感。张伶和连智华（2017）发现新生代员工自我效能与创新绩效具有明显的正向关系。

自我效能影响管理者的管理理念和决策。McCormich 和 Tanguma（2007）研究发现管理者的自我效能是个体对自己是否具备管理能力的主观判断。在各种角色变换的场合和情境中，作为管理者和领导者需要对自身能够带领员工建构积极动机并实施有效的行为保持适度的信心判断。郑晓峰（2016）研究发现自我效能是管理者管理动机形成和管理有效提升的重要影响因素，自我效能高的管理者在挑战、变革和驱动维度的得分较高，而且表现出较强的战略性、创造性和自律性等领导风格。有学者研究表明与自我效能高的管理者相比，自我效能低的管理者遇到困难，首先会对能否顺利解决问题产生怀疑，并呈现出焦虑、紧张的情绪状态，甚至会限制个人领导能力的发挥。而自我效能高的管理者会以高效率的方式推动组织运行，遇到困难首先会坚持不懈地寻找应对策略。自我效能高的管理者可以为组织设立较高的发展目标，制定优化的战略规划，进而提升整体组织绩效（Kane，2002）。Villanueva和Sanchez（2007）发现管理者的自我效能会影响组织和集体的任务效能，进而对集体绩效形成最佳预测。

自我效能影响创业绩效。由此看来，自我效能是影响企业绩效的重要因素，在创业者开展创业活动中发挥着举足轻重的作用。自我效能对创业绩效的影响，许楚楚（2017）认为创业自我效能对企业绩效有显著的正向影响。杨月等人（2018）通过对四川省大学生进行调查发现，创业自我效能影响创业意愿。可见，自我效能越高的个体对创业成功的认知程度越高，从而具有较强的创业意愿。

### 3.1.2 乐观

根据Luthans等人（2007）的定义，乐观是一种解释风格，即把积极事件归于自身的、持久的和普遍性的原因，而把消极事件归于外部的、暂时的、与情境有关的原因。有学者认为乐观是一种积极的思维方式，是一种处事态度和行为方式（Kluemper and Little，2009）。积极思维者倾向于从事物的积极层面去解释事物，并寻找积极的解决办法，最终获得积极的结果，而积极的结果又会强化他的积极思维方式和情绪，从而使其成为积极的思维者。乐观积极思维者的特征是时刻都能鼓励自己，即使在最艰难的时期；并能够尽量用这种积极的思维方式和情绪感染周围的同伴；总是积极乐观，不抱怨，并且积极地寻找解决问题的方法，在危难中看到机会；不会自我设限，可以激发自身无限的潜能；时刻都能享受人生的乐趣。

夏欢欢（2008）辨识了自信/自我效能和乐观的区别和联系。自信评定的对象是个体自身，强调个体对自我能力的评价；而乐观更多地是指个体对外界环境以及未来的看法和评价，反映了个体对环境和未来积极状态和结果的预期，因此评定的对象是外部事件和环境。相同点是自信和乐观都是一种比较稳定的人格变量，符合"类状态"的特征。

乐观正向影响个体的工作心态和工作绩效。张辉和牛振邦（2013）将乐观区分为特质乐观和状态乐观。特质乐观是指个体的持久、稳定的一种状态，这种状态反映了个体的乐观水平。而状态乐观是情境性的，指随外在环境或情境而发生变化的乐观。李云等人（2020）研究了乐观与个体的生涯适应力具有积极影响作用。积极组织行为学认为，乐观是一种重要的人格特质，尤其是在困境中乐观使个体保持积极心态，这对个体战胜困难、赢取主动并获得高绩效具有重要的意义。而且在指向未来时，乐观者会对环境进行更正面、积极的预测和评估并为自己设定更高的目标，而这些行为都有利于个体面对各种困难和挑战。Jensen等人（2007）研究发现相对责任心、开放等个性特征变量，乐观变量对工作绩效的预测能力更强。Luthans等人（2005）发现，我国工人的乐观水平对工作绩效具有显著的正向影响。李燕萍和吴丹（2016）的研究则发现，与状态乐观相对，状态焦虑会显著降低工人的工作投入和工作绩效。

对管理者而言，乐观也有积极的作用。文献表明管理者也普遍存在高估自己能力、对未来和环境持乐观态度的心理。而从积极作用来讲，管理者也倾向于运用自己的乐观特质来促进企业成长。Goel和Thakor（2008）认为高乐观情绪的管理者更具冒险精神，因此他们有更多的动力和措施为企业发展筹集资源，以促进企业价值提升。余明桂（2013）通过实证检验证明拥有乐观情绪的管理者可以更好地把握投资机会，更勇于承担高风险，从而更有利于企业价值的提高和发展。因为高乐观倾向的管理者其自我评价更高、对投资环境的评价和预期更乐观、更有能力解决问题。林慧婷和王茂林（2014）的研究发现过度乐观的管理者对风险性创新项目的投入水平更高，从而可以抓住更多的创新成长机会。易靖韬等人（2015）分析了高管乐观情绪对企业创新绩效具有正向的提升作用，从而推动企业的成长。

在创业领域，Busenitz和Barney（1997）认为创业者比管理者更容易表现出乐观特质。在兼具高不确定性、高风险的创业过程中，乐观是创业者感知创业环境并做出决策的重要认知工具。乐观可以降低创业者对风险的感知程度，并提高其创业意愿，甚至促使创业者更长时间地维持举步维艰的创业项目（Simon, Houghton, and Aquino, 2000; Lowe and Ziedonis, 2006）。乐观的个体往往会对环境做出乐观预期，从而倾向于采取更加大胆的行为。Simon 和 Houghton（2003）研究指出，乐观的企业领导者更倾向于引进开创性的新项目和产品，而不是渐进性项目或产品。这些项目的成败很难确定。也正因为如此，关于乐观与创业绩效的关系很难有一致的结论。而 Burger（2004）认为自信和乐观的价值和影响依赖于工作的情境和内容，尤其是在逆境和高压力情境中，乐观的正向影响大于悲观。因为在困难中，相比悲观的个体回避和退缩，高乐观的个体更倾向于采取主动的策略，更倾向于进行积极的改善，而这更适应于创业的高压力和严酷的环境。

### 3.1.3 希望

Miller 和 Powers（1988）最初从词源学的角度并结合希望的本质定义了希望的含义：是一系列对美好状态或事物预期和描绘，目的是获得自我提升或从困境中得到解脱的感觉。而且这种预期和描绘不一定以具体的目标或现实的事物为基础，因此希望侧重一种自己可以掌控、胜任某事的能力感，一种对生活的目的感和意义感的体验，一种生活中充满无限可能性的感觉。Luthans 等人（2007）定义的希望品质包含两个含义，设定目标及行动计划。希望是在这两者交叉产生体验的基础上形成的一种积极的动机或认知状态。在这种状态中个体能够设定现实而又有挑战性的目标，并设定实现目标的路径。当一种路径受阻时，人们还能够找到替代路径来实现目标。Snyder（1994）对希望内涵的解释除了目标和路径两个要素外，还包括第三个要素——意志力。他将意志力解释为一种驱动力，当我们下定决心或者允诺去做某件事时，意志力使我们持续维持动机并朝着既定目标努力。

Lopez 等人（2000）认为可以从目标、路径和意志力三个方面，分别设置不同的干预手段，以提升个体的希望水平。Tollett 和 Thomas（1995）通过希望干预计划，有效提升了 40 个老兵的生活无望感，使他们的个人自我效能和自尊也得到了不同程度的提高，从而证实了希望可以通过干预手段得以改善和提升。而其他的一些临床研究也证实，通过希望干预方式可以有效改善人们的生活态度、与家庭成员之间的关系（Klausner，1997）、生活满意度、提升身体功能、减低身体症状和获得政策的情绪体验等（Snyder，2002）。

很多研究表明希望与工作场所的绩效之间具有正向的关系。Udelman（1985）对员工的希望进行了探索性研究，发现员工的希望水平与组织盈利能力之间具有正向关系。通过对比充满希望的员工与缺乏希望的员工之间的区别，发现具有显著差异，见表3-1。充满希望的员工往往是独立的思考者，他们是内控型的人；他们对成长和成就有强烈的需求，最容易激励他们的是丰富性的工作；充满希望的员工往往足智多谋，具有很强的创造力，这与他们追求不同寻常的、非传统的路径有关。也正因为如此他们也有可能给人一种无组织、无纪律的印象。而缺乏希望的员工的特点是：他们可能表现为遵守组织规则，顺从他们的管理者；他们的动因很低，面对问题往往只有有限的方法和路径甚至没有解决办法；即使无事可做也会刻意给人造成工作很忙的感觉。更糟糕的是他们可能变得懒散，甚至时间寻找路径妨碍管理者和领导者来实现想要完成的工作。

表3-1 希望对员工工作状态和绩效的影响

| 充满希望的员工 | 缺乏希望的员工 |
| --- | --- |
| 1）往往是独立的思考者，他们是内控性的人<br>2）对成长和成就有强烈的需求，最容易激励他们的是丰富的工作<br>3）足智多谋，具有很强的创造力。因为他们追求非传统的、不同寻常的途径，所以，他们也可能给人一种无组织、无纪律的印象 | 1）可能表现为遵守组织规则，顺从他们的管理者<br>2）动因很低，只有有限的途径甚至没有途径<br>3）即使无事可做也会刻意给人造成工作很忙的感觉。更糟糕的是，他们可能会变得懒散，并花时间寻找途径，来妨碍管理者和领导者实现理想要完成的工作 |

资料来源：根据文献整理。

Van-Vianen（1999）对企业家的希望水平进行了研究，发现希望与企业家对业务所有权的满意度之间具有正向的关系。充满希望的组织领导者和管理者在管理的计划、执行、检查、调整各环节均与一般水平的领导者有显著差异，即能更有效地履行管理职能。管理者的希望水平也对其概念技能、技术技能和人际关系技能有显著的正向影响。其中概念技能是指综观全局、认清为什么要做某事的能力，即洞察企业与环境之间复杂的相互影响关系的能力。充满希望的领导者和管理者具有以下特征：他们拥有目标导向的意志力和路径力，是同事和员工的导师、教练和开发者；充满希望的管理者所拥有的能量和决心能够传染给他的下属，激励他们去取得更高的绩效。他们通常通过鼓励员工参与、更多授权、组织培训、提供资源、奖励与激励的方式开发员工的希望水平和工作胜任能力。因此希望水平高的管理人员，通常其管理的工作部门的绩效也较高，下属的留职率和满意度也较高，如图3-1所示。

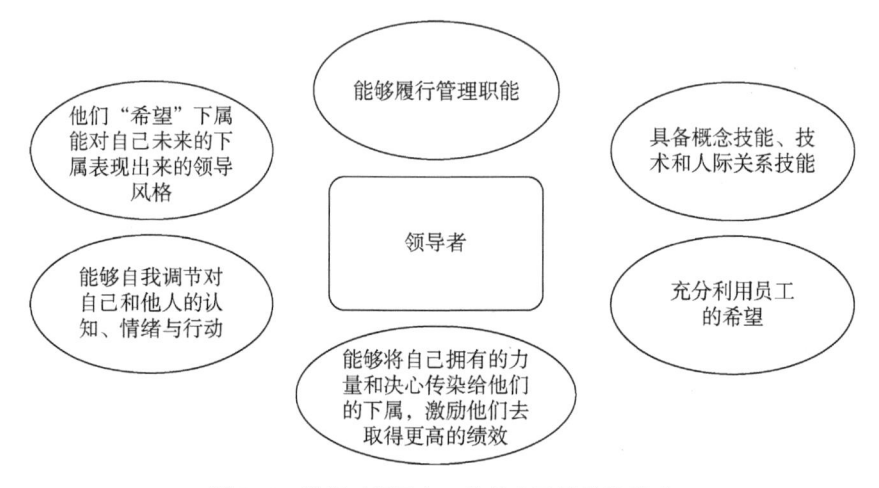

图 3-1 希望对领导者工作状态及绩效的影响

资料来源：根据文献整理。

### 3.1.4 韧性

韧性是指个体从变故、不确定性、冲突、失败中恢复并带来积极改变、进步以及增长的一种积极心理能力，也称为心理弹性、复原力和坚韧等。它包含两层含义：一是从逆境中迅速恢复的能力；二是恢复之后比遭遇逆境之前的心理状态更好，即获得超越。Kobasa 和 Maddi（2002）阐述的坚韧品质具有三个内涵：投入（Commitment）、控制（Control）和挑战（Challenge）。Maddi（2002）强调需要同时具备这三种特征才能称为坚韧品质，三者缺一不可。美国心理学会（2004）将韧性定义为个人面对创伤、悲剧、威胁、生活逆境或其他生活重大压力时的良好适应能力，意味着对挫折和生活压力的反弹能力。Reivich 和 Shatte（2002）认为韧性有助于个体克服困难、适应环境、提高复原力、主动学习新知识和经验、与他人建立密切的联系，并找到生命的真谛，而创伤后成长强调了具有韧性的人能利用困难作为"跳板"来实现更高的目标。Ryff 和 Singer（2003）认为，具有韧性的人能够感觉到自己的信心、自我意识、自我表露、自我效能、人际关系、情绪表达和同理心的增强。

韧性是某个人多多少少都具有的某种潜能，因此可以通过多种途径去挖掘和提高韧性水平。韧性干预在儿童和青少年教育（Cogan, 2004; Grotberg, 1996）、受灾人群救援等领域进行了丰富的实践探索并取得了良好的成效。很多企业也逐渐开始重视提高员工的工作热情，以增强组织的竞争力，因此开发出一系列的韧性干预和培养方案，甚至提出"逆商系数"概念。

相关研究表明坚韧品质与人们的健康、压力事件的应对、心理痛苦的调试、工作倦怠、行为、工作绩效均具有正向关系（卢国华，2008）。Avey 等人（2008）通过研究发现，人际关系、自我效能、自我意识均随着韧性强度而得到一定的提高，员工应对困难和逆境的能力与韧性有很大的关系。London 等人研究发现员工心理韧性会影响其职业态度、决策和行为，同时也有助于克服职业压力和职业障碍。顾远东等人（2014）的研究表明较高水平心理韧性的员工对职业的满意度较高，离职意愿较低。同时对组织承诺、组织变革承诺容易产生积极的情感。李宗波等人（2012）在中国组织情境下，以533 名企业员工为被试分析了员工职业生涯韧性与其工作绩效的关系，发现职业生涯韧性可以显著降低工作不安全感，并对工作绩效具有显著正向影响。

关于韧性与员工工作绩效关系方面，Block 和 Kremen（1996）总结了拥有较高心理韧性员工的特点，他们比较开放、乐于接受新事物、幽默风趣、机敏灵活，能够使自己和他人保持积极情绪。这些特质有利于他们产生和积累更多的创新想法。Sweetman 等人（2011）从积极心理资本的视角分析了员工心理韧性在企业变革中的影响，该研究表明心理韧性具有较灵活的特质，能够帮助员工从组织变革和企业创新的挫折中恢复过来，摆脱沮丧、懊恼等不良情绪的影响，并推动员工重新专注创新工作，推动创新的实现和展开。Abbas 和 Raja（2015）认为较高心理韧性的员工可以推动创新环境的建立，从而可以促进创新想法的推进和创新行为的实现。王楠（2019）以外派员工为研究对象，发现韧性与外派员工的创新绩效具有显著的正向关系。

关于管理者和组织韧性的研究。Abolio 和 Luthans（2006）指出，有韧性的真实的领导者能够勾画未来可能的"自我"，并用它来要求眼下的现实"自我"，即使在失败的时候也能如此。Harland 等人（2005）发现，变革型领导者的一些维度，如感召力、领导魅力、职能激发和个性化关怀等维度，有利于提高员工的韧性。而真实型的领导也可以增强下属的韧性，而且透明的、自下而上的反馈有助于领导者了解员工的心理资本水平，并准确认识自己的弱点。领导者和下属可以通过利用彼此提供的资源，一起来实现复原和超越。关于有韧性的组织的研究逐渐兴起。所谓有韧性的组织是指组织通过催化、加强、防护与隔离韧性开发过程的各种成分来培育韧性，创造有利于复原和超越的环境，从而产生协同效应。积极组织学把"组织韧性"定义为能够让组织消除压力、维持凝聚力，从挫折中复原，进而有效应对管理危机的结构性、"程序性"的动力。在真实领导开发模式中，领导者所体验的突发事件对他们的自我意识、自我调节、真实性和韧性的开发都有着非常重要的作用。一方面，有些事情可能是未经计划的、事先很难预料的，这样领导者就会身陷危害因素中，而最好的处理方式就是使用反应性的适应和应对机制；另一方面，组织能够主动将领导者置于设计好的突发事件中，让领导者面临挑战，并开始激动人心的韧性开发之旅。

在创业领域中，毛雨思（2019）认为韧性是创业者从恶劣情境下快速恢复自身状态其至相比以前有所超越的能力，韧性可以提升创业者在困难面前的信心和毅力，并驱动创业者自身能力实现跨越与提升。程聪（2015）通过研究发现具有较高创业韧性水平的创业者其创业绩效也较好。芮正云（2017）以农民工创业者为研究对象，提出如果不具备较强的创业韧性，农民工创业者由于知识和资源的缺乏可能很难将创业坚持下去。因此，他认为对于农民工而言，更需要提高自身的韧性水平，以应对创业路上的各种困难。因此韧性在创业领域、在各行各业均具有显著的正向、积极效应。

## 3.2 心理资本的负面效应

对创业积极心理特质的负面效应做过专门分析的是 Miller 在 2015 年发表的一篇文章,他提到其中的一些心理特征具有双面效应,如自信、进取性、成就动机、热情乐观等,如果这些心理特征超出正常的心理范畴,可能会带来"负面效果",见表3-2。即拥有这些积极品质的企业家,也要面对它们发挥消极作用的风险。其中的某些心理品质正是创业心理资本的构成维度,但是他并没有进一步进行实证分析。本研究根据该文献并搜寻其他关于心理特质负面效应及认知偏差的相关文献对心理资本的负面效应进行分析。

表 3-2 心理资本积极特性与消极特性总结

| 积极特性 | 消极特性 |
| --- | --- |
| 热情、激情和乐观 | 自大、过度自信 |
| 自我效能、自信 | 自恋、傲慢 |
| 成就需求 | 攻击性、冷酷无情 |
| 独立、权威 | 社交异常、忽视他人 |
| 主导/控制动机 | 强迫行为,怀疑、疑心 |

资料来源:根据文献整理。

### 3.2.1 自恋/傲慢

自恋/傲慢是自我效能超过一定限度带来的负面效应。夏欢欢(2008)辨识了自信/自我效能和乐观的区别和联系。她认为自信评定的对象是个体自身,强调个体对自我能力的评价。对自身能力或认识的过度肯定有可能会导致自恋/傲慢。因此本研究将自恋/傲慢界定为自信/自我效能超过一定限度而带来的负面效应。Miller(2015)的研究指出自信/自我效能是领导者需要具备的首要品质,尤其是对于面临不确定性和严酷环境的创业者而言。不幸的是对于一些人来说,这些特质有可能演化为自恋和傲慢。Freud(1921)在讨论领导者的个性特征时表示:在某种极端情况下,他/她只想要获得赞美和认可,想要操控一切,绝对的自恋、自信和独立自主。Kernberg(1979)补充了这一观点，拥有对权力和权威强烈内在需求的个体通常会表现出自恋的个性特征，经常以为自己处于权威和领导地位。Hayward 等人（2006）曾经呼吁大家关注创业者的自恋特质。而 McCarthy 等人（1993）注意到自信的创业者会不知不觉地升级他们的承诺，最终步入亏损的境地。Engelen 等人（2013）强调自恋的 CEO 经常固执地坚持错误的决策。新生创业者对自身创业项目的高度认同和自信，促使其对自己做出的决策具有强烈的自我辩护动机，倾向于证明自己先前行为的正确性而升级承诺（Lowe and Ziedonis，2006）。自信程度与创业绩效的关系如图 3-2 所示。

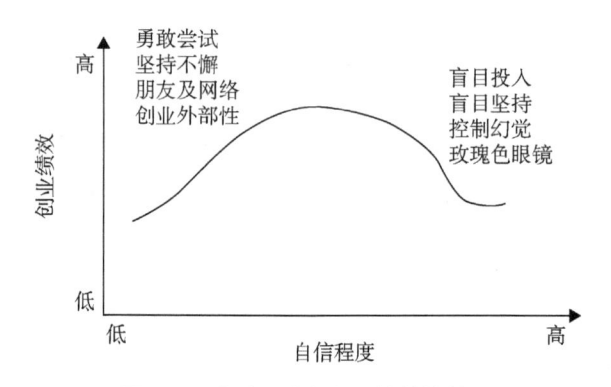

**图 3-2　自信程度与创业绩效的关系**

资料来源：根据文献整理。

关于自恋的相关研究也逐渐增多，尤其是在领导力和创业领域。关于自恋与领导风格的研究，Rosenthal 和 Pittinsky（2006）最先系统提出自恋型领导的观点。他认为当领导者的行为主要从自身利益、需求出发而不是从组织或员工利益为立足点时，这种领导就是自恋型领导。Khoo 等人（2008）则研究了自恋型领导的影响，他们认为如果自恋型领导主要基于自我利益角度或者实现个人目的的立场制定决策或者行为，其决策或行为造成的影响总体上是负面影响大于正面影响。但是自恋型领导由于在社交能力和个人魅力的塑造上具有较强优势，因此他们可以获得很多人的追随（Conger and Kanungo，1998；Vazire et al.，2008）。而自恋的负面影响主要包括剥削他人、具有低质量的人际关系、在重大决策中高估潜在收益、倾向于走捷径或者不顾伦理行事（Khoo and Trimm，2008；Judge et al.，

2006)。从长远来看，自恋也会使其自身受到影响，如失去和谐的人际关系。由于信息抑制（Horvath and Morf, 2009）也不能从错误中学习，因此容易错失获得长期利益和资源的机会。Campbell W. K. 和 Campbell S. M.（2009）强调不应该以"全好""全坏"的观点对待自恋型领导，而应关注自恋型领导生产和成长的环境，并且构建了情境强化模型，对自恋在哪些领域有效、哪些领域无效及其影响进行了较为详细的区分。

同样，在创业领域由于创业者固有的自恋倾向，使得创业公司的企业愿景中往往是创业者个人主观动机的体现。创业者有更强的动机宣传自己的观点，并吸引他人的注意力，他所表现出的热情、魅力等特征更容易使他人对其创业能力有较高评价，从而提高团队成员对其支持力度（Anderson and Kilduff, 2009）。李晋等人（2018）以科技型创业者为研究对象通过实证分析，发现创业者自恋与公司创业愿景之间存在倒 U 形关系，创业者自恋与创新团队绩效之间存在倒 U 形关系，如图 3-3 所示。Galvin 等人（2010）提出对自恋所形成的魅力而言，既有吸引力，又有些不近人情，还夹带着一点操纵和做作。Brown（2009）认为自恋者会高估自我能力及绩效水平，而且主观的高估自我能力非常容易形成积极错觉。Goncalo 等人（2010）的研究指出自恋者有可能只是主观上认为自身创新水平有所提高，而实际上并没有。但是他却能有效提高其所在团队的创新绩效。因此与管理者自恋特质的影响一样，如果自恋水平过高也会与其最初的目标和团队的意向渐渐背离，从而失去团队支持，并给创业绩效带来负面影响。

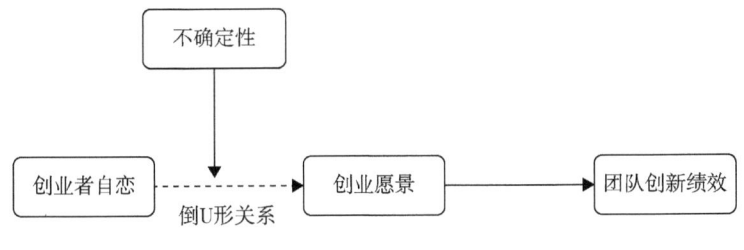

**图 3-3 自恋与创业绩效的关系**

资料来源：李晋，侯红梅，李晏墅. 科技型创业者自恋人格与团队创新绩效的非线性关系研究 [J]. 经济管理，2018（4）：69-82.

### 3.2.2 过度自信

Miller（2015）认为实现目标的欲望或需求越大，释放的热情和激情也会越大。对有些创业者来说，这种热情或乐观心态有可能会演化成"过度自信"。尤其是如果创业者曾经有过较多的成功经历，经常获得鲜花和掌声，出现过度自信的可能性就更大（Miller，1984，1985，1990）。Camerer 和 Lovallo（1999）认为自信和乐观可能是一把"双刃剑"，一方面能够帮助创业者在信息高度不确定和高风险的情境中迅速做出决策和行动，以适应动态环境的需要；另一方面，自信和乐观也可能导致对创业环境和机会的错误判断，从而做出错误的决策和创业行动。Malmendier 和 Tate（2005）的研究表明在自信和乐观的程度上，个体常常表现为过分自信和乐观，医生、CEO 和创业者等都是典型代表。

高维和（2011）区分了乐观与过度自信的区别，他将乐观界定为个体自身存在的天性或个性，具有较强的稳定性，是对生活持有的一种积极态度。过度自信具有环境适应性，与特定情境紧密联系，见表 3-3。DeBondt 和 Thaler（1995）认为有两种类型的过度自信，判断决策上的过度自信和对自我能力的过度自信。当环境存在不确定性时，创业者过度自信表现得更为突出（Oskamp and Stuart，1965）。决策领域的文献认为元知识的缺乏、证实偏差以及回忆易得性偏差三个原因会导致创业者出现过度自信（Stebro et al.，2007）。

表 3-3　乐观和过度自信的含义辨析

| 项目 | 属性 | 前因 | 出现状况 | 特点 | 正面阶段 | 影响 |
| --- | --- | --- | --- | --- | --- | --- |
| 乐观 | 天性或者个性 | 基因遗传，生活经历，文化背景 | 局势可控，对结果的承诺或情感投入 | 稳定 | 全阶段 | 好 |
| 过度自信 | 决策或能力判断 | 元知识缺乏，证实偏差以及回忆易得性偏差 | 环境复杂性、动态性、冲突性证据 | 随特定环境和任务变化 | 意向阶段、项目启动 | 有好有坏 |
| 狂妄 | 决策或能力判断 | — | 噪声和不确定 | 不稳定 | 意向阶段、项目启动 | 坏 |

资料来源：高维和. 创业企业家过度自信研究述评 [J]. 科技与经济，2011，24（3）：80-85.

由此，本研究将过度自信界定为，当个体乐观特质超过一定限度时有可能出现的心理偏差。过分自信的个体通常会高估自己的能力，同时在应对和预测外部环境时，往往忽略不利因素或有威胁的环境或事件并对未来可能出现的结果或事件做过于正面的评价。而事实上这些不利或危险的事件或结果出现的可能性很大，而有利的结果却未必会出现。

很多研究证明，过度自信是企业管理者尤其是高层管理者的典型认知偏差（Heaton，2003），它使管理者低估企业未来面临的风险，同时高估企业未来的绩效。叶蓓（2008）认为过分自信的管理者和决策者很有可能会因为对自我能力和环境的误判而做出次优选择的决策。过度自信给企业的投资决策、融资行为以及公司治理均有显著的影响。Roll（1986）将管理者的过度自信与企业的财务决策行为联系起来，并提出"狂妄自大"假说。Heaton（2003）提出当管理者的过度自信超过一定程度时，有可能会导致失败的投资决策，如投资不足或者过度、融资或者经营失败等，而这直接与企业的绩效有关。Malmendier 和 Tate（2005）以现金流敏感性作为分析指标，发现管理者过度自信与企业的投资决策行为具有负向的关系。王霞和张敏（2008）认为过度自信的管理者会低估企业面临的风险，从而对企业现金流减低敏感性。马春爱和易彩（2017）研究了管理者的投资行为，认为过度自信对财务投资弹性较大，从而过度自信的管理者容易出现频繁交易和过度投资的行为。

Busenitz 和 Barney（1997）研究认为创业者比职业经理人有更加严重的过度自信。过度自信对创业的影响有好有坏。从创业阶段来说，过度自信有利于创业者开始创建企业或从事创业活动，但是在创业的中期和后期阶段对创业绩效则有负面影响（Trevelyan，2008）。Simon 和 Houghton（2003）认为过度自信会导致创业者对自己能力和企业过高的评价，投资那些不可能的盈利机会，以及进行高风险的产品创新。Geers 和 Ensley（2006）认为过度自信的创业者往往会有不切实际的期望，他们会轻视别人认为的负面因素并做出有偏差的决策。而且这样的创业者往往自视甚高，那些对别人适应的约束规则并不适用于自己。高维和（2011）认为创业者的失败很有可能是因为简单处理过于复杂的环境。Gibson 和 Sanbonmatsu（2004）提出如果创业者能够维持较为合理的理性水平，他们的决策会更现实。过度自信的创业者对未来过高或过低的预测提高了创业失败的可能性。Bernardo 和 Welch（2001）提出创业者如果认为自己比别人优秀，就有可能会去投资更高风险的创业项目，从而导致更高的失败率。Koellinger（2007）基于18个国家的大规模样本研究发现创业者的过度自信与新创企业的存活率负相关。新创企业更不愿意适时从失败项目中抽身而退，导致大量的资源浪费（杨学儒、李军，2016）。

关于过度自信与创业绩效的关系。Hmieleski 和 Baron（2009）认为创业者的过度自信与创业绩效之间并不能简单用线性关系来概括，更有可能是一种曲线关系，而更重要的是研究它们之间的机制。Forbes（2005）认为过度自信的创业者对自己的能力进行了过高的评价，从而过度自信通过影响自身的能力而对创业绩效产生影响。Koellinger（2007）利用18个城市的调研数据发现初创者的自信水平和创业企业的存活率呈负向的相关关系，而且不同城市之间创业者的自信水平也存在差异。

### 3.2.3 急功近利/不择手段

当一个人对获取成功的愿望过于强烈时，他通常会把员工逼得太紧、走捷径、忽视股东的利益等。这有可能获得一些短期利益，但从长远来看或许会导致更大的损失（Miller，1990）。Rick Snyder（2000）提出虚假希望是需要警惕的威胁，并提出希望和成功之间可能存在倒 U 形的关系。当希望不切实际时，绩效可能会随着成功急剧下降。当希望超过限度时，个体可能会陷入"只要目的正当，可以不择手段"的心理状态，如图 3-4 所示。这接近 Miller（2015）所指的"成就动机"，指人们在完成任务的过程中，力求获得成功的内部动因。他认为创业者如果对成就或权力的需求欲望过大，超过一定限度，会出现急功近利或冷酷无情的行为（Belanger，2011；Kets de Vries，1996）。当坚持不懈追逐有价值的组织或个人目标时，一些满怀希望的个体可能会为了某些内部或外部相关利益者，而对自己和组织的伦理价值观或社会责任做出妥协。而这经常出现在劳资谈判、部门间竞争或是股东利益最大化的情境或场合中。充满不切实际希望的组织或个体可能掉进"承诺升级"的陷阱，在目标虽然富有挑战性，但并没有战略意义或者根本不可能实现的时候，继续热情地追求目标的实现。

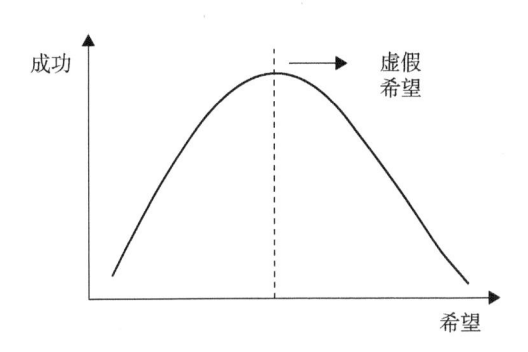

图 3-4　希望与创业企业成功的关系

资料来源：根据文献整理。

Spain 等人（2014）将为了实现目标，个体不择手段甚至利用、操控他人的行为定义为马基雅维利主义（Machiavellianism）。目标导向和不择手段是马氏人格的重要特征，即"结果决定手段"。因此这与希望超过一定限度出现虚假希望、不择手段、冷酷无情的特质相近。由于关于虚假希望、不择手段、冷酷无情的相关研究较少，所以我们也借鉴马基雅维利主义与绩效的相关文献来阐释这一问题。高马基雅维利主义的个体缺乏同情心，与人保持情感上的距离，为了实现目标倾向于操控、欺骗甚至剥削别人。因此这种行为对创业组织中的其他成员会带来消极影响，因为他们感觉到不受尊重、被利用和控制。元分析结果表明，急功近利、冷酷无情的创业者更会采取不道德的行为来盈利（Kish-Gephart, Harrion, and Trevio, 2010）。但是在领导力方面，高马基雅维利主义的个体似乎更擅长组建政治联盟并塑造魅力形象，实现有效的领导（何良兴、苗莉、宋正刚，2017）。

O'boyle 等人（2012）也证实马氏人格与工作绩效是负相关的。更多文献证明两者是中度或低度正相关，但是需要在以下三种情境中才会发挥积极效用：

（1）面对面沟通。

（2）即兴完成任务。

（3）完成任务时无须情感卷入（Aryee et al., 1993; Vecchio, 2005）。Dahling 等人（2009）指出高马基雅维利主义的个体很难对别人产生信任，因此需要时间来适应组织文化，因此他们的研究发现任期可以调节马氏人格与工作绩效之间的关系。

在组织公民行为方面，拥有马氏人格的人由于漠视传统道德，所以谦虚、公民道德、善意等道德标准对他们通常不具有吸引力。由于这些组织公民行为对马基雅维利主义来说得不到实际的奖励，所以他们自身也不太可能组织和实施组织公民行为。Wolfson（1981）的研究证实，当在意外等特殊情境中，高马氏人格的个体不太可能向他人提供帮助，尤其是当他们身处马氏人格的群体中时，这种影响还会被增强和扩大，可能是彼此之间的不信任放大了这种影响。Liu（2008）通过对325个全职夜班学员的研究发现，高马基雅维利主义的人其知识共享意愿显著较低。而在反生产行为方面，由于高马氏人格主义的人更关注私人利益，所以他们倾向于通过机会主义获取个人利益，从而自愿从事反生产行为。Granitz（2003）和Tang（2008）的研究均发现高马氏人格的个体对欺诈、说谎、偷窃、资源滥用、未挺身举报等行为具有更高的容忍度。Mudrack（1993）检验了10种不道德的职场行为，发现均与马氏人格有显著的正相关关系。

在工作满意度方面，很多研究表明马氏人格的个体与其工作满意度负相关。Hunt和Chonko（1984）以美国营销协会的1076名成员为被试，发现马基雅维利主义与工作有关的总体、信息、薪酬和多样性满意方面均显著负相关，甚至还发现了马氏人格对满意度的影响大于工资本身对满意度的影响。这可能是因为高马氏人格的个体始终处在压力情境下管理自己的情绪，再加之他们希望对他人进行更多控制，这使得他们可能永远无法满意现在的职位，因此具有较低的工作满意度。关于职业发展方面，Karkoulian等人（2009）的研究发现马氏人格与职业目标和职业路径正相关，高马基雅维利主义的人的职业目标相对低马基雅维利人格的人更清晰，职业路径也更明确。然而Siu和Tam（1995）的研究也发现马基雅维利主义与工作职位显著负相关，这说明马氏人格可能并不利于个体在职场中的晋升。而高层管理者的职业发展可能是因为其他具有竞争优势的能力，而非马基雅维利主义人格。

## 3.2.4 韧性的负面效应

控制要素是韧性的一个构成要素。Miller（2015）的研究分析了创业者如果控制动机/需求过于强烈会演变为强迫行为，如对公司事务事必躬亲，甚至是对细节也要严密控制。在某些情况下，这种行为趋向有可能会伴随对合作伙伴、雇员或者竞争者的不信任或毫无根据的猜疑（Kets de Vries，1985；Kets de Vries and Miller，1984）。但是 Maddi（2002）强调了三者合一才是坚韧的含义。所以我们这里只分析控制要素似乎也不能构成韧性的负面效应。这样，韧性、坚韧似乎是一个纯积极意义的词汇。查阅相关的文献也没有发现有研究分析如果韧性品质超过一定限度会带来哪些消极影响。对于创业者来说，遭遇失败、挫折和阻碍的概率更高，在逆境中的心理复原力对创业者调整路线、持续创业具有明显的积极意义。超越的特性决定了创业者在失败和逆境中可以重新整合资源、调整路线，说明个体具有一定的心理弹性，可以做出正确的决策。韧性对人类来说是一个如此重要的品质，以至于再多都不为过（Harvey and Delfabbro，2004）。

## 3.3 心理资本的双面效应总结

### 3.3.1 双面效应总结

根据上述分析进一步整理心理资本的正面效应和负面效应，即心理资本各维度如果超过一定限度有可能出现的负面效应包括：乐观超过一定限度有可能会表现出过度自信；自信/自我效能超过一定限度会衍生出自恋和傲慢；希望超过一定限度有可能会表现出急功近利、冷漠无情的特征。而韧性经过资料分析和理论推导没有发现其负面效应，如图 3-5 所示。

同样通过倒 U 形的图形来总结和反映心理资本各维度双面效应的内容及与创业之间的关系。这里的创业代表创业意愿、机会识别和创业绩效等变量。在心理资本双面效应的作用下，创业心理资本与创业各变量之间有可能是倒 U 形的关系。

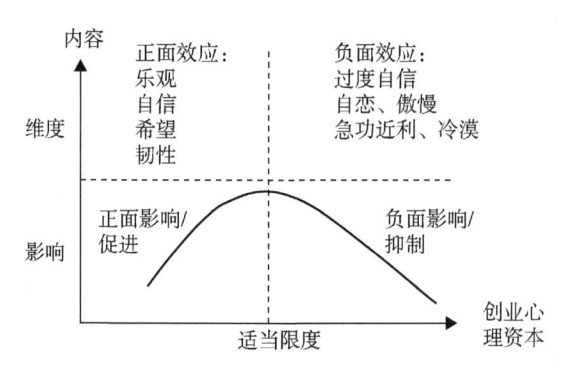

**图 3-5　心理资本的正面效应和负面效应**

资料来源：根据文献整理。

关于心理资本的正面效应及负面效应的内容、属性、结果及对创业的影响等方面的总结见表 3-4。可见，自信、乐观、希望在一定范围内对创业绩效等有正向的影响，当超过一定限度时就有可能会引起偏差思维或转化为负性特质，对创业过程及绩效产生弊大于利的影响。

**表 3-4　创业者心理资本的双面效应**

| | 积极效应 | 对创业的影响 | 消极效应 | 对创业的影响 |
|---|---|---|---|---|
| 内容 | 乐观 | 积极归因的态度、创业激情 | 过度自信 | 对自身能力和企业过高评价、投资高风险项目、承诺升级、资源浪费、具有情境性 |
| | 自信/自我效能 | 激发动机、勇敢尝试、坚持不懈、获取资源、完成目标 | 自恋、傲慢 | 只想要获得赞美和认可，想要操控一切坚持错误决策、承诺升级、降低绩效 |
| | 希望 | 设定目标及行动计划 | 急功近利、冷漠无情 | 走捷径、忽视股东的利益等，对伙伴或员工缺乏同情心 |
| | 韧性 | 坚持不懈、克服困难并获取超越 | — | — |
| 属性 | 类状态变量（稳定性及可塑性） | | 特定情境下转化而成（积极过度变成消极） | |
| 影响 | 在一定范围内正面为主 | | 超过一定限度后以负面为主 | |
| 原因 | 先天自有和后天学习 | | 先天潜伏和情境激发 | |

资料来源：根据文献整理。

### 3.3.2 注意事项

Denisi（2015）在评述 Miller（2015）的论文时提到，我们在定义心理资本的负面效应时，多多少少会有"贴标签"的嫌疑。在实际应用这些名词时，其外延和内涵有时界定并不清晰，所以我们需要小心使用这些名词和标签。例如，社交异常（Social Deviancy）和强迫行为（Obsessive Behavior）与精神病行为（Psychotic Behavior）看似很接近，但实则差距很大。再如本研究提到的创业者有自恋（Narcissism）和傲慢（Hubris）倾向，并不是说这些个体是病态的或者需要专业的帮助，只是说明这些人并不是最令人愉快和宜人的。所以本研究对于创业心理资本的负面效应分析并不是指拥有过度积极创业心理资本品质的人是病态的，需要专业心理帮助，只是说有这些品质的创业者并不总是令人愉快和宜人的，对创业也并不总是能带来积极的影响。

## 3.4 本章小结

本章对心理资本的正面效应和负面效应进行了分析。首先，分析了心理资本及其各维度的正面和积极影响，涉及的领域包括学习、管理、工作和创业等的表现及对绩效的影响。自信/自我效能、乐观、希望、韧性各维度对学习成绩、情绪管理、人际关系等方面会产生正向影响。在作业层面各维度对员工的工作绩效、管理者的管理绩效、创业者的创业绩效等均具有正向的影响。

其次，分析了心理资本各维度的负面效应。介绍了 Miller 的研究结论。在此基础上推导出乐观超过一定限度有可能会表现出过度自信，自信/自我效能超过一定限度会衍生出自恋和傲慢，希望超过一定限度有可能会表现出急功近利、冷漠无情的特征。通过对自恋、过度自信、马基雅维利主义等认知偏差领域的文献梳理，推导心理资本超过一定限度可能带来的负面效应，以及这些方面的特质对个体自身的情绪、人际关系等方面的影响以及在工作领域对员工的工作绩效、管理者的管理绩效、投资者的投资绩效、创业者的创业绩效的影响等。

# 第4章

# 基于双面效应的心理资本与创业绩效模型构建

基于上述分析我们发现心理资本的各要素在工作场域、管理决策和创业绩效领域均发挥着重要作用。研究者对于心理资本各维度的正面效应和负面效应均有所分析，但是对于心理资本在创业领域的双向效应还甚少研究，基于此，本章构建基于双面效应的创业心理资本与创业绩效的研究模型，继续针对创业心理资本与创业绩效的关系进行深入分析，并进一步提出研究假设。

## 4.1 自我效能与创业绩效的关系

### 4.1.1 正面效应

唐琪和顾建平（2016）研究发现资本与创业绩效具有重要关联，而自我效能在其中发挥调节作用。王辉等人（2017）等基于社会认知理论，证实自我效能对创业行为和创业绩效均具有显著的正向影响。由此可见创业自我效能作为创业绩效的一个影响因素起着不容忽视的作用。根据前述的文献总结，自我效能对创业绩效的影响主要体现在以下几个方面。

一是体现在获取资源方面。李洪波（2014）研究证实了自我效能对于大学生在网络嵌入中获得资源支持具有重要的支持作用，从而影响创业企业的绩效和企业成长。普冀喆等人（2016）以农民工在城市中的创业行为为研究对象，研究结果表明资源获取和风险管理方面的自我效能越高，农民工创业意愿越强。因此，资本作为重要的创业资源往往潜藏在创业网络中（李洪波，

2016；李道建等，2020），需要创业者发挥主观能动性，以将嵌入在网络中的资本和资源转化为绩效，而主观能动性的发挥与自我效能的提升具有重要关系。

二是自我效能通过影响创业者的创业意愿间接影响创业绩效。研究表明自我效能较高的个体，其创业意愿往往比较高，因此更有可能投入创业活动中，从而自我效能可以作为预测创业者是否最终开始创业实践的一个重要指标（Gartner，1992；Boyd，2000）。李晓青（2017）以我国大学生为调查对象，研究结果表明不管是我国大陆地区还是台湾地区，大学生创业自我效能均对创业意愿产生积极影响。赵雷婷（2019）研究表明，对于可塑性较强的学生，可以通过创业教育提高其创业自我效能，从而提高大学生的创业意愿，甚至促进创业行为。

三是在心理层面，苏晓华等人（2018）以中国创业者为对象进行研究，证实了创业自我效能通过因果逻辑和效果逻辑对创业绩效具有显著的正向影响。创业自我效能作为一种心理因素，是创业者的积极心理资源，高自我效能的个体在遇到困难时，会不断地尝试，以求解决问题，而困难最终被解决的经验又会提高其自我效能（Miao，2017）。

总体来讲，创业自我效能有助于创业者建立积极的自我认知，帮助创业者克服创业活动中的潜在风险，同时资源获取效能又有助于创业者获取创业网络中的优势资源，提升创业动机和意愿，进而促进创业行为。而创业自我效能的提高可以通过成功经验陈述、替代经验陈述、言语说服等方式来主动锻炼并得到提升，因此创业自我效能是可以通过后天教育培训获取的一种积极品质，也符合 Luthans（2000）对心理资本特征的总结。可见，创业自我效能高的创业者能在创业活动和企业发展过程中表现出最佳的状态，从而促进企业持续成长。

### 4.1.2 负面效应

通过前文的分析，本研究认为自信/自我效能超过一定限度有可能会产生自恋/傲慢。本研究将自恋/傲慢界定为是对自身能力的一种过度评价或肯定。自恋的人想要获得赞美和认可、操控一切，经常以为自己处于权威和领导地位。而这种特质会使创业者固执己见，具有强烈的辩护动机，并有可能导致承诺升级的偏差；而且他们很难从错误中学习，无法维持长久和谐的人际关系。创业的成功需要创业者的创造性思维以及将创业想法付诸实践的能力，而创业想法和创业活动实施的过程中同样需要资源的投入、需要团队的支持（Bare，2012）。所以创业者的个人想法与创业团队要实现相互匹配，并将创业者的个人创业计划升华为团队共同接受和执行的创业愿景，是创业成功的有力保障。适度的自信/自我效能有利于上述目标的实现，但是自信一旦超出一定的范围转化为自恋也有可能会成为创业道路上的阻力。廖建桥等人（2016）指出我国社会转型中，具有自恋人格的领导越来越多。而 Ahmetoglu 等人（2016）的研究也指出高创造力个体往往也存在着较高程度的自恋水平。创业者这一特殊群体有可能具备高创造力和高领导力两类属性，因此表现出高自恋的人格特征。

　　自恋的创业者对创业绩效的影响有正有负，目前在学术界还没有统一的定论。不过鉴于自信/自我效能、自恋在内涵上也有重合的部分，差别只是程度的不同而已，我们有理由相信，由于现有研究对自恋/自信的含义界定有重合和混淆的部分，因此很难得出统一的定论。但是目前的研究基本认可自恋的创业者在创业初期在印象管理、团队构建、愿景宣传等方面具有推动作用（Owens et al.，2015；Anderson and Kilduff，2009），但是随着创业活动的进展，自恋的负面效应开始显现。Brown（2009）认为自恋者会高估自我能力及绩效水平，而且主观地高估自我能力非常容易形成错觉。另外，自恋者的自大傲慢、无视他人意见，甚至敌意的特征有可能会破坏创业者与创业团队的关系，从而抑制创业的有效性（Uhl-Bien，2006）。李晋等人（2018）以科技型创业者为研究对象通过实证分析，发现创业者自恋与公司创业愿景之间存在倒 U 形关系，创业者自恋与创新团队绩效之间存在倒 U 形关系。而去检视其关于自恋的量表内容，与自恋/自我效能的内容有很大的相关性，因此我们有理由认为本研究中，当自恋在较低的水平时，有可能属于自信/自我效能的范畴。

　　关于自信/自我效能及自恋与创业绩效关系研究结论的不一致，使得自信/自我效能与创业绩效之间存在简单的线性关系仍然缺乏足够的论据支持。

Pierce 和 Agunins（2013）指出，当线性研究的结论不一致时，曲线关系的探索可以解释直线关系中未被解释的部分，因此本研究做出如下假设：

H1：自我效能与创业绩效呈倒 U 形关系。

## 4.2 乐观与创业绩效的关系

### 4.2.1 正面效应

有关心理学的研究发现积极的情绪能给人带来幸福感，积极性高的人在行动力上也会更加主动、随和。而消极的人常常伴随不良情绪，如内疚、沮丧和愤怒，这使他们耗费了大量心理能量来消化这些负面情绪，对外界环境和他人状态的反应会显得比较迟钝（Burger，2010）。研究表明积极的想法与高成就有关，当面临未知环境时，比起那些认为事情会很糟糕的人，相信自己可以做得很好的人，他们的自我感觉会更加良好，从而可能会有更良好的表现；同样在面临困境和难题的时候，相信自己会战胜困难的人，比认为自己无法跨越难关的人更容易有出色的表现（苏彦丽等，2008）。因此乐观作为一种积极的心理品质是一种内在力量。创业者面对创业情境高风险和高不确定性的特殊环境，乐观特质是创业者非常必要的一种心理特质。

创业者乐观有助于创业者以积极的心态感知创业环境，Simon 等人（2000）提到如果没有乐观的特质，可能没有人会选择进行创业活动。因为在创业初期，创业活动面临的环境十分多变、复杂，要处理的事务也十分繁杂，创业者往往面临巨大的心理压力。在这种情境下，乐观的创业者会优于悲观和不自信的创业者。而在创业活动遇到困难或阻碍时，乐观心态往往使创业者更能正视挫折，并透过眼前的逆境看到未来，为企业描绘一幅光明的蓝图。而这有利于正向影响其他创业者和企业员工士气的提升，从而带领整个团队走出困境。因此乐观是使创业者继续维持举步维艰的创业项目的重要动力源泉。

从正面效果来看，乐观与创业者的未来发展密切相关。乐观意味着更健康的心态和更健康的身体，乐观可以增强创业者的毅力、责任感以及提高别人对新企业信任感的能力。另外在创业开始之后，乐观的创业者往往更容易快速行动，获得先动优势，从而获得更多利益和利润（Benos，1998）。Carver 等人（2010）研究表明，由于乐观者在人际关系方面花费的心思较多或者乐观者与人的沟通能取得更佳的效果，乐观者更容易获得社会资源和关系网络方面的优势，包括亲密的和一般的社交关系。而社会网络资源对于创业者筹集资源、销售产品、提供服务等方面能有更多的便利和优势，因此乐观创业者的创业绩效更高（MacLeod and Conway，2005）。

综合以上分析，乐观对创业者具有明显的正向影响。首先，乐观的创业者对未来充满信心和希望，对自己的积极暗示会更多，从而相比悲观者节省了大量用于应对悲观情绪和观念的心理能量。也更可能拥有良好的心理状态，甚至可以拥有更好的身体状态。而这种积极的情绪也可以带动创业者的士气和积极心态，减少创业团队的整体紧张感和压力，使创业氛围更轻松一些。其次，乐观的创业者发现创业机会以及获取创业资源的可能性更大，因为他们可以投入更多的心思建立和维持人际关系网络，从而为创业企业建立、产品销售等带来积极影响。最后，乐观情绪在面临挫折和困难时有更为凸显的作用，可以缓解创业者对苦难的感受和负面情绪，有更多的心理能量为问题寻找解决方案，使企业有更进一步的可能。

### 4.2.2 负面效应

乐观对创业者而言可能具有双面效应，一方面乐观能够有利于创业者在高不确定性和高风险的情境中快速做出决策和行动，以适应动态环境的需要。另一方面过度乐观也可能导致创业者对环境和机会的误判，从而导致决策和行动的失败。Lowe 和 Ziedonis（2006）根据对创业者的调查发现，过分自信和乐观是创业者常见的认知偏差，大多数创业者对其创业的前景持过分乐观态度，尽管75%的创业企业的存活时间短于5年，但是有81%的创业者认为创业活动的成功率至少有70%，而30%的创业者甚至估计创业成功的概率高达100%。而 Schleifer 等人（1991）通过对有关创业者过度自信的实验研究元分析发现绝大部分的被实验者都认为该市场的整体盈利性较差，但是认为自己的收益率会比别人更高，从而都选择进入该新市场，因此一个人对自身技能和外界市场环境的过度自信会导致对新创业企业的过度投入。

新企业所处环境的不确定性、复杂性和陌生性都会加强创业者的过度乐观偏差。Busenitz 和 Barney（1997）发现创业者比普通人有更高水平的过度自信。Kollinger（2005）通过对 18 个国家的样本进行分析发现企业家在评估项目时往往会高估项目成功的概率。Audia（2000）的研究发现，曾经成功过的管理者更容易出现过度乐观，因为他们往往忽略环境中悄然发生的变化，而仍然依赖以往的经验制定决策和行动。而这种对企业发展状况和前景的过度评价，也容易较为轻率地引进风险过大的产品或创新项目，从而增加企业的风险（Houghton，2003）。Hayward 等人（2006）发现过度乐观的创业者对信息的处理缺乏适应性和灵活性，他们对进入市场会采取更为激进的方式，这都容易增加创业失败的可能性。杨学儒和李军（2016）指出，绝大多数人创业决定的做出来自于主观感受，个人的创业倾向通过其是否相信自己具备足够的能力、技能和知识以开创一个企业，不同国家的创业者均具有这一共性。Kollinger（2005）指出一个国家公开报道的创业者信心指数与新创企业存活率明显成反比。甚至一个国家创业的人数越多，其居民比其他国家的居民具有更高的过度自信水平。

吴伯凡（2017）认为创业者应该是一个悲观的乐观主义者，由于创业活动的高失败率，创业者需要的既不是悲观也不是乐观，而是适度的乐观。Shawn Achor（2015）研究显示，乐观与悲观的配比是 3∶1，此时，无论在职场还是家庭，人们会更乐观、更满意、更有成就感。同样在创业领域，如果人们过度乐观意味着遇事盲目、不清晰、易受幻觉的影响、反省心不足，市场或他人或伙伴的提醒或建议很难引起关注和重视。适度悲观的乐观意味着既保持乐观的秉性，又能保持着一种情形，一种自我省察和自我反思的能力。Hmieleski 和 Baron（2009）认为创业者的过度自信与创业绩效之间可能并不能简单用线性关系来概括，更可能是一种曲线关系。在创业活动中，创业者应该保持适度的乐观水平，太高或太低都不利于创业绩效。因此不管在创业领域还是在其他领域，谁越能看见关于这世界各种不同的解释，谁就越能建构出成功三棱镜，获得最成功的结果。

基于以上分析，本研究提出以下假设：

H2：乐观与创业绩效呈倒 U 形关系。

## 4.3 希望与创业绩效的关系

### 4.3.1 正面效应

积极心理学认为,希望是给未来确立目标、设计途径并激发动力的一种积极认知力量。创业者在变幻莫测的环境中规划创业愿景、设计实现路径,并激发自己和创业团队在实现目标的过程中,同样需要希望这种积极心理品质。希望的类状态特性:既是一种随环境而变化的认知态度和情绪体验,同时又是一种相对稳定的人格气质和心理资本(Luthans et al.,2006)。创业者的希望为其带来为实现目标而矢志不移和锲而不舍的力量,使创业者看到目标成功达成的必然性。Snyder(1997)指出,希望是在具有挑战性的环境中,个体所拥有的一种强大心理优势,并提出了包含目标、路径和意志力三大要素的希望理论。对创业者而言,设定创业目标是希望的根本要素,没有目标也就无所谓希望。因此目标构成希望的核心要素;在确立了创业目标之后,创业者需要寻找达到目标的途径,通常会寻找至少一条途径,以完成目标。在完成创业目标的过程中,同样需要个体意志力来推动创业者持续向目标靠近。创业者既可以从一条途径开始创业计划,也可以沿着多条途径前行。当创业路上遇到困境时,路径思维会寻找新的路径或者方法,或者从最开始的路径选项中选择其他方法,以继续完成创业目标。在这个过程中意志力始终发挥着作用,直到最终达成目标。

希望在创业目标设计、执行与实现过程中均发挥着重要作用。希望提升可以改善人们的生活满意度、自尊水平和自我效能,获得积极的情绪体验。充满希望的个体往往是独立的思考者,属于内控型的人,对成长和成就有强烈的需求,他们愿意从事内容丰富的工作。这些特性都有利于创业者开展创业实践和创业活动。在实现创业目标过程中,希望水平高的创业者往往足智多谋,具有很强的创造力,从而可以提供更广阔的创业路径。个体的希望水平预期技术技能、人际关系技能和概念技能均具有显著的正向影响,而创业者同样需要这些技能。在复杂的环境中,创业者需要洞察企业与环境之间复杂的相互影响关系,并从中明确工作任务;创业者也需要具有与人或其他组织建立关系的能力,以从中获取资源和支持。从创业团队管理方面来说,希望水平高的创业者能对创业团队实现更有效的管理,因为充满希望的创业者更能带领创业团队紧跟目标,拥有目标导向的意志力。高希望水平的创业者是其同事和员工的导师、开发者和教练,愿意给员工更多的授权、组织培训和奖励及激励,通过这些方式将自身的能量传递给创业团队,提升创业成员的希望水平和工作胜任力,从而使创业企业取得更高的绩效。

综合上述分析,希望对创业者而言是不可或缺的一种积极心理品质,它影响创业愿景设计和宣传、创业目标的实现、创业团队的管理和创业团队的工作绩效。

### 4.3.2 负面效应

根据第 3 章分析可知,创业者希望品质超过一定限度有可能受到两方面的威胁。一是容易出现"虚假希望",即创业者的目标变得不切实际。而不切实际的创业目标使企业获得成功和转化为现实的可能性极低,从而会耗费企业大量的人力、物力和财力,造成资源浪费,使得创业企业绩效受损。充满不切实际希望的创业者或个体有可能陷入"承诺升级"的陷阱,在目标看似富有挑战性,实则没有战略意义或者根本不可能实现时,仍然继续热情地追求目标的实现。二是在路径实现方面,当创业者对获得成功的愿望过于强烈时,有可能会走捷径、忽视伦理价值观、逃避社会责任甚至忽视股东利益或把员工逼得太紧(Belanger,2011;Miller,1990),我们把这种行为总结为急功近利或冷酷无情的行为(Kets de Vries,1996)。而根据现有研究,更多的学者认可这种为了实现目标,个体不择手段甚至利用、操控他人的行为为马基雅维利主义(Spain et al.,2011)。

创业者如果是具有马基雅维利主义的个体,往往缺乏同情心,与其他人保持情感上的距离,为了实现目标甚至会操控、欺骗或剥削别人。但是现有研究也表明,拥有马氏人格的个体并不全是负面的影响。例如,在领导力方面,高马基雅维利主义的创业者可能更擅长塑造个人形象、凝聚创业团队、组建政治联盟和人际网络,从而对创业行为和绩效产生正面的影响(何良兴、苗莉、宋正刚,2017)。但是也有的学者分析了马氏人格起作用是有条件的:

面对面沟通、即兴完成任务和完成任务时无须情感卷入（Aryee et al., 1993；Vecchio, 2005）。同时由于马氏主义者个体通常是任务导向的，因此他们的任务绩效更高于非马氏主义者，这说明马氏人格或者不择手段/冷酷无情的特质对创业来说有可能在创业初期的愿景描绘、团队构建，甚至对创业初期目标的实现方面具有正向影响。但是要进行创业需要与战略伙伴、创业团队构建长期的信任关系，这时这种特质有可能对这种关系的建立产生负向影响。而且企业的长期发展需要获得社会和大众的认可，所以社会责任感对企业的持续发展具有重要影响。但是马氏人格的个体不注重伦理道德，甚至漠视传统，所以公民道德、组织公民行为、谦虚、善意等对其并不具有吸引力。但是如果长期忽视这些方面的价值，可能对企业的长期可持续发展不利。

苏迪（2019）的研究也表明了马基雅维利主义与创业意向具有明显的正向关系，但是与创业绩效的关系不明显。此外 Hunt 和 Chonko（1984）的研究表明，马氏人格的职业满意度是较低的，由于他们迫切实现目标而且希望对他人进行更多的控制，甚至不惜采用一些非伦理的手段，这使得他们的压力水平比较高。而创业者所面临的环境本身具有比较高的复杂性和不确定性，这些因素有可能加剧马氏人格创业者的压力情绪。而负向情绪的调节有可能消耗创业者大量的心理能量，而无法将精力更集中于创业活动本身，从而影响创业绩效。

基于以上分析，本研究提出以下假设：

H3：希望与创业绩效呈倒 U 形关系。

## 4.4 韧性与创业绩效的关系

### 4.4.1 正面效应

创业者面临的环境兼具复杂性、危险性和陌生性。创业韧性对创业者的影响不言而喻。创业韧性有助于创业者在恶劣的情境下持续创业行为，勇于背负巨大的风险和挑战而负重前行。如果没有强大的创业韧性，创业行为是很难持续下去的（芮正云、方聪龙，2017）。

韧性对创业者的意义可以从以下两点来阐释。首先表现为韧性可以防御创业压力，这也是韧性的本质作用。在创业过程中的压力主要来自于两个方面：一是创业过程中遇到的资源、渠道和人脉等实际困难及其衍生问题而产生的压力，二是创业者对这些困难的躯体及情绪的反应而产生的压力。前者可以通过创业者对环境的改造和改善而解决，创业者通过分析制订出具体的管理行为计划并付诸行动，以解决困难，消除压力；后者则主要依靠创业者自身对环境的适应和调节能力，即创业者能否通过调整自身对压力的忍受程度或者调整自身的观念意识以适应前述问题，从而使自身保持冷静思考和客观判断的能力，目的是起到调整创业者情绪和思绪的作用。以上两种防御机制可以帮助创业者面对挫折、适应和解决困难、调节压力，从而有助于提升创业过程的有效性和绩效。

除了防御创业压力，创业韧性还可以强化创业者的某些特质，进而提升创业能力。这主要是因为创业韧性对创业意愿和创业者自我效能具有正向提升作用。这可以使创业者保持积极对待困难和挑战的决心，同时在创业经历中获得学习经验，从而促进创业者认知水平的提升。郝喜玲等人（2018）认为创业韧性包括恢复、应对和成长三个能力层次。韧性的恢复能力使创业者在消极环境中仍可以保持良好的积极心态，以削减沮丧、抑郁等负面情绪的影响，同时可以提高创业者在不利处境中思考、谋划以及行动的可能性；韧性的应对能力则推动创业者聚焦当下，付诸创业及调整自身的行动，以扭转当前的不良局面并获得向好趋势；韧性的成长能力可以促使创业者更加积极地展望未来，以提升自身的竞争力及对环境的适应能力。该框架对于我们全面了解和梳理创业韧性的内涵提供了有价值的借鉴。

总之创业者面临的环境非常复杂，在飞速变化的市场环境和创业失败率居高不下的情况下，创业者不可避免地会面临巨大的压力，过大的压力会给创业者带来很多消极情绪，而这些消极情绪会影响创业者的个人生活和工作效率，因此如何应对创业压力和消极情绪是创业者面对的莫大挑战。而创业韧性有助于创业者在恶劣情境下提升面对困难的毅力和信心并快速恢复自身状态甚至实现超越的能力。毛雨思（2019）提出创业韧性高的个体在失败情境中更有可能采取积极面对的态度，甚至推动创业者进行高效的学习，锲而不舍、不懈努力，以促进创业目标的实现和创业绩效的提升。

## 4.4.2 负面效应

韧性超过一定限度会有哪些负面效应？Kobasa 和 Maddi（2002）概述了韧性品质的三个内涵：投入、控制和挑战。投入也称为"担当性"或"承诺"，指个体敢于为投入或专注的活动接受和承担责任，能够感受到所从事活动的意义，专注于从事的事情并愿意付出努力。控制是指个体主动把握和影响所从事的活动，如可以准确预测和把握事物发展趋势，能控制自己，对待困难态度积极乐观。挑战是指个体习惯于将变化看作是一种挑战，并从中汲取个人成长的力量，包括个体认为变化是生活的正常状态，把变化看作是促进成长的力量，并能不断从中学习。卢国华（2008）认为中国文化下人格韧性包含的维度除了这三个之外，还包含第四个维度，即坚持性。表现为个体在追求目标时坚定执着，面对困难坚韧不拔的特点，包括明确目标的意义，坚毅，对待挫折有耐心和恒心，韧而不屈。

我们尝试从韧性的含义结构中寻找韧性的各含义结构超过限度有可能带来的负面影响。其中对于控制要素来说，Miller（2015）的研究分析了创业者如果控制动机/需求过于强烈会演变为强迫行为，如对公司事务事必躬亲，甚至对细节也要严密控制。在某些情况下，这种行为趋向有可能会伴随对合作伙伴、雇员或者竞争者的不信任，毫无根据的猜疑。但是 Maddi（2002）强调了三者合一才是坚韧的含义。所以我们这里只分析控制要素似乎也不能构成韧性的负面效应。对于坚持要素来说，坚持超过一定限度会不会变得"固执"。我们查阅了固执的内涵，其本意指坚持不懈，后多指坚持成见，不肯变通。韧性包含挑战性，注重从失败经验中坚持学习，以实现超越的特性。而且韧性的含义也包含可以弯曲但不易断。而固执有不易弯曲所以容易折断的内涵，所以"固执"也不构成韧性超过一定限度会表现出来的特点。

然后我们又从韧性与相关绩效的研究文献中寻找韧性是否具有负面效应。在查阅的韧性与员工工作绩效、管理者、创业绩效以及组织韧性等相关文献中，均得出了韧性与各领域个体的工作绩效具有正向的关系。这样韧性似乎是一个纯积极意义的词汇。对于创业者来说，在高度复杂、陌生和不确定性的环境中，遭遇失败、挫折、阻碍的概率更高，在逆境中的心理复原力对创业者调整路线、持续创业具有明显的积极意义。超越的特性决定了创业者在失败和逆境中可以重新整合资源、调整路线，这说明个体具有一定的心理弹性，可以做出正确的决策。韧性对人类来说是一个如此重要的品质，以至于再多都不为过（Harvey and Delfabbro, 2004）。英国的德里克·罗杰将韧性定义为个体平静地越过生活中激流的能力。

根据以上分析得出如下假设：

H4：韧性与创业绩效呈正相关关系。

## 4.5 心理资本与创业绩效的关系

以上研究分别从心理资本的各构成维度分析了其与创业绩效的关系，经过理论分析与论证，我们发现除了韧性维度与创业绩效具有正向关系，心理资本的其他维度：自信/自我效能、乐观、希望与创业绩效均具有倒 U 形关系。那么以这四个维度为合成因素的心理资本整体与创业绩效又具有什么关系呢？

我们首先探究了心理资本与创业绩效关系的相关文献。Avey 等人（2006）的研究发现具有韧性、乐观、自我效能与希望等心理特质的员工，其组织承诺意愿更强，也更有利于周边绩效的提升。Luthans 等人（2005, 2007）提出心理资本提高了员工的工作满意度，与个体的缺勤率和工作压力感具有显著的负向关系，从而有利于推动组织变革并提升组织的盈利能力与绩效水平。Hmieleski 和 Carr（2008）发现心理资本对创业绩效的变化有一定的解释力。程聪（2015）的研究表明创业者心理资本对创业绩效具有显著正向影响。李海翔（2012）认为心理资本较强的创业者，对自身能力和已有资源的掌控和把握能力越强，从而自信心越强，在做决策的时候会更有魄力和挑战性，从而行动力也更强，同时在创业过程中也能不断地反省自己，更容易获得创业成功，并获得较好的创业绩效。陈一敏（2013）以农民工创业者为例发现，新生代农民工的创业资本与创业绩效具有显著正向影响，而这种正向影响还有利于社会资本的提升。

结合现有研究可知，现有关于心理资本与创业绩效关系的研究大多得出了正向的结论,当然这与不同研究中心理资本的构成维度和所使用的测量工具和测量方法也有很大的关系。同时,结合前面的假设,三个变量呈倒 U 形关系,一个变量呈正向关系,因此我们假设正面的效应要更大一些,所以心理资本整体与创业绩效呈正向关系。本研究在前述各单个要素假设的基础上,进一步探究以本研究的心理资本维度结构为基础的心理资本整体与创业绩效的关系。因此本研究提出如下假设:

H5:心理资本与创业绩效呈正向关系。

## 4.6 研究假设汇总与模型构建

根据心理资本理论与认知偏差理论的相关研究,推导出基于认知偏差视角的创业心理资本与创业绩效的关系。本节将以上创业心理资本及各分维度与创业绩效的关系整合在一起,建立本研究的概念模型。

### 4.6.1 研究假设汇总

为了清楚展示创业心理资本各因素的研究假设,将前面推导的所有假设进行了归纳,见表 4-1。

表 4-1 研究假设总结

| 编号 | 假　　设 |
| --- | --- |
| H1 | 自我效能与创业绩效呈倒 U 形关系 |
| H2 | 乐观与创业绩效呈倒 U 形关系 |
| H3 | 希望与创业绩效呈倒 U 形关系 |
| H4 | 韧性与创业绩效呈正相关关系 |
| H5 | 心理资本与创业绩效呈正向关系 |

### 4.6.2 模型构建

根据前述各理论概念间的逻辑关系,我们将本研究涉及的创业心理资本各因素与创业绩效整合在一起,构建概念模型,以系统展现本书的研究内容。

根据以上分析，本研究把基于认知偏差视角的创业心理资本对创业绩效产生影响的自信/自我效能、乐观、希望、韧性等维度作为自变量，将创业绩效作为因变量，建立模型。

此外，创业企业绩效还与创业者性别、年龄和受教育程度有关系。创业者的性别影响创业绩效。研究表明，男、女创业者在创业中的策略制定、风险识别和投资风格等方面均存在显著差别。女性创业者往往比男性创业者的风险意识更高，在制定策略时更谨慎。创业者的年龄也影响创业绩效，Pierre Azoulay 等人（2020）的研究显示 45~50 岁创业者的成功率大约是 30 岁创业者成功率的 2 倍。可能年龄越大其经验、阅历及积累的资本更丰富，更有利于创业成功。创业者的受教育程度影响创业绩效，受教育程度越高的创业者在思维方式及考虑因素等方面可能会更全面，因此可能会正向影响创业绩效。综上，创业者性别、年龄和受教育程度这三个变量也被纳入本研究中，作为本研究的控制变量，如图 4-1 所示。

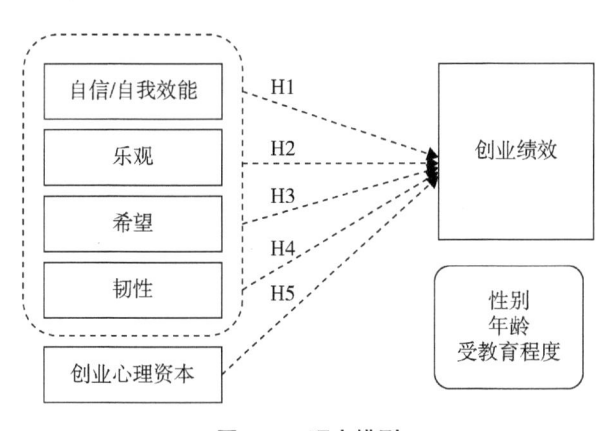

图 4-1  研究模型

## 4.7　本章小结

本章在前面分析的基础上，对在认知偏差层面影响创业绩效的创业心理资本及各维度的因素进行了分析和梳理。经过本章的分析，假设自信、乐观、希望水平均具有正面影响和负面影响，因此假设它们与创业绩效呈倒 U 形关系。韧性的负面效应没有找到，因此假设其与创业绩效呈线性关系。结合相关研究文献，整体创业心理资本与创业绩效呈正向关系。基于相关理论和文献，分析了这四个维度对创业绩效的影响机制，并经过理论推导提出了相关假设，构建了基于认知偏差视角的创业心理资本与创业绩效的关系模型。本章的论证工作，为后续的数据验证奠定了基础。

# 第5章

# 基于双面效应的心理资本与创业绩效实证分析

本研究采取问卷调查法来收集数据验证研究假设。本章首先确认假设的度量变量,在第4章研究假设和概念模型的基础上,根据研究的主要命题,对研究所采用主要变量的操作性定义及其测量方法进行说明。其次对问卷设计、调查实施、数据采集及分析方法进行说明。

## 5.1 研究变量的操作性定义与测量方法

本研究在选择量表时,尽量借鉴和采用国内外学者已经开发的变量量表来设计本研究的量表,同时根据笔者对我国创业者的访谈及我国国情对量表中的具体项目进行修改和调整。

本研究设计的变量主要有:①因变量:创新绩效;②自变量:心理资本,希望,乐观,自我效能,韧性;③控制变量:创业者性别、年龄和受教育程度。下面将分别讨论各变量的操作性定义和测量的相关量表。

### 5.1.1 创业绩效

根据前述的文献综述,创业绩效的内涵与测量方式至今并没有形成一个统一的体系。在创业研究中,创业绩效是作为校标用以评价新业务创建的效果。学者们通常用组织绩效的测量框架来创建企业绩效的测量指标,如 Murphy(1996)经过元分析表明,使用最多的是效率、成长和利润。但是单纯依靠财务指标或客观指标也具有时间、行业上的难以比较性。Yuchtman和Seashore（1967）提出稀缺资源、创业环境对组织绩效有重要作用，因此应该以环境作用为基础，从组织获取有价值资源能力的角度来衡量组织绩效。Connolly等人（1980）提出由于组织绩效的实现涉及众多的利益相关者，为此组织绩效的测量应该将与组织有关联的不同利益相关者的满意度考虑在内，这样才能全面反映组织的最终绩效。Coombes等人（2011）认为创业绩效是对新创企业通过创业活动或行为是否达成创业目标的测量，因此可以开发一些非财务指标来进行测量，如目标达成程度、员工满意度等指标。

由于本研究的主体是正在参与创业或有创业经验的个体，新创企业由于刚进入市场，产品的市场占有率和利润率较低，存在小企业财务数据的不连贯性和难以获得性。同时也由于涉及的创业企业大小不一，所在的行业也不一致。因此，本研究采用Chrisman等人（1998）、Coombes等人（2011）、Connolly等人（1980）、朱红根（2012）将创业绩效界定为创业者个体对创业目标达成程度的测量，是创业者对创业活动的效率或创业满意度的评价。在测量方式上主要采用主观测量的方法，以适应创业企业在规模、行业和成熟度等方面的不一致性。为了更好地区分创业者对创业绩效的感知程度，本研究采用李克特6点制量表对创业绩效进行测量。创业绩效测量见表5-1。

表5-1 创业绩效测量

| 研究变量 | 操作性定义 | 具体测项 | 测项文献来源 |
| --- | --- | --- | --- |
| 创业绩效 | 创业者个体对创业目标达成程度、创业活动的效率或创业满意度的评价 | 1）公司目标对贵公司的重要性<br>2）您对公司当前目标完成情况的满意程度 | Connolly等人（1980）；朱红根（2012） |

注：变量测量采用李克特6点制量表，具体测项用符合程度来代表分值："1"表示不重要，"2"表示较不重要，"3"表示一般，"4"表示较重要，"5"表示重要，"6"表示非常重要。

### 5.1.2 心理资本

关于心理资本测量的研究，国内外学者根据不同地域翻译和设计了众多的心理资本问卷,如 Luthans 等人(2007)、Narayan(2001)、柯江林等人(2009)、楼晓靖(2012)等。但是我们分析这些问卷的题项设置,大多从纯粹积极意义的角度来设置问题,无法反映心理资本的负面效应,因此我们结合上述心理资本整体测量问卷、心理资本各维度的调查研究问卷,以及涉及心理资本负面效应的心理特质的调查问卷,在已有成熟问卷的基础上,设计可以体现心理资本正、负效应的心理资本问卷。

**(1) 自我效能**

关于自我效能的测量,既有单独对创业自我效能单独设计量表进行测量的研究,也有文献将其作为心理资本的一个维度进行测量。Chen 等人(1998)专门对创业自我效能的结构进行了探索。他们通过访谈的方式确立了创业者的 6 大角色和 30 个关键创业任务。在此基础上编制了一个包含 36 个项目的创业自我效能量表,然后经过对管理学院学生和创业者进行预试和调整,最后确定的量表包含 22 个项目,包含创业者在市场、创新、管理、风险承担和财务控制 5 个维度。该量表的内部一致性达到 0.92。Drnovsek 等人(2002)运用该量表,对不同国家的创业者和在校学生进行施测,验证了该量表的结构维度,并发现创业者在创新和风险维度上的创业自我效能高于学生样本,而学生在市场和财务控制上的创业自我效能高于创业者样本。De Noble 等人(1999)则认为 Chen 等人(1998)开发的量表不能很好地区分创业者和管理者,因此他们提出了一个区别于一般管理技能的几个核心创业技能,并在此基础上开发了一个包含 35 个项目的创业自我效能量表。该量表包含 6 个创业的关键技能维度:风险管理、制订核心目标、人际网络关系管理、机会识别、获取分配关键资源、发展和维持创新性工作环境。该量表同样具有良好的一致性。

关于心理资本的整体量表,本研究主要参考 Luthans 等人(2006)编制的心理资本问卷(PCQ),该量表以乐观、自信、自我效能、韧性 4 个维度设置了 24 个题项。柯江林等人(2009)编制的本土心理资本量表包含二阶双因素结构,事务型心理资本和人际型心理资本,其中事务型心理资本包含自信勇敢、乐观希望、奋发进取与坚韧顽强,人际型心理资本包含谦虚沉稳、包容宽恕、尊敬礼让和感恩奉献。该量表包含8个因素共96个题项。高娜、江波（2014）以访谈法和开放式问卷调查的方法编制了专门的创业心理资本量表，该量表包含自我效能、乐观希望、主动应对等7个因素共31个题目。这些量表中均包含自我效能变量的测量维度，是本研究自我效能构念的参考问卷。

以上研究量表的题项设置均是从正面的角度衡量自我效能的。但是本研究的自我效能还包含负面效应。为了体现自我效能的负面效应，我们也参考了自我效能超过一定限度有可能引起特质——自恋的测量方式。Resick等人（2009）针对领导力研究的ACL量表进行筛选，在其中300个描述领导的形容词中筛选出8个符合自恋特质的形容词，包括骄傲自大、独断专行、自命不凡、自以为是、不受约束、自我中心、喜爱炫耀、喜怒无常等组成自评量表进行施测。Emmons（1987）设计的自恋型人格量表包含4个维度：领导力/权威、聚精会神/自我欣赏、优越感/自大、滥用权力。根据以上分析，本研究采用李克特7点制量表对自我效能进行测量。关于自我效能的测量题项见表5-2。

表5-2　自我效能的测量

| 研究变量 | 操作性定义 | 具体测项 | 测项文献来源 |
| --- | --- | --- | --- |
| 自我效能 | 指个体对自己在特定情境中可以激发动机、调动认知资源以及采取行动来实施并完成某项事务的信念 | 1) 我对于未来的创业活动充满信心<br>2) 我所具备的决断力能够帮助我实现创业成功<br>3) 我认为我具备足够的领导能力带领其他人进行自主创业<br>4) 我是一个非凡的人<br>5) 我认为我很棒，因为几乎每一个朋友都会这么说<br>6) 大家似乎都认可我的影响力 | Chen等人（1998）；Luthans等人（2006）；Emmons（1987）；高娜、江波（2014） |

注：变量测量采用李克特7点制量表，具体测项用符合程度来代表分值："1"表示非常不同意，"2"表示不同意，"3"表示有点不同意，"4"表示同意，"5"表示有点同意，"6"表示很同意，"7"表示非常同意。

(2) 乐观

对于乐观的测量除了上述关于心理资本整体构念的测度外，很多学者分别编制了专门的乐观量表来进行测量。Scheier 和 Carver（1985）编制了生活取向量表（LOT），后来经过对其进行重新修正形成了目前使用最广泛的测度乐观的量表。该量表共 10 个题项，信度系数为 0.78。该量表被其他学者检验，证明具有良好的信度指数，但是在国内使用的信度却不太理想，这可能与国家间的文化差异有关。而且此量表只有 4 个题目，不足以构成测量乐观的结构成分。因此很多学者在该量表的基础上进行整合和补充设计出新的扩展生活取向测验。Schweizer 等人（2001）编制了 POSO-E 问卷，包括生活取向测验的修订版、社会乐观量表、自我效能乐观量表。由三个维度构成的该量表的信效度比较优良，而且适合比较跨文化的对比研究。

国内学者也编制了本土化的乐观量表。袁莉敏（2006）编制了乐观量表，该量表共 15 个题项，包括效能感、失败、乐观和悲观四个维度。分量表的信度系数为 0.5~0.76，问卷的效度较好。袁立新（2007）编制了乐观主义—悲观主义量表，该量表包含 POSO-E 的部分题目和通过访谈新增加的若干题项，有明确的量表项目和计分方式，从而具有较高的信度和效度。因此我们参照以上量表来设计本研究中乐观的题项，同时我们也参阅了关于过度自信的测度方式。

关于过度自信的测量包含直接测量和间接测量两种方式。直接测量是直接比较被试在某件事件中的表现和普通人的表现得出结论。Moore 和 Healy（2008）对直接方法进行了改良，利用"高定位"的方式进行测量，即通过度量信念为媒介，将个人的信念与平均信念进行比较，以高出平均信念的程度代表过度自信水平。这种测量方式可能与实际的情况更加吻合。研究中发现，直接测量被试的过度自信水平比较困难，所以一些学者开始考虑用替代性的指标来进行测量，这些替代性的指标包括个人投资组合的交易情况（Malmendier and Tate，2005）、媒体和外界的评价（Malmendier and Tate，2005）、社会和企业景气指数（傅强、方文俊，2008）、消费者情绪指数（Oliver，2005）、财务预测的偏差（Lin and Hu，2005）等。

对创业者过度自信的测量主要借鉴了以下研究结果。Koellinger 等人（2007）针对全球创业观察报告（GEM）的数据利用问卷的方式来调查全球18 个城市创业者的乐观程度。Trevelyan（2008）利用 8 个问题测量了创业者的自信程度，根据所得分数来测量创业者的过度自信水平。Fitzsimmons 和 Douglas（2005）利用 Simon 等人（1999）实验中的问题，让创业者回答相关的 10 个问题，每个问题确定一个置信区间，利用概率的方法评定创业者的自信水平。本研究在综合分析上述问卷的基础上，利用直接测量的方法来测量包含正面效应和负面效应的乐观题项。具体测量题项见表 5-3。

表 5-3　乐观的测量

| 研究变量 | 操作性定义 | 具体测项 | 测项文献来源 |
| --- | --- | --- | --- |
| 乐观 | 指个体对自己的外显行为和周围所存在的客观事物而产生的一种积极的心境或态度 | 1）我对未来的创业成功很乐观<br>2）在创业中碰到事情时我会首先看到好的一面<br>3）我比较认同"风雨之后总有彩虹"这句话<br>4）照着我的方式，事情有好结果<br>5）我相信我的创业会非常成功 | Scheier 和 Carver（1985）；<br>Luthans 等人（2006）；<br>袁莉敏等人（2006）；<br>Koellinger 等人（2007）；<br>Trevelyan（2008） |

注：变量测量采用李克特 7 点制量表，具体测项用符合程度来代表分值："1"表示非常不同意，"2"表示不同意，"3"表示有点不同意，"4"表示同意，"5"表示有点同意，"6"表示很同意，"7"表示非常同意。

### （3）希望

最早的关于希望的测量是 Beck（1974）发展的"无望量表"，主要以住院病人为临床样本，考察他们的无望态度。该量表的施测项目包括他们现有的抑郁情绪、做决定时的放弃倾向，以及对未来的黑暗消极预期。Kazdin 等人（1983）发展了"儿童无望量表"，主要用来测量儿童指向自我和将来的消极预期。Gottschalk（1974）量表有可能是可查的最早的关于希望的测量工具。该量表主要采用内容分析方法，要求被试尽可能详细地写出过去到现在的 4 年里发生的重要生活事件。然后由 4 个评估者分别阅读每一个故事，并用 7 等分法来为这些故事评分，其中 4~7 分是富有希望的得分，1~3 分是缺少希望的得分。这一测验的评分员内部一致性达到 0.61，而在富有希望和缺乏希望的评分一致性上也达到了 0.88。

Miller（1988）提出"希望特质量表"，该量表是基于对希望的词源学、宗教学、哲学、社会学、人类学、护理学、生理学、心理学和健康学的综合考察。同样包含积极和消极两个方面的 40 个题目，采用 6 点制量表，量表总分范围 40~240。该量表的内部一致性系数为 0.93，两周后的再测信度为 0.82，经因素分析检验，量表有良好的结构效度。Staats 等人（1989）根据测量目的，将希望分为情感方面和认知方面，并设计了期望平衡量表和希望指数。前者评估希望的情感方面，采用自我报告法，共有积极和消极 18 个项目。后者用来衡量希望的认知方面，关注具体的事件和结果。该量表也具有良好的重测信度和内部一致性信度。Herth（1999）设计出希望量表，该量表包括 3 个方面共 12 项，即对现实和未来的积极态度、采取积极的行动和与他人保持亲密关系等。Snyder 等人（1991）提出希望特质量表，包含一系列希望特质评定量表的制定，如儿童希望量表、幼儿希望量表、幼儿希望量表—故事本、希望特质量表等。以上这些量表为本研究提供了良好的借鉴。

关于希望特质超过一定限度所带来的负面效应的测量，我们主要参考了马基雅维利主义的测量方法。该维度现有较为成熟的测量内容有 Mach-IV 量表、Mach-B 量表和 MPS 量表。Christie 和 Geis（1970）首先创造性地开发了 Mach-IV 量表，共有 20 个题项。提出了马氏人格的三维度：①人际关系策略维度：马基雅维利主义者善于对人际关系施加直接的影响，甚至通过奉承、说谎和命令；②人性恶：马氏人格认为人是以追求自身利益为生活目标的；③人性善：马氏主义对于传统美德非常不屑。Aziz 和 Meeks（1990）以行为结果的评价为重点编制了马氏人格量表，该量表是一个只包含 7 个项目的单维结构量表。Dahling 等人（2009）在已有研究的基础上编制了马基雅维利主义人格量表。该量表包含对人际关系的不信任、道德的自我操纵、控制欲、社会地位欲 4 个维度。再结合心理资本测量表里关于希望的构念题项，本研究提出包含正面效应和负面效应的希望测度题项。具体测量题项见表 5-4。

表 5-4 希望的测量

| 研究变量 | 操作性定义 | 具体测项 | 测项文献来源 |
| --- | --- | --- | --- |
| 希望 | 指个体一系列对美好状态或事物的预期和描绘,包含意愿和路径两部分,一种基于内在成功感的积极动机状态 | 1) 当陷入困境时,我能想出其他办法来解决问题<br>2) 对于企业未来的发展我有着清晰的目标<br>3) 在创业中我会制订一定的目标,并会根据实际情况对目标进行调整<br>4) 我喜欢用高明的操纵手段来实现自己的目标<br>5) 确保创业计划对自己有利而不是别人 | Gottschalk（1974）；Herth（1999）；Luthans 等人（2006）；Miller（1988）；Christie 和 Geis（1970）；Dahling 等人（2009）|

注：变量测量采用李克特 7 点制量表，具体测项用符合程度来代表分值："1"表示非常不同意，"2"表示不同意，"3"表示有点不同意，"4"表示同意，"5"表示有点同意，"6"表示很同意，"7"表示非常同意。

### (4) 韧性

如前所述，目前学者们对创业韧性的内涵尚没有明确的结论，所以关于创业韧性的测量也没有达成一致的意见。目前韧性在创业领域应用较为广泛的量表有如下几种：CD-RISC 量表、中国版 CD-RISC 量表和简单韧性应对量表。

CD-RISC 量表是由 Connor 和 Davidson（2003）提出的，该量表分别从个人能力、自信、积极接受变化、控制和精神感化 5 方面来测量韧性，每个维度分别包含 8、7、5、3、2 个题项，总共 25 个条目。经过检验，该量表的克伦巴赫 α 系数为 0.89，具有较高的信度。研究者还对该量表进行了再测试，初测与再测的相关系数为 0.87，证明该量表的稳定性较好。其建构效度也通过聚合效度和区分效度得到了验证。该量表为测量创业韧性奠定了基础，尤其适用于创业过程中和创业失败后创业者的韧性表现。Yu 和 Zhang（2007）、Manzanogarcia 和 Ayala（2012）在 CD-RISC 量表的基础上提出了三因素量表。Yu 和 Zhang（2007）提出的中国版 CD-RISC 三因素量表包含韧性、力量和乐观三个因素共 25 个题目。该量表的信度系数为 0.91。Manzanogarcia 和 Ayala（2012）调整后的三因素量表则包含韧性、机智和乐观三个变量共 23 个条目，该量表也通过了内部一致性和区分效度的检验。对比这两个量表，在维度和各维度的题项上不尽相同。Campbell-Sills 和 Stein（2007）也对 CD-RISC 量表进行了验证，发现该量表具有良好的内部一致性和建构效度，而且也具有良好的心理学测量特性，可以有效测量韧性。

Buang（2012）基于 Baron（2007）所提出的成功创业商业模型，设计了专门针对创业者特定心理活动和特点的韧性量表。他对 20 位创办 3~5 年企业的创业者进行访谈，以输入—过程—输出模型为基本框架，根据这些创业者在企业面临困境时如何使用韧性力量的描述，构建了创业者韧性三因素模型。该量表包含坚守、健康、能力、规划、问题解决和社交网络等子维度，并建议施测于创业企业 1~3 年的创业者。Sinclair 和 Wallston（2004）为了寻找一种高度适应的方式来应对压力情绪，设计了简单韧性应对量表。这是一个只有 4 个条目的单维度量表。该量表的克伦巴赫 α 系数为 0.69，再测信度、建构效度和预测效度也都得到了验证。其他学者在使用该量表时，量表的克伦巴赫 α 系数为 0.60~0.82，$CR$ 值为 0.71~0.88，反映了该量表具有良好的内部一致性。

参照上述量表并结合 Luthans 等人（2006）、柯江林等人（2009）提出的心理资本量表中韧性维度的测量项目，本研究的韧性量表通过以下题项测量，见表 5-5。

表 5-5 韧性的测量

| 研究变量 | 操作性定义 | 具体测项 | 测项文献来源 |
|---|---|---|---|
| 韧性 | 指个体在面对逆境和意想不到的结果时，克服强大的创业挑战并检查创业过程的能力，包含应对、恢复、成长三个层次 | 1）在创业困难面前我会越挫越勇<br>2）在遇到困难时我会从外界获得支持并渡过难关<br>3）我已经经历过很多困难与挫折，对于未来潜在的磨难我都能挺过来 | Connor 和 Davidson（2003）；Buang（2012）；Luthans 等人（2006）；Sinclair 和 Wallston（2004）；Yu 和 Zhang（2007） |

注：变量测量采用李克特 7 点制量表，具体测项用符合程度来代表分值："1"表示非常不同意，"2"表示不同意，"3"表示有点不同意，"4"表示同意，"5"表示有点同意，"6"表示很同意，"7"表示非常同意。

### 5.1.3 控制变量

本研究以性别、年龄、受教育程度、创业年限等为控制变量,同时也作为人口统计变量所调查的内容。

## 5.2 问卷设计流程与问卷构成

问卷调查是对本研究前期理论分析过程及结果的检验,因此,问卷的质量对于本研究十分关键。本研究在文献分析与整理、研究假设、模型构建、变量分析的基础上,对调查问卷进行了初步的设计,然后依照实证研究的规范性完善要求,按步骤不断修改题项设计,最终形成了用于大样本调查的问卷。

### 5.2.1 问卷初步设计

完成关于变量的操作定义和测量之后,本研究基于文献中已有的相关量表研究,结合测量变量的内涵,确定了具体测量题项,并设计出了调查问卷的初稿。

### 5.2.2 先期实验

在先期实验环节本研究经过三个步骤进行问卷修改与完善,即选取样本创业企业进行问卷初步测试、对创业企业管理者进行深度访谈、与专家进行小型讨论。

首先,听取了本研究领域相关专家学者的指导意见,根据他们对调查问卷的意见和建议,进行问卷初步修改,包括题项的表述方式、题项内容的准确性、模型的表面效度等。

然后,选取几十位创业者进行问卷调查和初步访谈,一些创业者结合自己的工作经验,对问卷的具体题项给出了非常有益的意见和建议。根据这些意见,本研究进一步对问卷内容做了修改,包括一些过于学术化、概念不清和有歧义的语句,形成了问卷修订稿。

最后，本研究用问卷修订稿，联系 100 多家创业企业，进行了初步问卷调查，并对回收数据进行了分析。然后，电话了解了他们在填写问卷时的感受、存在的问题等。根据他们对问卷内容的意见和建议，对问卷进行了进一步完善。经过修改之后，问卷题目表述更清晰，使被调查者更容易理解并做出判断，避免了调查中出现理解上的错误。在对问卷内容经过反复修改及推敲后，最终形成了问卷定稿。

### 5.2.3 问卷最终构成

经过先期实验，反复推敲、变量测量文献的再次核实、剔除解释力度不够的题目后，问卷基本完成。本问卷共分为三个部分：第一部分为基本信息，为选择题型；第二部分是对企业创业者心理资本各构念的测量，包括自信、乐观、希望和韧性，为李克特五级量表；第三部分为本问卷的回归点，测量企业的创业绩效，该部分采用主观测量的方式。本问卷共 29 个题项，其中 8 个选择题，21 个李克特量表选择题（见附录）。

问卷填写根据被测试者的主观评价来回答问题，有可能会使问卷结果存在偏差。本研究采取了一些措施，尽量降低问卷回答过程中出现的偏差。具体包括把问卷发放给熟悉企业创业过程和企业发展经历的管理人员；同时，问卷设计主要是对企业现阶段情况的提问；对问卷中的语句进行了仔细斟酌，以使题项清晰、易懂。

## 5.3 研究样本量、问卷发放与数据分析方法

### 5.3.1 研究样本量

问卷抽样调查面临的主要是抽样框和样本规模的问题。首先，样本规模应当达到统计可接受的数量；其次，抽样框应该选择符合本研究内容的企业作为调查对象。在调查对象确定上，由于本研究的内容是企业创业者的心理资本和企业绩效，需要被调查者有一定的自我审视能力和熟悉企业的创业过程，并参与过企业重大决策过程；同时，还要求被调查者在一定程度上了解企业的市场环境、技术、营销和政策等方面的情况。因此调查对象应尽量是

企业创办者和领导者。

按照以上研究内容和统计上的要求,本研究共发放 540 份问卷,调查对象为我国中小企业或小微企业的创办者。

### 5.3.2 问卷调查实施过程

本研究采取了三种问卷发放和回收方式(见表 5-6)。

表 5-6 问卷回收情况一览表

| 问卷情况 | 问卷份数 | 占实际发放问卷的比例 |
| --- | --- | --- |
| 实际发放问卷 | 540 | 100% |
| 回收问卷 | 370 | 68.5% |
| 无效问卷 | 69 | 12.8% |
| 有效问卷 | 301 | 55.7% |

其一,走访企业。通过各种渠道实地走访了一些创业企业,并当面向这些企业的创建者或者主要管理者发放问卷并回收。总体来看,通过这种渠道发放问卷质量相对较高。通过这种方式共发放问卷 40 份,实际回收 40 份,全部可用。

其二,通过沟通联系,先后向全国性的创业协会、企业商会所属会员企业的创建者和主要管理者发放调查问卷,并承诺将研究结果反馈给对本研究感兴趣的创业者。通过这种渠道共发放问卷 200 份,回收 121 份,将其中信息缺失较多的 32 份问卷剔除,实际可用 89 份。

其三,通过"滚雪球"的方式,联系同学、朋友和亲戚认识的创业者等,以邮件、电话及拜访三种形式发放调查问卷,共发放 300 份,回收 209 份,剔除雷同和信息缺失的问卷 37 份,实际回收有效问卷 172 份。

### 5.3.3 数据分析方法

本研究将回收的有效问卷进行整理并编码后,录入 Excel 表格,导入 SPSS22.0 统计软件进行数据分析。分析方法包括:描述性统计分析、信度分析、效度分析、因子分析、相关分析和多元回归分析。

其一，通过描述性统计方法对样本的基本信息进行描述性统计分析，说明各个变量的百分比、累计百分比等基本情况，把握数据的总体特征。

其二，通过信度和效度分析检验研究变量的稳定性和内部一致性。信度是指采用同一工具对同一对象进行测试时，测量结果的可靠性、稳定性和一致性，以判断该测量工具能否一致地测量研究对象。本研将克伦巴赫 $\alpha$ 值作为信度检验的标准，以测量同一变量下各题项之间的内部一致性。效度是指测量工具能够在多大程度上反映构念的真实含义，包括构念效度、内容效度和预测效度。其中，构念效度又包括区分效度和聚合效度。本研究利用因子分析对构念效度进行判断，从多个变量中提取出共性因子，并找到潜藏在变量中的代表性因子。因子分析主要包括探索性因子分析（Exploratory Factor Analysis）和验证性因子分析（Confirmatory Factor Analysis）两种不同的分析方法。本研究结合两种分析方法的优势进行测量。

其三，采用 Pearson 相关系数分析方法，分析研究中涉及变量的相关程度和相关方向。

其四，通过多元回归分析考察自变量和因变量之间的数量变化规律，即多个自变量的变化引起一个因变量变化的影响程度。

## 5.4 本章小结

本章介绍了研究中涉及的主要变量的操作性定义及其测量方法、数据收集过程、问卷设计步骤和样本调查流程，以及本研究采用的统计分析方法与步骤。通过本章的论述，我们进一步量化了假设提出的测量变量和分析原理。

# 第6章

# 实证分析数据与结果

调查问卷回收之后,经过整理、筛选,本研究使用SPSS22.0统计软件包对有效问卷样本进行数据处理,以验证前文提出的研究假设。本章内容主要包括对样本进行描述性统计分析,以检验研究变量的信度、效度,在此基础上进行研究模型的相关分析和回归分析。

## 6.1 描述性统计、信度和效度分析

### 6.1.1 描述性统计分析

本研究共收集有效问卷301份,回收问卷的基本信息情况见表6-1。

表6-1 基本信息统计

| 基本信息 | 性别 | 年龄 | 受教育程度 | 企业年限 | 所属行业 | 企业人数 |
| --- | --- | --- | --- | --- | --- | --- |
| 有效份数 | 301 | 301 | 301 | 301 | 301 | 301 |
| 缺失份数 | 0 | 0 | 0 | 0 | 0 | 0 |

从创业者性别来看,男性203人,占比67.4%;女性98人,占比32.6%。可见,从被调查的创业者性别分布来看,男性占比更高,见表6-2。

表6-2 被调查创业者性别

| 性别 | 频率 | 百分比 | 有效百分比 | 累积百分比 |
| --- | --- | --- | --- | --- |
| 男 | 203 | 67.4 | 67.4 | 67.4 |
| 女 | 98 | 32.6 | 32.6 | 100.0 |
| 合计 | 301 | 100.0 | 100.0 | |

在被调查创业人员的年龄分布中，30岁及以下创业者81人，占比26.9%；31~40岁的创业者128人，占比42.5%；41~50岁的创业者72人，占比23.9%；50岁以上创业者20人，占比6.6%。可见年龄在30~50岁的创业者是创业群体的主要组成部分，尤其是30~40岁。可能这个年龄段创业者的精力、时间和资金积累都在人生的高峰期，想要开创一番事业的意愿也居于高峰期，因此这一阶段的创业者居多。值得关注的是30岁以下的创业者也占据了一定的比例，他们大多数是大学生创业者以及毕业后创业的年轻人，虽然他们的资金、经验和社会资源有限，但是创新能力较强且富有冒险精神（见表6-3）。

表6-3 被调查创业者的年龄分布

| 年龄 | 频率 | 百分比 | 有效百分比 | 累积百分比 |
| --- | --- | --- | --- | --- |
| 30岁及以下 | 81 | 26.9 | 26.9 | 26.9 |
| 31~40岁 | 128 | 42.5 | 42.5 | 69.4 |
| 41~50岁 | 72 | 23.9 | 23.9 | 93.4 |
| 50岁以上 | 20 | 6.6 | 6.6 | 100.0 |
| 合计 | 301 | 100.0 | 100.0 | |

从创业者的受教育程度来看，受访者中高中及以下有64人，占比21.3%；大专学历53人，占比17.6%；本科学历145人，占比48.2%；研究生及以上学历的受试者39人，占比13.0%。从以上受教育程度的分布结果来看，本科生是创业者的主流，并非受教育程度越高创业的可能性越大，最高学历是研究生及以上的仅占13.0%，具体分布情况见表6-4。

表6-4 受教育程度

| 受教育程度 | 频率 | 百分比 | 有效百分比 | 累积百分比 |
| --- | --- | --- | --- | --- |
| 高中及以下 | 64 | 21.3 | 21.3 | 21.2 |
| 大专 | 53 | 17.6 | 17.6 | 38.9 |
| 本科 | 145 | 48.2 | 48.2 | 87.0 |
| 研究生及以上 | 39 | 13.0 | 13.0 | 100.0 |
| 合计 | 301 | 100.0 | 100.0 | |

表6-5 显示调查企业员工人数规模分布情况。有57家企业员工人数在20人及以下，占比18.9%；135家创业企业员工人数为21~50人，占比44.9%；74家企业员工人数为51~100人，占比24.6%；35家企业员工人数在100人以上，占比11.6%。可见从企业员工人数来看，采访的创业者中多数属于中小型创业企业甚至微型创业企业。

表6-5 被调查企业员工人数分布

| 员工人数 | 频率 | 百分比 | 有效百分比 | 累积百分比 |
| --- | --- | --- | --- | --- |
| 20人及以下 | 57 | 18.9 | 18.9 | 18.9 |
| 21~50人 | 135 | 44.9 | 44.9 | 63.8 |
| 51~100人 | 74 | 24.6 | 24.6 | 88.4 |
| 100人以上 | 35 | 11.6 | 11.6 | 100.0 |
| 合计 | 301 | 100.0 | 100.0 | |

在301份有效问卷的创业企业中，存续时间在3年半及以下的有148家，占被调查创业企业的49.2%，存续时间在3年半以上至6年的有84家，占被调查创业企业的27.9%，存续时间在6年以上的有69家，占被调查创业企业的22.9%。从被调查的创业企业存续时间情况看，多数企业的存续时间比较短，接近一半的创业企业的存续时间不超过3年半（见表6-6）。

表6-6 创业企业存在年限

| 年限 | 频率 | 百分比 | 有效百分比 | 累积百分比 |
| --- | --- | --- | --- | --- |
| 3年半及以下 | 148 | 49.2 | 49.2 | 49.2 |
| 3年半以上至6年 | 84 | 27.9 | 27.9 | 77.1 |
| 6年以上 | 69 | 22.9 | 22.9 | 100.0 |
| 合计 | 301 | 100.0 | 100.0 | |

从企业性质来看，国有或国有控股企业有20家，占比6.7%；集体及集体控股企业有72家，占比23.9%；民营企业有128家，占比42.5%；中外合资或外商独资企业有81家，占比26.9%。具体分布情况见表6-7。

表 6-7 被调查企业所有制性质

| 企业性质 | 频率 | 百分比 | 有效百分比 | 累积百分比 |
|---|---|---|---|---|
| 国有企业（含国有控股） | 20 | 6.7 | 6.7 | 6.7 |
| 集体企业（含集体控股） | 72 | 23.9 | 23.9 | 30.6 |
| 民营企业（含私人控股） | 128 | 42.5 | 42.5 | 73.1 |
| 外资企业（含外资控股） | 81 | 26.9 | 26.9 | 100.0 |
| 合计 | 301 | 100.0 | 100.0 | |

在样本的行业分布中，制造业 15 家，占比 5.0%；批发、零售业 82 家，占比 27.2%；租赁和商务服务业 52 家，占比 17.3%；房地产业 18 家，占比 6.0%；金融服务业 12 家，占比 4.0%；住宿餐饮业 68 家，占比 22.6%，信息技术及硬件和软件 47 家，占比 15.6%；其他 7 家，占比 2.3%，其他行业包括环保、技术服务等行业（见表 6-8）。

表 6-8 被调查企业所属行业

| 行业 | 频率 | 百分比 | 有效百分比 | 累积百分比 |
|---|---|---|---|---|
| 制造业 | 15 | 5.0 | 5.0 | 5.0 |
| 批发、零售业 | 82 | 27.2 | 27.2 | 32.2 |
| 租赁和商务服务业 | 52 | 17.3 | 17.3 | 49.5 |
| 房地产业 | 18 | 6.0 | 6.0 | 55.5 |
| 金融服务业 | 12 | 4.0 | 4.0 | 59.5 |
| 住宿餐饮业 | 68 | 22.6 | 22.6 | 82.1 |
| 信息技术及硬软件 | 47 | 15.6 | 15.6 | 97.7 |
| 其他 | 7 | 2.3 | 2.3 | 100.0 |
| 合计 | 301 | 100.0 | 100.0 | |

### 6.1.2 变量的信度分析

变量的信度反映了所使用的测量工具能否稳定、有效地测量研究对象，也就是调查问卷所测量出的结果是否具有可靠性、稳定性和一致性，即对同一个项目调查所使用的一组问题的内部一致性。信度系数越高表明该调查的结果越具有一致性、稳定性和可靠性。本研究将克伦巴赫 α 系数作为衡量标准检验变量的信度。除此之外，本研究还利用信度分析检验测项是否需要纯化，通过计算单项与总分的相关系数（Corrected Item-Total Correlation），检验是否需要删除测项。Churchill（1979）认为当该项被删除后，克伦巴赫 α 值会增加，并且 CITC 值小于 0.4 时，应该删除该项。

因此，本研究将分别对创业心理资本：创业者的自信、乐观、希望、韧性四个变量逐一进行信度分析和测项纯化。

**（1）创业心理资本的信度分析结果**

本研究中的自变量心理资本维度参照 Luthans 等人（2006、2007）的研究分为自信、乐观、希望、韧性 4 个变量。针对这 4 个变量分别用 3~6 个题项来衡量。信度分析结果见表 6-9。

表 6-9 创业心理资本信度分析

| 维度 | 测项 | CITC 值 | 删除本项后的 α 值 | α 值 |
| --- | --- | --- | --- | --- |
| 自信 | ZX1：对于未来的创业活动充满信心 | 0.739 | 0.912 | 0.922 |
| | ZX2：足够的决断力实现创业成功 | 0.859 | 0.909 | |
| | ZX3：足够的领导能力进行自主创业 | 0.818 | 0.904 | |
| | ZX4：我是一个非凡的人 | 0.715 | 0.914 | |
| | ZX5：我认为我很棒 | 0.770 | 0.909 | |
| | ZX6：大家似乎都认可我的影响力 | 0.652 | 0.923 | |
| 乐观 | LG1：对未来的创业成功很乐观 | 0.851 | 0.881 | 0.919 |
| | LG2：碰到事情看到好的一面 | 0.857 | 0.879 | |
| | LG3：认同"风雨之后总有彩虹" | 0.814 | 0.894 | |
| | LG4：照着我的方式，事情有好结果 | 0.732 | 0.922 | |
| | LG5：我相信我的创业会非常成功 | 0.637 | 0.918 | |

续表

| 维度 | 测项 | CITC 值 | 删除本项后的α值 | α值 |
|---|---|---|---|---|
| 希望 | XW1：当陷入困境时能想办法解决 | 0.589 | 0.718 | 0.771 |
| | XW2：企业未来的发展有清晰目标 | 0.653 | 0.703 | |
| | XW3：制订目标并适时调整 | 0.548 | 0.728 | |
| | XW4：喜欢用高明的操纵手段 | 0.591 | 0.719 | |
| | XW5：不会告诉别人自己的秘密 | 0.645 | 0.751 | |
| 韧性 | RX1：创业困难面前我会越挫越勇 | 0.620 | 0.658 | 0.738 |
| | RX2：遇到困难时会寻找支持 | 0.652 | 0.651 | |
| | RX3：对未来的磨难我能挺过来 | 0.587 | 0.670 | |

从表6-9中可以看出，创业心理资本4个维度的克伦巴赫α值都超过了0.7，说明量表题项的可靠性较高。其中，自信的单项与总分相关系数CITC值最小为0.652，最大为0.859；乐观维度CITC值最小为0.637，最大为0.857；希望维度CITC值最小为0.548，最大为0.653；韧性维度CITC值最小为0.587，最大为0.652。从4个维度的单项与总分相关系数CITC值来看，无须进行测项纯化工作。

创业心理资本4个维度的克伦巴赫α值分别为0.922、0.919、0.771、0.738，表示本问卷对创业心理资本的测量具有较高的信度。

**（2）创业绩效的信度分析结果**

在研究设计中，创业绩效依据主观测量方法（Connolly et al., 1980）由1个变量构成。针对这1个变量用2个绩效题项来衡量。信度分析结果见表6-10。

表6-10 创业绩效的信度分析

| 维度 | 测项 | CITC 值 | 删除本项后的α值 | α值 |
|---|---|---|---|---|
| 创业绩效 | JX1：公司目标对贵公司的重要性 | 0.624 | — | 0.726 |
| | JX2：您对公司目标完成的满意度 | 0.483 | — | |

从表6-10可以看出，创业绩效的克伦巴赫α值为0.726，超过了0.7，

说明该维度题项的可靠性较高，对创业绩效变量的测量具有较高的信度。其中单项与总分相关系数 CITC 值最小为 0.483，最大为 0.624；从该维度的单项与总分相关系数 CITC 值来看，无须进行测项纯化工作，说明本问卷对创业绩效的测量具有较高的信度。

### 6.1.3 变量的效度分析

效度指的是该测量工具能够在多大程度上准确测量出被测变量，也就是使用该测量工具测量出的结果是否能够真实体现被测变量的内涵。测量效度的高低反映了在多大程度上该变量的真实特征及概念被准确测量。变量的测量效度一般包括内容效度和建构效度。内容效度检验将概念分解为不同维度及要素是否合理，可以由相关领域的学者、专家做出定性判断。本研究的调查问卷主要借鉴和引用国内外学者已经开发出及使用过的量表，问卷经过与相关领域多位专家、教授及博士生团队进行讨论、审核，然后与多家企业的高层管理人员讨论，听取他们的建议和意见，在此基础上进行修改和完善，因此具有较高的内容效度。

因子分析可以将数量众多的测量项目缩减到若干个维度，因此是衡量建构效度的一种重要方法。因子分析通过将衡量相同维度的测量项目合并在一起，来呈现因子建构的情况。因子分析主要有探索性因子分析和验证性因子分析两种方法。本研究综合运用这两种方法来对变量进行建构效度检验。

进行探索性因子分析之前，首先对量表进行 KMO（Kaiser - Meyer - Olkin）检验和巴利特球形检验（Bartlett Test of Sphericity），以判断量表是否可以进行探索性因子分析。KMO 检验是研究变量之间相关性的指标参数，其值介于 0 和 1 之间，越趋近于 1，表明该研究变量越适用探索性因子分析方法。一般情况下，0.7 是其临界值。如果变量的 KMO 值大于 0.7，则可以通过探索性因子分析检验量表的建构效度。Bartlett 统计指标检验数据的分布，显示了各个研究变量的独立情况，证明变量是否独立提供信息，判断数据是否适合进行探索性因子分析。原假设为相关矩阵是单位矩阵，当统计量比较大，且 $p$ 值明显小于显著水平时，表示应该拒绝原假设，据此可以认为相关矩阵不是单位矩阵，探索性因子分析方法有效，之后才可以采用因子分析检验效度，判断量表是否具有稳定的因子结构。最后，通过主成分分析方法萃取出特征根大于1的变量因子，同时为了使矩阵因子中变量的载荷降至最小，对矩阵进行正交旋转（方差极大法旋转）。

本研究的因变量是创业绩效，自变量有创业心理资本的自信、乐观、希望、韧性4个维度，共计21个题项，对应本研究的5个研究假设。本研究对包含多个题项的创业心理资本的4个维度以及创业绩效进行因子分析，以检验结构效度。

本量表的整体KMO检验值为0.922并远高于0.7的经验水平，巴利特球形检验卡方值为4676.057，限度 *Sig.* 值为0，这些数据表明，量表测量出的数据适合进行探索性因子分析，见表6-11。

表6-11　KMO和Bartlett's检验

| KMO检验 | | 0.922 |
|---|---|---|
| Bartlett's 球形检验 | 近似卡方 | 4676.057 |
| | *df* | 253 |
| | *Sig.* | 0.000 |

表6-12为对战略环境进行探索性因子分析的结果，显示出特征值大于1的主成分有5个，因此有5个因子可以被萃取。落在各因子上的载荷绝对值系数均超过了0.4，并且提取5个因子之后，累计方差贡献率为69.772%，由此可见，萃取的5个因子能够反映大部分原始变量的信息，说明该量表对于所测量的创业心理资本的解释力较高。虽然乐观、希望、韧性变量最后一个题项的因子载荷系数较小，可能是因为为了反映这些变量的负面效应而与其他测量题项的一致性较低，但是也均超过了0.4，所以可以认为这些题项具有可接受的效度。

表6-12　对战略环境进行探索性因子分析的结果

| 测项 | 成分 | | | | |
|---|---|---|---|---|---|
| | 1 | 2 | 3 | 4 | 5 |
| ZX3：足够的领导能力进行自主创业 | 0.781 | 0.362 | 0.102 | 0.263 | 0.241 |
| ZX2：足够的决断力实现创业成功 | 0.777 | 0.258 | 0.160 | 0.209 | 0.228 |

续表

| 测项 | 成分 1 | 成分 2 | 成分 3 | 成分 4 | 成分 5 |
|---|---|---|---|---|---|
| ZX1：对于未来的创业活动充满信心 | 0.757 | 0.377 | 0.156 | 0.195 | 0.194 |
| ZX5：我认为我很棒 | 0.644 | 0.426 | 0.263 | 0.139 | 0.251 |
| ZX6：大家似乎都认可我的影响力 | 0.634 | 0.317 | 0.341 | 0.238 | 0.176 |
| ZX4：我是一个非凡的人 | 0.598 | 0.280 | 0.162 | 0.396 | 0.194 |
| LG2：碰到事情看到好的一面 | 0.273 | 0.810 | 0.244 | 0.119 | 0.147 |
| LG1：对未来的创业成功很乐观 | 0.531 | 0.650 | 0.188 | 0.121 | 0.273 |
| LG3：认同"风雨之后总有彩虹" | 0.236 | 0.625 | 0.390 | 0.176 | 0.297 |
| LG5：我相信我的创业会非常成功 | 0.238 | 0.621 | 0.325 | 0.104 | 0.129 |
| LG4：照着我的方式，事情有好结果 | 0.207 | 0.483 | 0.227 | 0.165 | 0.207 |
| XW3：制订目标并适时调整 | 0.138 | 0.254 | 0.879 | 0.101 | 0.129 |
| XW2：企业未来的发展有清晰目标 | 0.230 | 0.124 | 0.852 | 0.196 | 0.158 |
| XW1：当陷入困境时能想办法解决 | 0.291 | 0.166 | 0.824 | 0.249 | 0.136 |
| XW5：确保计划对自己有利 | 0.267 | 0.186 | 0.693 | 0.130 | 0.111 |
| XW4：喜欢用高明的操纵手段 | 0.190 | 0.116 | 0.426 | 0.154 | 0.186 |
| RX1：创业困难面前我会越挫越勇 | 0.238 | 0.124 | 0.104 | 0.876 | 0.112 |
| RX2：遇到困难时会寻找支持 | 0.257 | 0.205 | 0.222 | 0.801 | 0.120 |
| RX3：对未来的磨难我能挺过来 | 0.305 | 0.493 | 0.115 | 0.499 | 0.101 |
| JX1：公司目标对贵公司的重要性 | 0.172 | 0.237 | 0.203 | 0.241 | 0.869 |
| JX2：您对目标完成情况的满意度 | 0.122 | 0.314 | 0.105 | 0.128 | 0.861 |
| 转轴特征值 | 5.164 | 4.013 | 2.745 | 2.482 | 1.643 |
| 方差贡献率/% | 22.454 | 17.449 | 11.934 | 10.792 | 7.143 |
| 累计方差贡献率/% | 22.454 | 39.903 | 51.837 | 62.629 | 69.772 |

注：1. 提取方法：主成分分析法。

2. 旋转法：具有 Kaiser 标准化的正交旋转法。

3. 旋转成分矩阵，旋转在 5 次迭代后收敛。

在探索性因子分析基础上，本研究对上述多个变量进行了验证性因子分析，该分析是建立在结构方程模型基础上的。以上探索性因子分析是在各维度范围内独立进行的，验证性因子分析方法不仅能将以上分析得到的所有因子纳入同一个模型中进行结构分析，而且还能检测各变量之间的区分效度。

其基本思路是，把不同变量的测项强行合并到一个潜在因子中，如果各变量之间具有明显的区分效度，则结构方程模型的拟合优度会出现明显恶化，表明该测项不属于这一变量。反之如果没有出现模型拟合优度的明显变化，说明该测项合并是可接受的，即多个变量的测量指标含义相互交叉，具有高度的互换性，即变量没有通过区分效度检验。

为验证本研究建立的企业融合创新模式影响因素测量模型是否有效，本研究使用LISREL8.7统计软件，建立结构方程模型，并对模型进行了一阶验证性因子分析。从检验结果来看，一阶验证性因子分析模型的各拟合指数分别为：$Chi\ Square/df$ 为 1.296＜3.0，$RMSEA$ 为 0.061＜0.08，$CFI$ 为 0.965＞0.8，$NFI$ 为 0.961＞0.9，$GFI$ 为 0.942＞0.9，$AGFI$ 为 0.897＞0.8，说明模型拟合情况较好。

## 6.2 假设检验分析

### 6.2.1 相关分析

通过以上对变量测量的信度和效度检验，在获得可靠的测量变量的基础上，本研究进一步对提出的研究假设进行检验。

本研究选择三个变量作为控制变量，分别是性别、年龄和受教育程度。前文已对各变量做了描述性分析，此处我们对研究中相关变量进行了Pearson相关分析，表6-13给出了本研究中的所有变量（包括了三个控制变量：性别、年龄和受教育程度）两两之间的相关系数。

表6-13列出的相关关系表明：预测变量中自信与创业绩效之间呈正向关系（$r=0.477$，$p<0.01$），希望与创业绩效之间呈显著正向关系（$r=0.362$，$p<0.01$），乐观与创业绩效之间呈显著正向关系（$r=0.376$，$p<0.01$），韧性与创业绩效之间呈显著正向关系（$r=0.288$，$p<0.01$）。控制变量中性别（$r=0.114$，$p<0.05$）和年龄（$r=0.216$，$p<0.01$）与创业绩效为正向关系，由此可见，除了受教育程度外，预测变量中各维度均与创业绩效具有正向关系。接下来，进一步把创业绩效作为因变量，乐观、希望、自信、韧性作为预测变量，性别、年龄和受教育程度作为控制变量进行回归分析。

表 6-13　变量描述性统计与 Pearson 相关系数

| 变量 | 性别 | 年龄 | 受教育程度 | 自信 | 希望 | 乐观 | 韧性 | 创业绩效 |
|---|---|---|---|---|---|---|---|---|
| 性别 | 1 | | | | | | | |
| 年龄 | 0.99 | 1 | | | | | | |
| 受教育程度 | 0.79 | 0.046 | 1 | | | | | |
| 自信 | 0.336 | 0.039 | 0.153** | 1 | | | | |
| 希望 | 0.315** | −0.074 | 0.102 | 0.721** | 1 | | | |
| 乐观 | 0.250** | −0.029 | 0.166** | 0.638** | 0.609** | 1 | | |
| 韧性 | 0.228** | 0.095 | 0.122* | 0.627** | 0.613** | 0.653** | 1 | |
| 创业绩效 | 0.114* | 0.216** | −0.036 | 0.477** | 0.362** | 0.376** | 0.288** | 1 |
| 平均值 | 1.33 | 2.05 | 1.40 | 29.77 | 25.86 | 32.48 | 8.79 | 16.93 |
| 标准差 | 0.470 | 0.843 | 0.950 | 7.780 | 6.211 | 5.965 | 2.439 | 3.590 |

注：1. $N=301$。

2. * 表示 $p<0.05$，** 表示 $p<0.01$ (two-tailed tests)。

### 6.2.2　回归分析

接下来通过回归分析进行假设检验，采取层级回归的方法来验证创业心理资本与创业绩效之间的倒 U 形关系。在分层回归中，首先将控制变量对因变量进行回归，然后将预测变量、控制变量放在一起对因变量进行回归，最后放入创业心理资本的各维度以及总的心理资本的平方项进行回归。

表 6-14 和表 6-15 列出了分层回归分析中得到的结果，包括变量的标准化回归系数、每个模型的总体拟合参数，以及两个模型比较的统计检验结果。其中，$R^2$ 是"决定系数"，表示因变量的总体变异程度被所有自变量解释的程度❶，该值越大，表明自变量对因变量的解释成功率越高。一般而言，$R^2$ 随着自变量个数的不断增加逐渐变大，因为新加入的自变量或多或少（最低为 0）与因变量有关系，因而使因变量的被解释程度增加（最低为 0）。$\Delta R^2$ 是两个模型间 $R^2$ 的比较，通过考察 $\Delta R^2$ 值的大小以及显著情况，可以评估新加入自变量对于因变量解释程度的贡献。

---

❶ 在 Step 1 中是指所有控制变量；在 Step 2 中包括了控制变量和预测变量的所有变量。

表 6-14 回归结果（一）

| 自变量 | 因变量：创业绩效 ||||||||
|---|---|---|---|---|---|---|---|
| | | 自信 ||| 乐观 || 希望 ||
| | Step 1 | Step 2 | Step 3 | Step 2 | Step 3 | Step 2 | Step 3 |
| Step 1：控制变量 | | | | | | | |
| 性别 | 0.138 | 0.060* | 0.081 | 0.108* | 0.130 | 0.097* | 0.079 |
| 年龄 | 0.231** | 0.189** | 0.203** | 0.190** | 0.205** | 0.198** | 0.199** |
| 受教育程度 | -0.040 | -0.058 | -0.057 | -0.048 | -0.037 | -0.052 | -0.067 |
| Step 2：预测变量 | | | | | | | |
| 自信 | | 0.346** | 0.993** | | | | |
| 自信的二次方项 | | | -0.667** | | | | |
| 乐观 | | | | 0.219** | 1.047* | | |
| 乐观的二次方项 | | | | | -0.846*** | | |
| 希望 | | | | | | 0.249** | 1.729** |
| 希望的二次方项 | | | | | | | -1.495** |
| $R^2$ | 0.059* | 0.160** | 0.175** | 0.095** | 0.112** | 0.120** | 0.165** |
| $\Delta R^2$ | 0.059*a | 0.101**b | 0.074**b | 0.036**b | 0.017**b | 0.061**b | 0.045**b |
| $\Delta F$ | 14.578 | 15.214 | 13.639 | 8.789 | 8.512 | 9.975 | 12.772 |

注：1. N=301。
2. *表示 $p<0.05$，**表示 $p<0.01$，***表示 $p<0.1$。
a. 与没有加入任何自变量的模型相比较。
b. 与前一步回归模型相比较。

表 6-15 回归结果（二）

| 自变量 | 因变量：创业绩效 ||||| 
|---|---|---|---|---|---|
| | | 韧性 || 心理资本 ||
| | Step 1 | Step 2 | Step 3 | Step 2 | Step 3 |
| Step 1：控制变量 | | | | | |
| 性别 | 0.138 | 0.081* | 0.072* | 0.066 | 0.079 |
| 年龄 | 0.231** | 0.219** | 0.214** | 0.186** | 0.198 |
| 受教育程度 | -0.040 | -0.081 | -0.078 | -0.060 | -0.062 |
| Step 2：预测变量 | | | | | |
| 韧性 | | 0.274** | 0.516*** | | |
| 韧性的二次方项 | | | 0.802 | | |
| 心理资本 | | | | 0.318** | 1.094* |

续表

| 自变量 | 因变量：创业绩效 ||||| 
|---|---|---|---|---|---|
| | 韧性 ||| 心理资本 ||
| | Step 1 | Step 2 | Step 3 | Step 2 | Step 3 |
| 心理资本的二次方项 | | | | | −0.789 |
| $R^2$ | 0.059* | 0.127** | 0.144** | 0.142** | 0.153** |
| $\Delta R^2$ | 0.059*a | 0.068**b | 0.017**b | 0.083**b | 0.111**b |
| $\Delta F$ | 14.578 | 11.816 | 11.055 | 13.317 | 11.801 |

注：1. $N=301$。

2. * 表示 $p<0.05$，** 表示 $p<0.01$，*** 表示 $p<0.1$。

a. 与没有加入任何自变量的模型相比较。

b. 与前一步回归模型相比较。

从表6-14和表6-15给出的结果可知，在控制变量中，创业者年龄对因变量有正向影响（$\beta=0.231$，$p<0.01$；Step 1），意味着相对于其他控制变量，创业者年龄变量对创业绩效有更加积极的影响。

在创业心理资本中的自信维度方面，自信与自信的二次方项与创业绩效之间的关系显著。其中，自信对创业绩效的标准化回归系数（$\beta$）为0.346（$p<0.01$；自信 Step 2），加入自信的二次方项后，自信对创业绩效的标准化回归系数（$\beta$）为0.993（$p<0.01$；自信 Step 3），自信的二次方项对创业绩效的标准化回归系数（$\beta$）为−0.667（$p<0.01$；自信 Step 3）。这意味着自信与创业绩效之间的倒U形关系得到验证，因而本研究假设H1获得数据支持。

同样在有关乐观的三步分层回归中，乐观与乐观的二次方项与创业绩效之间的关系显著。其中，乐观对创业绩效的标准化回归系数（$\beta$）为0.219（$p<0.01$；乐观 Step 2），加入乐观的二次方项后，乐观对创业绩效的标准化回归系数（$\beta$）为1.047（$p<0.05$；乐观 Step 3），乐观的二次方项对创业绩效的标准化回归系数（$\beta$）为−0.846（$p<0.1$；乐观 Step 3）。这意味着乐观与创业绩效之间的线性关系的显著性要高于其倒U形关系的显著性，但是其倒U形关系也通过了最低限度的显著性检验。因此我们可以认为本研究假设H2获得部分数据支持。

希望与创业绩效之间的关系也比较显著。其中，希望对创业绩效的标准化回归系数（$\beta$）为 0.249（$p<0.01$；希望 Step 2），加入希望的二次方项后，希望对创业绩效的标准化回归系数（$\beta$）为 1.729（$p<0.01$；希望 Step 3），希望的二次方项对创业绩效的标准化回归系数（$\beta$）为 -1.495（$p<0.01$；希望 Step 3）。这意味着希望与创业绩效之间的倒 U 形关系得到验证，因而本研究假设 H3 获得数据支持。

韧性与创业绩效的线性关系得到验证，但是倒 U 形关系没有得到验证。其中，韧性对创业绩效的标准化回归系数（$\beta$）为 0.274（$p<0.01$；韧性 Step 2），加入韧性的二次方项后，韧性对创业绩效的标准化回归系数（$\beta$）为 0.516（$p<0.1$；韧性 Step 3），韧性的二次方项与创业绩效关系并不显著（$\beta=0.802$，ns[1]；韧性 Step3）。该回归系数是正的，而且并不显著，这说明韧性的二次方项与创业绩效之间的回归并没有得出有经济意义的结论，而韧性与创业绩效的正向线性关系得到检验，符合本研究的理论推理，因而假设 H4 获得数据验证。

最后，验证了心理资本总变量与创业绩效的关系。发现心理资本对创业绩效的标准化回归系数（$\beta$）为 0.318（$p<0.01$；心理资本 Step 2），加入心理资本的二次方项后，心理资本对创业绩效的标准化回归系数（$\beta$）为 1.094（$p<0.05$；心理资本 Step 3），而心理资本的二次方项对创业绩效的影响并不显著（$\beta=-0.789$，ns；心理资本 Step 3）。这说明心理资本总变量与创业绩效的线性关系得到验证，而对于倒 U 形关系，虽然在本样本中可以得出倒 U 形的结论，但是该结论并没有通过显著性检验。因此心理资本总体上与创业绩效还是呈正向的线性关系。所以假设 H5 获得数据检验。

总体上，以上 5 个模型中能显著影响结果变量的预测因素对于结果变量方差解释的贡献比率，其中自信的解释变异量为 17.5%，乐观的解释变异量为 11.2%，希望的解释变异量为 16.5%，韧性的解释变异量为 12.7%，心理资本的解释变异量为 15.3%，以上均达到了很显著的程度（$p<0.01$），意味着这些因素对于结果变量均具有较强的解释力。

---

[1] ns=not significant（不显著）。

### 6.2.3 曲线估计

为了更好地描绘创业心理资本及其各维度自信、乐观、希望、韧性与创业绩效的关系，我们运用SPSS22.0的曲线估计模式对各预测变量与创业绩效的关系进行关系模拟，并画出各自变量与因变量的线性和二次曲线图。其拟合描述结果如图6-1所示。

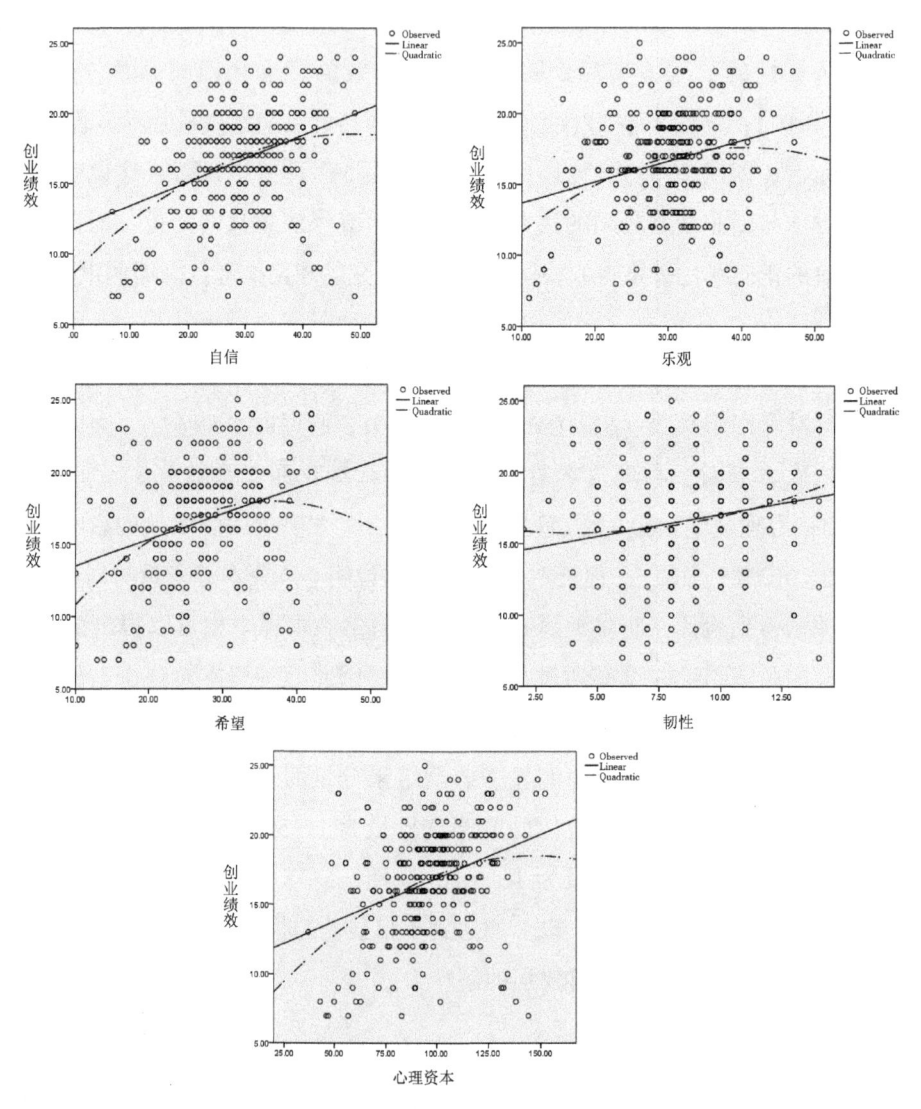

图6-1 创业心理资本与创业绩效的倒U形关系

从图 6-1 可知，自信、乐观、希望与创业绩效的倒 U 形关系均具有较高的拟合度。当自信水平为 40、乐观水平为 37、希望水平为 31 时，创业绩效均达到了最高水平。其中乐观水平线性关系的拟合优度（$R^2=0.75$）高于倒 U 形关系的拟合优度（$R^2=0.63$）。虽然心理资本与创业绩效也呈现出倒 U 形的形态，但是其拟合度并没有通过显著性检验。韧性的线性关系更显著。该拟合曲线与前面的回归分析结果基本一致，从而更进一步证明了本研究的相关假设。

## 6.3 假设检验结果总结与讨论

### 6.3.1 假设检验结果总结

本研究共有 5 个假设，检验分析结果，共有 4 个获得支持，1 个获得部分支持。为了更清楚地说明研究结果，本研究将所有假设结果汇总在表 6-16 中。

表 6-16 本研究假设检验汇总

| 编号 | 假设 | 检验结果 |
| --- | --- | --- |
| H1 | 自我效能与创业绩效呈倒 U 形关系 | 获得支持 |
| H2 | 乐观与创业绩效呈倒 U 形关系 | 部分支持 |
| H3 | 希望与创业绩效呈倒 U 形关系 | 获得支持 |
| H4 | 韧性与创业绩效呈正相关关系 | 获得支持 |
| H5 | 心理资本与创业绩效呈正向关系 | 获得支持 |

### 6.3.2 假设检验结果讨论

通过对国内 301 为创业者的样本数据分析，得出一些研究结论。下面将围绕本研究的核心命题对实证结果讨论如下。

(1) 自信/自我效能与创业绩效的倒 U 形关系

实证研究结果中，自信与创业绩效的关系通过了验证。这里的自我效能是个体对自己在特定情境或任务中的动机、能力和资源及完成目标或任务可能性的信念。本研究在设计假设时认为，自我效能对创业者的积极情绪、自我管理、工作绩效、创业资源的获取及创业团队的管理均具有正向的影响。但是自我效能超过一定限度也会带来负面影响。这些负面效应可以用自恋来描述。而有研究证明自恋超过一定限度会使创业者只想获得赞美和认可而忽视实际环境和条件，从而导致创业者会不自觉地升级其承诺，从而使企业亏损。此外自恋创业者还有可能想要操控一切，而影响创业企业长期的管理绩效。基于以上内涵，我们参考、对比了自我效能与自恋的问卷，并设计了包含双面效应的测量题项。本研究的实证结论进一步证实了国内外已有的研究成果和本研究的推论。

### （2）乐观与创业绩效的倒 U 形关系

乐观与创业绩效的倒 U 形关系得到了部分支持。这主要是因为在层次回归中，乐观与创业绩效线性关系的显著性高于乐观的二次方项与创业绩效的倒 U 形关系的显著性。不过该倒 U 形关系的显著性检验也通过了最低限度的检验（$p<0.1$），因此我们认为乐观与创业绩效的倒 U 形关系获得了部分支持。获得部分支持可能有两方面的原因，一是由于多数学者认为由于高不确定性和高风险的环境，创业者比其他个体更需要乐观特质。乐观对创业者往往具有更重要的意义。正是由于创业者的乐观精神，才使创业者敢于在高创业失败率前继续从事创业活动，并在面临挫折和失败时，积极寻找策略并维持处于困境的创业项目。二是因为乐观甚至过度乐观在创业初期对创业活动的开展和进行具有重要的作用。而本研究调查的创业者及企业多数属于创业初期或中小微型创业企业。他们的生存环境不易，可能更长时期地停留于或更接近于创业初期的生存状态。其中只有少数企业可以过渡到创业中期甚至后期。而乐观的负面效应过渡自信/乐观到了创业中期或后期显现的程度才会更大。因此基于这两方面的考虑，可能是乐观与创业绩效的倒 U 形关系不积极显著的原因。

### （3）希望与创业绩效的倒 U 形关系

希望与创业绩效的倒 U 形关系得到检验。本研究中希望的正面效应表现在为创业者带来实现创业目标的矢志不移和锲而不舍的精神和力量。尤其是在具有挑战性的环境中，希望是个体拥有的一种强大的心理优势。因此希望在创业目标设计、执行和实现过程中均发挥着重要的作用。但是希望品质超过一定限度所带来的负向影响也非常明显：一是虚假希望，使创业目标变得不切实际；二是在路径实现方面，有可能使创业者忽视伦理道德而走捷径。希望的负面效应我们用马基雅维利主义来形容。在量表设计方面，参考了希望的正向测量题项和马基雅维利主义的测量方法，设计了能体现正、负两种效应的希望量表。而通过调查所获得的数据证实了本研究的分析与假设，而且希望与创业绩效的倒 U 形关系表现较为明显。这可能是因为希望的积极效应和负面效应在创业过程中表现均较为明显。希望的积极作用对创业者而言自然具有非常重要的意义，而在负面效应方面表现同样明显。很多初创企业在艰难的环境中为了获得企业生存，其第一桶金可能存在灰色地带，并将其归结为不得已而为之，但长此以往，如果创业者不积极带领企业转向更规范的经营和更具社会责任的投资，则很可能使企业走向亏损甚至失败。可见创业者要积极开发希望的积极效应，并警惕希望的负面效应，时刻监视目标的可行性及实现目标路径的合理性和规范性。

**（4）韧性与创业绩效的正向关系**

创业韧性对创业者的影响不言而喻，尤其是在环境高度复杂、危险和陌生的情势下，韧性有助于创业者持续创业行为，敢于冒风险应对挑战，并带领创业企业和团队在困难中实现超越。我们通过从词源分析内涵和查找文献的方式搜寻韧性的负面效应，均未发现合适的范畴。我们分析了韧性与固执的关系，发现从词源上讲，也不能说韧性超过一定限度会带来固执，因为韧性是有弹性的，是柔而不折的；而固执是刚硬易折断的。所以从词源分析两者应是相反的关系，而不是相近。我们从相关文献对韧性内涵界定的角度分析，也没有找到韧性超过一定限度会带来哪些负面效应，因此我们假定韧性似乎具有完全的积极作用。抗挫力和在逆境中的心理复原力对创业者和其他个体来说似乎再多都不为过（Harvey and Delfabbro，2004）。英国的德里克·罗杰将韧性定义为个体平静地越过生活中的激流的能力。而在无论逆境或顺境中能始终保持一颗平静的心，似乎是所有人的至高追求。而本研究的实证分析也证实了该假设，通过模型对倒 U 形关系的检验不具备实际意义。因此韧性与创业绩效的线性关系更合理且得到了实证的检验。

**（5）创业心理资本与创业绩效的倒 U 形关系**

本研究以所有分维度变量加和的形式获得整体的创业心理资本变量数据，并验证创业心理资本与创业绩效之间的关系。根据现有的文献，多数研究得出创业心理资本与绩效呈正向关系，我们也做出两者正向关系的假定，并通过数据进行检验。发现不管是通过二次方项分层回归还是曲线估计的方式都拟合出倒 U 形曲线的形态。但是在分层回归里，该曲线并没有通过实证检验，而其线性关系得到了实证检验。虽然我们展开研究各分变量时，各自与创业绩效呈倒 U 形关系，但是整合的效果还是总体上呈线性关系。有可能是因为各分维度也可以起到互补的效果，使兼顾 4 个层面总的心理资本与创业绩效呈现正向效应。但是没有通过检验的倒 U 形曲线的呈现说明创业心理资本超过一定限度仍存在有负面效应的可能性。因此我们接下来考虑有没有其他要素可以弥补或抵消创业心理资本尤其是自信、乐观和希望超过一定限度所带来的负面效应。下面我们将探索心理资本的补充维度。

## 6.4　本章小结

本章运用统计方法和样本数据，验证本研究提出的假设，并对数据分析结果进行了一些简单的说明和探讨。本章的研究工作能够使我们通过科学的方法判断假设是否成立，从而得出基于认知偏差视角的创业心理资本与创业绩效的相关结论，并进一步总结和讨论研究的主要实证结论，为本研究的结论分析奠定科学方法的基础。并为下一步对心理资本维度的补充和扩展提供研究基础。

# 第7章

# 基于补偿视角的创业心理资本新维度

基于前文分析，我们发现心理资本的某些维度与创业并不必然是正向关系，如果超过一定的限度会对创业行为或创业绩效带来负面影响。基于此，我们尝试从抵消负面效应的基础上分析有哪些心理品质可以弥补心理资本的负面效应。我们查找了过度自信、自恋、急功近利、冷酷无情等名词的反义词，并查找了本土化心理资本开发的相关文献，发现谨慎、谦虚、认知灵活性三个品质或许可以弥补心理资本的这些负面效应。

## 7.1 谨慎

谨慎从词典上查阅其含义是指对外界事物或自己言行密切注意，指人们思考和行为的周密性和严谨性，以避免发生不利或不幸的事情。谨慎与审慎、严谨、认真、慎重等词是近义词。《论语·尧曰》："谨权量，审法度。"说明从古至今人们都认为由于事物或情况复杂难明，人们需要详加考察，权衡利弊，谨慎行事，以期获得良好的效果。

### 7.1.1 谨慎的应用领域

在西方，古希腊哲学家赫拉克利特最早将谨慎与人类的美德相联系，将谨慎看作实现人生幸福的手段。给人幸福的不是身体上的好处，也不是财富，而是正直和谨慎。因此审慎是一种人类德行，是道德理性化的必然结果。经过反复实践和道德教化后，谨慎逐步内化为个人的道德品质。它也是一种道德选择方法，是一种判断行为正确与否的方法，内含对恶的省察与排除。可见，谨慎始终源于主体的实践活动。个体谨慎地考察、分析和判断目标并做出合乎理性的判断和决策。在这个过程中，人们对各种潜在的威胁不是消极避开和疏远，而是积极地关注和预判，以避免各种可能的危害后果。

在现在的研究中，谨慎、审慎等在司法、医疗和会计领域里被研究得更多。应用于司法领域，因为司法案例关乎人们的人身财产和生命安危，所以需要对案情详加研究，以做到量刑定罪、按律处罚，否则出现冤假错案会影响民众对司法的信任。在会计领域，会计账目核算需要特别小心谨慎，不能计算出错，否则会影响企业和个人的财产安全，而且错误通常会由会计师来承担。所以谨慎性原则是会计领域的一项重要原则。在医疗领域，谨慎的意义涉及人们的生命安全，不小心出现医疗事故即殃及人命，也断送了医生的职业生涯。从心理学角度讲，谨慎性是大五人格的一部分，其含义是评定个体的组织性、计划性、持久性和对目标指向行为的动机，得分高的人能持之以恒地完成任务、自律、有条理。而严谨性与其他工作领域的研究多是以人格的构成维度之一，分析其在完成各种工作任务中所起的作用，及其与各种工作绩效之间的关系。

审慎原则还被应用于宏观监管领域中。所谓宏观审慎监管是根据防控系统重要性金融风险需要构建的，涵盖多级监管主体、审慎监管政策及工具在内的一套完整体系，包括宏观审慎分析、宏观审慎政策工具和宏观审慎政策安排内容等。周小川在"宏观审慎政策：亚洲视角"高级研讨会上指出，为了避免各种歧义，宏观审慎政策可以理解为资本要求、资本缓冲、流动性、杠杆率等，宏观审慎政策应关注逆周期政策、应对羊群效应等市场失效现象以及应对金融交易复杂化而制定的更加广泛的国际标准等。

### 7.1.2 谨慎的意义

有学者从伦理学的角度分析了谨慎的意义，具有很大的借鉴意义。首先，谨慎是规范道德价值定位的尺度。审慎是一种对其他道德规范做出合理选择的价值基础和尺度，没有谨慎原则，其他道德规范也不存在。如不经谨慎执择，人们不知道什么是善良，如何获得善良，以及善良是否会对人造成伤害或者会带来伤害等。当代社会，科层制度导致的"中介"因素增多，每个个体所负责的对象仅仅是自己的上级，这种个体化后果使得道德责任日益变得淡漠。在这种日趋复杂的现实面前，选择合理的道德规范，做出正确的道德行为，没有审慎的态度无法做到。

其次，谨慎是正确判断道德行为，防止成为欲望奴隶的需要。每个构造绝妙的社会都隐藏着类似泥潭，人的道德失足不是有意而为之，而是巨大的吸引力令你无法自主。如何摆脱并提高个体的道德自主能力就需要用更谨慎的态度去认识问题。现代人遇到重要事情时会请教专家，从专家知识中寻求自身行为的合理性。这种行为正是人们在现代快速变革的社会中，面对生活不确定感、压力和不安全感而采取的一种谨慎做法。

再次，谨慎也是防范道德风险，提高道德预警能力的需要。对生活经验的道德反思是道德哲学的核心内容。谨慎是实现道德反思的基本要素，因此审慎道德也符合人类进步的总体趋势。最后我们也应以谨慎的态度审视人类道德前景，清醒和理智地面对，审慎地思考和判断，是人类持续获得发展的必要条件。

而在会计领域，谨慎性原则的运用体现在确认、计量和报告等诸多方面。它要求会计确认标准稳妥合理；会计计量不得高估资产、权利和利润；会计报告提供尽可能全面的会计信息。在实际工作的运用中则体现在：预提应收账款中的长损失，建立坏账准备；期末存货按"成本与市价孰低法"计价；以"后进先出法"对发出存货进行计价；固定资产按"加速折旧法"计提折旧等。使用谨慎性原则可以更充分地使用和连接会计信息，以对一些无法确定的事项进行判断。这包括以谨慎性原则选择何种会计问题处理方法，因为不同会计方法的选择直接影响企业运营的结果和财务状况。

### 7.1.3　严谨性与绩效的相关研究

我们以严谨、审慎等为关键词，发现在工作绩效、教学、科研和金融监管等领域也都有与谨慎相关的研究。Barrick 和 Mount（1991）的元分析选取专业人员、警察、管理者、销售人员和技工五类工作人员进行研究，以上级评价、培训成绩和人事数据等作为工作绩效指标。研究结果发现，公正严谨性可以有效预测这五类职业群体的工作绩效，而大五人格的其他维度对工作绩效的关系则没有这么明显。Salgado（1997）以有关欧盟国家的研究为元分析，发现公正严谨性和情绪稳定性对所有工作的绩效指标均有显著的正向关系，而大五人格的其他变量与不同职业的工作绩效相关，如外向与警察和管理者的工作绩效高度相关。Tett 等人（1991）运用工作分析的方法进行元分析，得到的结果（即效度系数）甚至优于 Barrick 和 Mount（1991）的研究结果。

以上是元分析的相关研究，还有的学者运用现场研究的方法。Piedmont 和 Weinstein（1994）在现场研究中选取了四种工作类别，即服务人员、管理者、金融工作者、销售人员。并以人际关系、工作定向和适应能力作为校标变量，发现公正严谨性与所有工作类型和校标类型都存在显著相关。Dunn 等人（1995）分析了应聘者的哪些个人特征会影响管理者对其本身的评价。他们选取了六种工作，并分别选取这六种工作的 84 名管理者和 39 名应聘者接受访问和测试。请 84 名管理者衡量应聘者是否可聘用并预测他们的反生产行为，包括攻击、敌意、自我放纵、偷窃和暴力等。结果显示公正严谨性与可聘用性呈正相关，与反生产行为负相关。

随着工作绩效理论研究的进展，对绩效内涵的定义开始出现分化，把工作绩效内容分为任务绩效和关系绩效两部分。对严谨的研究也开始关注其与不同工作绩效之间的关系。Borman 和 Motowidlo（1997）以美国空军机械师为研究对象，分析其人格与工作绩效之间的关系，发现所有的人格因素均与关系绩效有显著关系，而只有公正严谨性与任务绩效显著相关。Van Scotter 和 Motowidlo（1996）在研究人格和绩效关系时，选取随和、外向、积极情感和社会信心等人格指标来预测人际促进，以公正严谨性、目标定向和泛化的任务成功期望等预测工作奉献。研究发现，公正严谨性与人际促进和工作奉献都显著正相关，而且工作严谨性与工作奉献的相关性要高于与任务绩效和人际促进的相关性。Lepine 等人（2001）选取关系绩效的两个方面，运用实验室研究方法研究人格和关系绩效，研究结果发现，严谨性和合作行为的相关性比与任务绩效的相关性强。该研究也说明关系绩效与严谨性之间具有显著关系。

国内关于严谨性与工作绩效关系研究也取得很大进展。冯利伟和王丽华（2015）从神经质、外向性、宜人性、开放性、严谨性构建大五人格模型，用任务绩效、周边绩效、战略绩效指标衡量工作绩效的测量维度，针对5个城市中小企业展开调查，结果显示，员工人格特质与工作绩效具有显著的正相关关系，其中严谨性和宜人性可以较好地预测员工工作绩效。郝炳瑕和李敬强（2016）通过文献总结，梳理了飞行员人格特质对工作绩效的影响，同样得出大五人格可以有效预测工作绩效，其中严谨性和神经质对工作绩效的预测度最高，而宜人性具有较低的预测性。

本研究将谨慎性定义为在创业活动中个体为了创业成功所需要的一种言行的周密性和情绪的稳定性。它包含行为和情绪两个部分，行为上表现为为人慎重不轻易承诺，一旦承诺就会守信，对拿不准的事情会多听他人意见，喜欢三思而后行等。情绪上表现为在出现不利或有利局面时，以及在重要时刻或场合，能保持清醒的头脑，冷静不慌张。

## 7.2 谦虚

中国自古就有立谦为德的传统，谦虚似乎是中国传统文化的基本特征，与日常大众文化心理紧密相连。

### 7.2.1 谦虚的内涵

东西方对谦虚内涵的文化理解存在明显差异，总结起来，现有研究主要从两个方面界定谦虚内涵：一是从人格角度，认为谦虚是一种人格特质，是人格的组成部分；二是从个体对自我的认知和行为表现角度来界定，关注谦虚的个体怎样认知和评价自己的优点，并认为谦虚体现在个体的行为中。

将谦虚作为人格特质角度的研究有：燕国材（2010）认为，谦虚是一种性格特征，是由道德转化而来的，包括稳定性、进取性、诚实性和不满足等特征。汪凤炎和郑红（2013）提到了君子人格和小人人格，认为谦虚是构成君子人格的重要因素之一。可见，谦虚是中国传统文化中理想人格的标准之一。在西方，谦虚也是积极心理学的重要研究内容和构成要素之一。Park 等人（2004）认为谦虚是一种优秀的人格特质，其实质内涵包括真才实学、不寻求公众主义和不自认为比别人特殊，因此把谦虚作为提出的 24 种优秀人格特质之一。Lee 和 Ashton（2004）提出人格的 HEXACO 模型，其中诚实—谦虚与宜人性、外向性、经验开放性、情绪性、责任性共同组成该模型的构成要素。

从认知和行为角度解释谦虚的研究，主要把谦虚作为个体对自己优缺点正确认知和评价的标准。胡金生和黄希庭（2009）认为自谦是一种低调的自我呈现，是一种以柔克刚、以弱胜强的和谐控制过程，而且提出华人社会中的自谦包括"守柔处弱""卑己尊人""恭允克让""恭敬有实"四个因子。可见，对中国人来讲谦虚是一种行事风格，主体在意识层面通过控制自己的冲动和欲望，在行为层面个体自觉回避自身优势和成功的一种态度倾向。还有学者认为谦虚是较低看待自己、较高看待他人的一种心理与行为，但是在中国礼仪文化下，这并不意味着贬低自己或者不自信的表现，而是一种礼貌，对他人表达尊重的心态和行为。只有尊重自己，才能对自己做出正确的评价和认知。同样只有尊重他人，才能对他人做出正确评价。杨帆等人（2015）认为谦虚是具有中国文化内涵的道德人格，影响个体对成就的追求，帮助个体控制自己的情绪并形成积极的应对方式。谦虚的相关研究见表 7-1。

表 7-1 谦虚的内涵

| 研究者（时间） | 视角 | 内涵 |
| --- | --- | --- |
| Park、Peterson 和 Seligman（2004） | 人格特质 | 谦虚是一种优秀的性格特征，有真才实学，不寻求公众注意，不自认为比别人特殊 |
| Lee 和 Ashton（2004） | | 诚实—谦虚是 HEXACO 人格模型的一个重要组成部分 |
| 胡金生和黄希庭（2009） | | 谦虚是中国传统文化中一种理想的人格诉求 |
| 燕国材（2010） | | 谦虚是一种性格特征，具有稳定性、进取性、诚实性和不满足等特征 |
| 汪凤炎和郑红（2013） | | 谦虚是君子人格的重要因素，是君子人格与小人人格的重要区分标准之一 |

续表

| 研究者（时间） | 视角 | 内涵 |
|---|---|---|
| Flanagan（1996） | 自我认知与行为 | 对自身优点有相当准确的判断而不高估它们 |
| Nuyen（1998） | | 谦虚是对自己因成就所获荣誉的一种公正的分配，即认为自己的成功也有别人的贡献 |
| Tangney（2000） | | 谦虚包括四个方面的内涵：对新经验和相反观点的开放性、正确评价自身的优缺点、重视别人的价值和不自我中心 |
| Garcia（2004） | | 谦虚是自始至终地不自我陶醉，一个谦虚的人能认识到自己的优点但不以此为傲 |
| 胡金生（2007） | | 谦虚是通过低自我呈现，以柔克刚、以弱胜强的和谐控制过程 |
| 胡金生和黄希庭（2009） | | 克制自己的欲望和冲动，在人际交往中自觉隐藏或回避自身优势和成功 |
| 郑桃云（2009） | | 谦虚是较高地看待他人，较低地看待自己 |
| 谢威士和汪凤炎（2014） | | 谦虚是包括认知、动机激发、情绪体验和行为产生四个阶段的心理系统 |

资料来源：根据文献整理。

西方学者更多地从个体对自身优点如何认知和评价的角度理解谦虚。自我认知是谦虚概念的核心，主要是对自己不足以及自己成就的认识和态度。如 Flanagan（1996）认为谦虚是不高估自己的优点，对自身的价值和成就能够准确判断，而不是高估它们。还有的观点认为，谦虚是对自己的成就和荣誉进行的一种公正分配，即意识到成功不仅是自己的努力和付出，还有别人的贡献。Tangney（2002）也持同样的观点，认为谦虚是对自己能力和成就的准确自我认知，承认自己的缺点和不足，并保持对新观点、矛盾信息、建议的开放性，正确看待自己的能力和成就。Landrum（2002）认为谦虚包含豁达的态度，愿意承认错误和寻求建议，有学习的意愿。那么具有谦虚特质的主体如何评价自己的不足和缺点呢？Emmons 认为谦虚的主体可以承认自己的局限性，并不以自我为中心，即谦虚的主体可以坦然面对和接纳自己的缺点和不足，以开放的心态对待它们，而不是逃避或否定。Garcia（2004）提出谦虚的人可以认识到自己的优点,但并不以此为傲,甚至自我陶醉。

然而并不是所有的研究者都认为谦虚是对自身优势和成就的一种客观评估。还有的学者认为谦虚是一种不正常的自我贬低,Sandage(1990)认为谦虚意味着愿意承认别人的优势和自己的劣势。

### 7.2.2 谦虚的类别

根据不同学者对谦虚的理解不同,可将谦虚分为不同的种类。胡金生和黄希庭(2009)以工具性和真诚性两个要素为参照标准,将谦虚分为"实性"谦虚和"虚性"谦虚。实性谦虚是指个体从内心真正觉得自己有进一步改进提升的空间,符合真实性和适度性规范,不仅有真情实感而且表现得恰如其分,即使在自己有所成就时也不会过分夸大自己;虚性谦虚则是一种印象管理手段和自我控制行为,以虚伪性和怯懦性为特征,表现为言行相悖和轻视自己而不是自立自强。燕国材(2010)认为真正的谦虚包含稳定性、进取性、诚实性、不满足、无成见、不骄傲等,有一条不符合即为假谦虚。Sugiura(2000)根据动机的差异性,将谦虚分为亲和性谦虚和防御性谦虚,前者指向他人,以维持和谐的人际关系为目的,后者指向自己,以保护自我为目的。Garcia(2006)将谦虚分为内部导向型谦虚和外部导向型谦虚。内部导向型谦虚指个体对自身及自身优缺点的一种反应倾向,是对自身及自身优缺点的一种反思,不会因为外在评价结果的好坏而指责别人或自己;外部导向型谦虚指个体针对自己成就评价的一种反应,是随着事物发展或情势发展需要而表达自己的态度,出于某种目的或心态而做出的。他指出内部导向型谦虚才是真实的谦虚。关于谦虚的分类整理见表7-2。

表7-2 谦虚的分类

| 研究者(时间) | 分类标准 | 类别 |
| --- | --- | --- |
| Sugiura(2000) | 动机 | 亲和性谦虚和防御性谦虚 |
| Garica(2006) | 内外导向 | 内部导向型谦虚和外部导向型谦虚 |
| 胡金生和黄希庭(2009) | 工具性和真诚性 | 实性谦虚和虚性谦虚 |
| 燕国材(2010) | 真伪性 | 真谦虚和假谦虚 |

资料来源:根据文献整理。

可见，对谦虚分类的标准主要是谦虚的真伪性和指向性。国内学者更多从真伪性来区分，国外学者从指向性来区分。真伪性是指谦虚是有真实情感的还是一种印象管理。指向性是指谦虚是指向自己还是指向他人、是内部还是外部。同时国内学者大多认为谦虚是人们的一种优良品质、自我修养，或是人生境界的表现。谦虚是在个体的为人处世、人际交往中起重要作用的品质之一。国外学者对谦虚功能的评价不一。Banerjee（2001）认为谦虚与社会认知和社会动机的发展密切相关，个体如果有很强的自我监控，同时对人际交往有很大的敏感性，则个体会特别注重人际交往的质量，从而会在交往和人际关系维持中运用一些计量和策略。所以他认为谦虚是一种人际交往策略，从而也是指向他人的。Karasawa（1997）则认为谦虚不具有领域普遍性，认为个体在遇到某种事情或场景时，首先会在大脑意识里对其进行加工、判断，进而再做出一个个体认为恰当的行为反应或情绪反应。从而个体在选择是否表现谦虚时也是外向性的，是对特定情境的即时反应。

### 7.2.3 谦虚的实证研究

关于谦虚的相关研究主要有谦虚与主观幸福感、自尊、中庸思维关系、自我提升关系、人际关系的研究等。

苗元江（2009）运用定量和定性的方法对谦虚和主观幸福感的关系进行研究发现：谦虚与主观幸福感除了在认知维度方面不相关外，总体呈正向关系。胡金生和黄希庭（2009）进一步从分类的角度进行研究发现，真诚性谦虚与主观幸福感各维度均未有显著的正相关关系，但却与主观幸福感中的"失望感"呈显著的负相关关系。Elliott（2010）运用思辨的方法，基于西方哲学理论并结合西方的谦虚观点就其与主观幸福感的关系进行研究，发现西方人认为的谦虚与主观幸福感呈显著的正相关关系。

谦虚与自尊或自我价值的关系研究主要有：蔡华俭等人（2011）认为自尊可以分为内隐自尊和外显自尊，其中谦虚与外显自尊呈负相关关系，与内隐自尊呈正相关关系，即谦虚的人其外显自尊较低，但是其内隐自尊确有更高的分值。董国强（1997）研究表明谦虚之所以会引起人的高自尊，其更深刻的原因和机理可能是谦虚的人在接受他人帮助时体验到的是感激、被爱等积极情绪，而不是自卑等消极情绪。因此当个体处于困难境地或失败情境中时，谦虚对自尊或自我价值感的意义更为明显。这也是谦虚对于创业的意义所在，它可以维持甚至提高创业者在遇到挫折时的自尊和自我价值感，从而持续投身于创业活动。

还有的学者研究了谦虚与中庸思想的关系。中庸思想是中国传统文化的核心思想，几千年来一直影响着中国人为人处事的方式，甚至已形成中国人的一种思维方式和行为方式。胡金生和黄希庭（2009）发现中庸与中国人的谦虚有一定的联系。他们认为具有中庸思想的人在具体实践活动中会表现出一定的谦虚形态。因此他们对谦虚和中庸进行了实证性检验，发现中庸和传统的谦虚思想具有显著的正相关关系。吴佳辉和林义正（2006）研究发现谦虚的人可以在中庸的立场上找到一个合适的立足点，而不是极端的中庸或者绝对化。

谦虚与自我提升感的关系研究表明，谦虚是个体增强自我提升感或自我价值感的一种手段。刘肖岑等人（2007）对谦虚和自我提升的关系进行了研究，他们以自我提升中的"过分宣称"为切入点，发现初中生的谦虚与自我提升的相关系数不显著。但在高中生中，谦虚与自我提升的相关性达到显著水平。他们又用同样的方法研究了大学生，发现大学生的自我提升和谦虚也达到了显著水平。这说明自我提升中的"过分宣称"对谦虚具有正向的预测作用。国外也有学者认为谦虚是对自己的一种积极归因和评价，是自我提升的表现。

刘肖岑等人（2007）的进一步研究表明：拥有自谦品质及表现谦虚的人，其人际关系往往也更好。大学生更喜欢与拥有谦虚品质的同伴交往。可见在中国的文化传统下拥有谦虚特质的人更容易融入社会生活或人际关系中。黄光国（2004）的研究把人际情境分为人际竞争和人际和谐两种，而谦虚的人无论在哪种情境中都能让人感到和谐。可见，谦虚对人际关系也有积极正向影响，有助于高质量人际关系的建立和维持。

燕国材（2010）、倪志梅（2009）研究了谦虚对动机的作用。谦虚的人不自满或对自己的当前状态感到不满足，所以谦虚个体的目标感更强或更有积极学习的动力。谦虚的这种动机启发作用对个体发展和进步具有重要意义。

以上研究表明，谦虚是一种积极的心理品质，对人们的主观幸福感、人际关系提升、自尊和自我价值感、启发动机等均具有正向的影响。因此在创业活动中谦虚也是一种积极的心理能量，对维持创业者的良好心态有重要的意义和作用。

### 7.2.4　谦虚的特性

关于谦虚的特性，尽管多数学者认为谦虚是一个特质概念，但是也有学者将其作为一种状态来研究，Tangney（2000）指出，谦虚既表现出特质的特征，又表现出状态的特征。Chancellor 和 Lyubomirsky（2013）将谦虚作为一种状态来研究，并提出谦虚的五种特质：平易近人、真诚、开放性、关注他人感受、重视平等。Kruse 等人（2014）也将谦虚作为一种状态来研究，它代表了个体对自我关注的减少和对他人关注的增加。这一点可以有效避免创业者出现急功近利、冷漠无情的状态。而心理资本是一种介于状态和特质之间的变量，Luthans 等人（2007）将其界定为"类状态"变量。所以从特性上来讲，既有特质特征又有状态特征的谦虚适合作为心理资本的一个维度。

总之，本研究将谦虚定义为在创业过程中清晰认知自我优势和缺点、能力和不足，并准确认知合作伙伴、员工、竞争对手和环境的倾向。它包含自我认识、开放性以及超越性三层含义。另外，谦虚还代表一种准确认知自我和环境的倾向（Park，Peterson，and Seligman，2004），而且需要注意的是谦虚不表示已经清晰认识了自我和环境，因为人们很容易受认知偏差和决策偏差的影响。谦虚对于人们反思和认识认知偏差和决策偏差具有重要的作用，因此本研究将谦虚作为补偿心理资本负面效应的一个因素。

## 7.3　认知灵活性

为了准确归纳创业者在"环境发生变化时可以及时察觉并能够及时做出恰当反馈"的含义，我们以"经验开放性""弹性""认知灵活性"等为关键词查阅相关文献，发现"认知灵活性"与本研究想表达的含义较为接近。虽然认知灵活性与经验开放性在含义上较为接近，但是经验开放性是大五人格特征之一，相关研究都是从人格特质角度展开的。而认知灵活性既有人格特点，又是一种能力特征，还是一种解决问题和认识事物的策略。多数研究将其介于能力和人格之间（齐冰等，2013），所以更具有后天的可塑性，符合心理资本的特征范畴。此外，根据 Chancellor 和 Lyubomirsky（2013）的观点，开放性是谦虚的一个特征，但是谦虚的核心内涵在"认知"，并不强调行动，因此我们有必要单独将认知灵活性作为一个构念纳入心理资本范畴。

### 7.3.1 认知灵活性的内涵

认知灵活性是一种认知风格，其理论来源于"认知建构主义"，使得个体能以各种方法建构来自多渠道的信息，并根据情境变化做出适当的反应。一方面表现出多维度的知识表征，另一方面表现为心理表征的全面加工（王勇慧，2002），因此认知灵活性源于认知科学研究的进展。其起源于认知理论中对执行功能的研究。执行功能是高级认知过程，在人们认知事物和做决策中起到自上而下地控制个体低水平的基本认知加工。Gilbert 和 Burgess（2008）指出在具体目标的指引下，个体可以自主调节低级认知加工中的信息输入和反应输出，突破先天或后天习得的自动"刺激—反应"的刻板连接，使个体具有自主灵活性，从而恰当地应对新奇或困难情境。执行功能整合了个体通过追踪、维护和适度改变而灵活应对不同情境的综合能力。Miyake 等人（2000）从该执行功能过程中，利用潜变量分析，从中分离出认知灵活性、工作记忆和抑制控制这三大执行功能的主要成分，使得认知灵活性作为认知过程中的重要过程和成分，日益受到不同学者的重视。

Spiro 等人（2001）进一步发展了认知灵活性理论。他们提出认知灵活性使个体在学习中可以多渠道建构目的知识，以便在情境发生变化时可以做出适当的反应。他们把知识分为两个层次：良构和非良构。良构是指把有关某一主题的事实、概念、原理和规则等通过一定的层次结构有序地联系在一起，即良构领域的知识。非良构领域的知识则是有关概念的具体运用的知识，是在实际情境中将良构领域知识加以应用产生新知识的过程（袁子琪，2011）。在认知建构领域，认知灵活性被理解为是使个体可以以各种方法建构来自多渠道的信息,并根据情境的变化做出适当反应的能力。因此认知灵活性一方面表现出多维度的知识表征,另一方面表现为对这些心理表征的全面加工。个体需要经过多种方式的表征才能对复杂的、未经良好建构的知识赋予意义,最终全面完整地理解并领会这些知识(王勇慧,2002)。

众多学者对认知灵活性给出了自己的定义。Rubin 和 Martin(1995)从以下几个方面来定义认知灵活性:①个体可以在解决问题或面临新情境时产生选择的意识,灵活地对解决方案进行选择;②愿意灵活地适应环境;③拥有自信、相信自己具有出色应对各种环境或者问题的能力。

Quesasa 等人(2003)指出,认知灵活性为调整策略或改变加工信息模式,以应对新环境的能力,其主要内容如下:①在无法预测未来情境或者环境发生改变时,个体主动地改变认知,以适应环境的意识;②主要指认知加工策略的改变;③这是一种获得经验和学习能力的机会。

Martin(2001)认为认知灵活性是个体在问题情境中能够意识到不同解决途径,从而采取更灵活的方式适应新情境,进而实现目标的能力。Eeak(2003)认为认知灵活性是个体为适应不同情境而克服思维定式、转换心理表征的能力。认知灵活性使个体做出适当的反应,以应对变化的环境,甚至是最优反应,以满足当前需要(Hill,2004)。

可见,认知灵活性既有能力的特征,也有人格的特征,是一种学习、认知和解决问题的策略。因此该变量也具有"类状态"的特征。

### 7.3.2 认知灵活性的相关研究

认知灵活性的功能之一是让个体更好地适应环境,而认识是连接某种问题情境和个体适应性反应的一种手段—目的机制,即认知根据环境刺激调节个体反应,使个体产生适合于问题情境的行为反应(Dewey,1993)。而心理上的适应是个体在心理层面上利用自身的认知资源与社会环境的互动过程(陈建文、陈莎,2009)。Huebner(2002)以认知灵活性为基础,对个体的职业适应性进行了研究,其测量指标包括:发展的渴望、自我效能、人际能力和自治等。Martin 和 Anderson(2002)研究指出,认知灵活性包含三个方面的维度:①认为在任何特定的情境下都会有可供利用的选择机会;②有意愿去主动适应环境；③适应性的自我效能。Grattan 和 Eslinger（1991）提出了反应灵活性和自发灵活性。前者需要转换反应定势来适应改变的环境，后者指缺少外部线索时产生两可反应定势。个体因这两种认知灵活性而获得假设和预期的两可选择的能力，从而产生最优反应（杨炯炯，2002）。因此，认知灵活性是一种重要的认知能力，反映了人类智力的重要特点。

国内关于认知灵活性的研究主要集中在学习领域。认知灵活性也被看作是执行功能的成分之一，相关研究表明，认知灵活性与工作记忆、阅读、问题解决、心理健康、职业技能学习等都存在密切关系（齐冰等，2013）。李美华（2005）发现，在认知灵活性任务中得分较低的儿童表现出固执、拘泥的特点，不能很好地应对情境的变化。高涛和赵俊峰（2009）采用自然实验法和实验室实验法相结合的手段考察小学六年级学生快速阅读训练和眼动特征的关系。发现实验班高认知灵活性学生注视次数更少、注视点持续时间短、注视频率高等眼动特征。闫嵘和俞国良（2006）采用多维卡片分类测验的方法考察阅读困难儿童认知灵活性的发展特点，结果显示阅读困难儿童的认知灵活性总体水平显著低于一般儿童。

认知灵活性与创造力的关系研究表明具有高认知灵活性的个体具有较高的创造力（Abelina and Robinson，2010）。De Dreu 等人（2011）的研究表明低创造力的个体其认知控制能力不如高创造力的个体灵活。通过对认知灵活性的路径进行深入研究，发现发散的、灵活的、流畅的思维方式更容易促进创造力的发展。国内学者李婷（2014）研究指出，当员工感觉自己有一定的权力时，可以提高员工自身的认知灵活性，更有可能在工作中提出具有创造性的解决方案。

还有的学者研究了情绪与认知灵活性的关系。许多研究表明，个体在积极情绪下能有效完成认知任务，提高认知灵活性。Duncker（1945）通过蜡烛任务考察大学生和初中生的问题解决能力。该研究结果显示，事先体验到积极情绪的被试在蜡烛任务上的成绩显著高于控制组被试。这说明，积极情绪能帮助个体克服思维定式，减少功能固着，从而使认知灵活性提高。Kuhl（1999）发现积极情绪可以有效减少 Stroop 干扰。由此显示，积极情绪帮助个体抑制优势反应，提高反应灵活性。Fredrickson（1998）则从进化的角度解释了积极情绪促进认知灵活性的原因，他认为，相比中性和负性情绪条件，个体处于积极情绪下时感觉到环境是安全、舒适和没有威胁的，此时对新异性刺激的注意逾限降低，其注意和思维、行动范围更宽广，因此也更容易做出建设性和探索性行为，从而促进任务转换并减少转换损失，使认识灵活性提高。国内学者王艳梅（2006）发现，积极情绪促进任务转换，提高认知灵活性，而消极情绪相反。她认为在积极情绪状态下，个体对新异刺激更为敏感，从而更易观察到新出现的信息，迅速完成任务转换。陈珊珊（2008）的实验发现，与消极情绪状态相比，积极情绪状态下的被试认知灵活性更高。认知灵活性与情绪领域的研究表明，积极情绪可以提高认知灵活性（陈珊珊，2008）。齐冰和吴真（2011）采用实验研究的方法，对高职生的认知灵活性特点进行了研究。

创业活动需要面临复杂多变的环境，认知灵活性对于创业主体以灵活的方式认知环境及环境变化，选择最优执行策略，防止过度自信及承诺升级偏差具有重要意义。本研究将认知灵活性定义为在创业过程中，创业主体能适时地转变视角发现并解决问题，从而适应复杂、多变的环境。包含三层含义：一是在任何情境下都意识到有多种选择，二是可以灵活地适应环境，三是认知过程更具有弹性（Martin and Rubin, 1998）。认知灵活性高的创业者被认为是反应快的、自信的、富有洞察力的，也更能搜寻环境中的其他资源，以适应环境的改变。

## 7.4 本章小结

本章通过文献梳理，确定三个可以弥补心理资本负面效应的维度，包括谨慎、谦虚和认知灵活性。然后对这三个变量的含义、类别和功能等相关研究进行分析。

（1）谨慎的应用领域较为广泛，虽然目前在研究领域谨慎主要应用于会计和医学等领域，但是在各行业实践中谨慎均有广泛的应用和重要的作用。在创业领域对谨慎的既有文献较少，但是相关研究表明谨慎与工作绩效、投资绩效等具有正向的关系。因此在创业领域谨慎对于创业者严谨筛选信息、谨慎制定投资策略、与创业伙伴和同盟企业维持良好关系具有重要作用。

（2）谦虚在东西方研究中有较为丰富的研究成果，尤其是西方学者对谦虚的含义、性质和类别等进行了深入的研究。国内也有部分学者对东方的谦虚特质、内涵等进行了研究，发现东西方对谦虚的界定和理解还是有差异的。关于谦虚的实证研究，有学者研究了谦虚与个人的主观幸福感、自尊和自我价值、自我成长、人际关系的建立与维持以及对动机的产生和维持等均具有正向的作用。

（3）认知灵活性属于认知领域的范畴。强调个体根据情境变化改变既有思维模式或采取新的解决方式的能力。本研究对认知灵活性的含义、作用机制及相关研究等进行了介绍。认知灵活性可以提高个体对环境的适应力、学习效率、创造力及增进积极情绪进而提高个体的情绪管理能力等均有重要的作用。

# 第8章

# 修正后心理资本与创业绩效关系实证检验

## 8.1 新维度与之前维度的关系

以上我们分析了谦虚、谨慎、认知灵活性三个维度的含义、性质、相关研究进展及测量方法等。从各维度的含义我们发现谦虚、谨慎与认知灵活性可能与自恋、过度自信及冷酷无情/急功近利呈反向的关系，可以从这些维度抵消这些负面效应的影响。

### 8.1.1 谦虚

根据前文分析，自恋的人对自己的能力有不合理的过高评价，想获得别人的赞美和肯定，并有控制别人和一切事物的想法。而谦虚的品质可以使自己保持对自身及能力的合理评价，不自认为比别人更特殊，对自己的优缺点都有合理的认知。而且对待他人可以保持尊重和礼貌，从而有利于维持良性的人际关系。总之，谦虚有利于个体不管是对自身还是对他人和外界环境和信息都保持一种开放、流动的状态，愿意不断学习和成长，不局限自己。因此对过度自信导致的自恋本研究认为可以通过提升自己的谦虚水平来规避。通过前文的分析，发现谦虚也可以通过学习和有意识的培养去提升。因此我们尝试在创业心理资本维度中增加谦虚变量。同时谦虚所带来的对他人的理解和尊重也可以避免对人冷酷无情，对创业伙伴多一些理解和信赖，因此也可以降低马基雅维利人格带来的负面效应。

### 8.1.2 谨慎

而对于由于乐观超过一定限度导致的过度乐观或过度自信可以通过谨慎品质加以平衡。过度自信具有环境适应性，因此是对自己对外部环境的决策或对自身对外界的评价、看法或观点持过于肯定的看法，而忽略了环境信息可能已经悄然发生变化。当环境不确定性越高时，个人的过度自信可能越突出。个体如果对事物始终持有一种谨慎的态度和信念，则有可能规避过度乐观带来的弊端。谨慎或严谨是指个体对外界事物和自己的言行密切注意。而现有研究也发现严谨性与良好的工作绩效或者任务绩效有密切的关系，而且各行各业的工作也离不开员工的严谨性。现在备受人们青睐的工匠精神，其实质也是工作态度的一丝不苟和工作内容的严谨细致。在创业领域中，如果创业者可以谨慎对待创业决策和创业环境的变化，也可以在一定程度上避免过度乐观带来的承诺升级、过度投资等决策失误。因此可以通过提升谨慎品质来应对过度乐观。

### 8.1.3 认知灵活性

认知灵活性主要用来避免急功近利的负面影响。急功近利或对取得创业成功太急迫，会使创业者忽视很多信息或考虑不周全，例如忽视出资人利益或社会利益，同时也会给员工带来很多压力和逼迫。而个体的高认知灵活性或者经验开放性可以使个体建构多渠道的信息，然后根据情境变化做出适当的反应。认知灵活性通过对多维度知识的建构和加工，使个体的执行能力这一更高级的认知功能更有效发挥作用。因此从认知领域的信息加工角度来讲，认知灵活性可以让个体关注更多元化的信息，提高个体的学习能力和决策的全面性，从而避免因为急功近利忽视很多信息或方面的考虑而做出错误决策。谦虚从态度上抵消急功近利/不择手段的负面影响，维持自身情绪的平和和人际关系的和谐。而认知灵活性从执行功能或行动上兼顾多角度信息，抵消急功近利的负面影响。

谦虚、谨慎和认知灵活性均具有"类状态"变量的性质，即具有人格特点的性质，也是一种能力特征。可以通过后天的培养提升这些方面的特质，具有后天的可塑性。因此可以将其纳入心理资本的维度。Luthans 等人（2007）认为心理资本是一个开放的内涵，可以向其中增加新的维度。因此我们尝试将谦虚、谨慎和认知灵活性作为新的维度纳入心理资本结构中，并在此基础上比较修正后的心理资本维度与创业绩效的关系有没有变化。

## 8.2 新维度与创业绩效关系模型

下面我们来分析谨慎、谦虚和认知灵活性与创业绩效的关系。

### 8.2.1 谨慎

创业是一项高风险、低成功率的活动。我们在搜索引擎中输入创业、谨慎两个词，出现无数"创业有风险，投资需谨慎"的告诫和经验故事。谨慎性品质似乎是创业必须具备的一种心理特性，但是从创业角度分析谨慎性的研究文献却不多。孙亮和周琳（2016）基于谨慎性视角分析了女性董事本能的风险回避倾向与过度投资与绩效波动的关系。在证券交易中，女性因其过度自信倾向，交易时更为谨慎，交易频率也更低，避免了部分非必要的交易和投资，提升了投资净收益（Barber，2001；Huang and Kisgen，2013）。王旭（2011）认为一般女性企业家不像男性企业家那样追逐强烈的权力欲，反而通过低调、谨慎、稳健而取胜。她们仔细权衡每一个商业决策，把创业目标定得较为现实，小心翼翼地经营着企业，尽力维护个人和企业的形象，有着天然的维护人员和组织免受损失的需求。

(1) 谨慎的正面效应

根据前述文献分析，创业的高风险性和高不确定性，决定了创业者需要时刻保持谨慎的态度、细致的考虑。从创业阶段、过程理论和环境角度分析了创业中可能面临的风险及谨慎在其中发挥的作用。首先，创业团队合作中的风险需要创业者谨慎应对。创业初期，团队成员因为共同的愿景和目标走到一起，大家因为共同的志向做好了艰苦奋斗的准备，所以初期可以共患难。

### 创业心理资本与创业绩效关系的再检验　基于认知偏差的视角

但随着创业企业的成长和创业活动包括盈利份额的分配，很多初始成员可能会出现利益、目标或观点的分歧。这时需要创业者谨慎处理创业企业成长过程中成员关系、利益分配和公司未来走向等问题。细致分析各成员的利益诉求，做出合理的人员安排；审视商业环境和机会，把握公司目标和愿景，在协调各方利益的基础上带领公司朝着既定目标前行。

其次，市场环境的变换需要创业者谨慎应对。追溯很多创业企业的经验，很多创业者都是在创业过程中逐渐学习才明白如何进行创业的。在市场瞬息万变的前提下，有的创业者很难找到自己的"蓝海"或者跟上市场的变化。一旦没有考虑市场环境的风险，就可能使公司陷入很大的生存危机，从而影响公司未来发展的前景。因此需要以谨慎的态度审时度势，观察市场环境和市场机遇及未来发展趋势，找到适合自己企业的经营内容和经营方式。即使创业企业业务稳定之后也需要随时谨慎检视市场环境的变化，为创业企业的转型升级做好充分预判和前提准备。例如疫情期间，受到重创的很多餐饮企业及时改行做起了蔬菜批发销售生意，为企业的持续生存找生机、找出路，这也是谨慎分析市场环境及时变换经营策略的表现。

再次，谨慎评价自己的能力。很多创业者在初期觉得自己是"老板"，做事情会眼高手低或挑些自认为高级的工作，或者对小工作不在乎甚至乱做一通。这种态度时间久了对公司的生存和发展都会带来很大的负面影响。因此同样需要创业者以谨慎的态度调整自己的心态，从每一件小事做起逐渐积累自己的经验和技能。只有严谨、细致地熟悉各方面的业务才能树立创业领导者的全局观。所谓"预则立，不预则废"，正是要对创业活动的各方面在心中有整体的提前谋划、衡量才能做好人事和工作安排，带领企业稳步向前。同时创业者也要虚心谨慎听取成功创业者的意见，从多方面提高自己的创业所需技能。

最后，创业者要谨慎审视自己的观念。在国家鼓励创业的热潮下，目前我国创业的主力军是年轻人。但也由于年轻人没有创业经验和处世经验，在创业初期往往准备不充分，没有谨慎细致了解创业的过程和需要具备哪些技能。很多人甚至抱着侥幸心理，走一步看一步，没有对创业有长远和有效的规划。虽然创业计划不可能面面俱到和事无巨细，还需要随机应变的能力和弹性调整的空间，但是完全凭侥幸，不做规划和计划，也会导致企业面临很大的潜在风险。所以在创业中也要审视自己有没有这种侥幸的观念并避免之。并在创业初期和中期审视各方面的条件和环境谨慎细致地制订不同阶段的计划和分阶段任务，以提高创业成功率。

由此可见，在创业观念、技能、环节和团队管理上都需要创业者谨慎应对，及时掌握市场、环境和团队人员的变化，谨慎制定应对措施，保障创业企业持续健康成长。谨慎对创业绩效具有正面影响。

**（2）谨慎的负面效应**

谨慎超过一定限度也可能会带来负面影响。查阅文献发现关于谨慎负面效应的相关文献很少。在搜索引擎中搜索关于太过谨慎的文章和观点，通过分析这些观点发现，人们普遍认为如果太过谨慎会导致考虑太多，而不敢做决定，是没有安全感的表现，走不了太远的路等。也有的观点认为要分行业来看，对于一些极度需要细致、涉及安全的工作，如供电运检、财会之类的再谨慎也不为过。但是大多数情况下，太谨慎并不好，因为会想的多，做的少；而且遇到困难容易放弃；从情绪上来看容易敏感、多疑、小心翼翼，精神压力比较大。

综合以上观点，发现太过谨慎的弊端是显而易见的。在创业领域，如果创业者太过谨慎可能会陷入千头万绪的大量信息中而无法理出头绪，从而也就无法做出决策。面临瞬息万变的市场环境有时候需要创业者快速做出决策以抓住市场商机，但如果创业者犹豫再三，而无法及时做出决定有可能会贻误商机。因此在创业领域谨慎超过一定限度可能意味着优柔寡断。Paul Graham（2017）指出，创业公司破产或倒闭的原因有二，一是创始人之间不健康的关系，二是因为决策时优柔寡断。而且这些问题之间往往还具有千丝万缕的联系，到最后企业定位、战略、资金方面的失衡，会给创业企业带来重创。

健康有效的决策机制对创业企业的良性循环和发展具有重要的作用。优柔寡断会使创业团队的决策效率低下，长此以往会使企业错失很多发展机会甚至使企业停滞不前消耗掉企业原有的竞争优势。此外优柔寡断容易加深企业对于失败的恐惧。尤其是领导层内部犹豫不决的气氛会渗透整个企业上下，从而在不经意间营造出一种恐惧失败、过分求稳的氛围，等到觉察时可能企业已陷入困境。因此对于创业者来说，构建良好的决策机制，保证企业能够精准高效地做出决策非常关键和必要。导致创业者优柔寡断的原因可能有：①害怕孤军奋战，不希望与大多数人的观点不一致，等待团队观点的出现，这实质上是害怕承担责任的表现；②害怕暴露无知，尤其是对于创业领导者或者处于权威位置的人，更因为这种高期待而无法轻松面对问题。

可见领导者优柔寡断对一个企业发展带来的负面影响是不容忽视的。创业者需要谨慎，但也同样需要果断。这就要求创业者平衡好两者之间的关系，保持合理限度的谨慎，学会迅速地审时度势，不拖拖拉拉、畏首畏尾才能抓住机遇，迅速在市场竞争中占据竞争优势。综合以上分析，做出如下假定：

H6：谨慎与创业绩效呈倒 U 形关系。

### 8.2.2 谦虚

海尔集团张瑞敏提到创业企业领导者应该具备三种素质，激情、执着和谦虚。就像开一辆车，激情和执着是油门，谦虚是刹车。可见谦虚是创业成功的重要品质。

首先，谦虚的特质可以帮助创业者对自身的能力有正确的认知和评价，包括对自己的不足也有正确的认识。松下幸之助提到古代圣贤教我们先除去本身的眼障，这样才可以把周围的事物看得更清楚。有了谦虚而坦诚的胸怀，所有的人和物都会成为我们借鉴的镜子，他们会把你的想法和行为的正误，原原本本地反映出来。谦虚的创业者如果发现自身和工作中有失误，也更愿意主动纠正。可见正确认识自己的能力与不足，是创业者在变幻莫测的市场经济大潮中提升创业成功率的前提。而且谦虚的人也不会抢占功劳，他会认为成绩是大家共同努力的成果，从而会更平易近人，这样可以维持创业团队良性发展的力量。谦虚的创业者会给下属更多放权，团队成员也会有更多的被信任感。

其次，谦虚可以使创业者尊重他人，维持创业团队良好的关系。谦虚的创业者更容易倾听团队成员的诉求和意见，这对于维持创业团队的良性发展是必要的。谦虚的创业者也更容易获得合作伙伴的信任以及他人的理解和帮助，因而也更容易取得成功。

最后，谦虚可以使创业者有耐心倾听他人意见，少走弯路和避免偏听偏信。虚心就是谦虚的心，对任何人的意见都能接受的心。谦虚的创业者会更愿意向比自己有经验、有实力的前辈请教，多听他们的意见。而且更善于借用别人的智慧，吸取别人的经验来发展自己的公司。谦虚的这些特质对于避免创业投资过程中的过度自信和自恋倾向有积极意义。

综上，对创业者来说，谦虚是一项有助于创业成功的重要品质，也更有利于创业者掌握实事求是的态度，用科学客观的观点看待一切。并有利于创业者塑造一支优秀的创业团队，带领创业企业走上良性发展的道路。反之，创业者自以为是就会容易骄傲，认为功劳都是自己的，忽视了自己的反省而容易目中无人。时间长了会对人际关系和创业企业绩效产生影响。

以上分析了谦虚的正面效应。关于创业的负面效应，我们查阅了文献，发现相关研究很少，而关于创业领域的几乎没有。在搜索引擎中输入谦虚过度，找到一则谦虚过度的小故事。意思是谦虚要建立在真诚和实际的基础上，如果不顾现实条件甚至违反实际的谦虚会造成适得其反的效果。也有的观点认为过度的谦虚显得虚伪，以及"谦虚过度是骄傲"的观点。实际上后两种观点是"虚性谦虚"的内涵。我们这里取"实性谦虚"的内涵，关于实性谦虚是我们讨论的重点。

松下幸之助也提到，企业领导者保持谦虚的态度，虚心学习听取别人的意见时需要注意的一点前提是不能迷失自己，让人牵着鼻子走。一方面要坚持自主性、主体性，另一方面虚心地接受别人的意见。这样才可以获得成功。关于这一种观点似乎在提示"谦虚是不是导致缺乏自信"。我们查阅了谦虚与自信的相关资料和观点，发现谦虚也不是缺乏自信，自信是自己相信自己，是勇气的来源、精神的寄托和安慰。有的观点认为谦虚和自信是相辅相成的，一外一内。没有自信的谦虚叫作懦弱，没有谦虚的自信叫作傲气。自信和谦虚兼具才可以称为一个近乎完美的人。因此，松下幸之助的这一观点实质上是在提醒创业者对他人观点要仔细分析、分辨，不可一概拿来就用，还要结合自己的情况，仔细辨别。也包含谨慎的内涵，是对谦虚的必要补充，但与谦虚是不相矛盾的。

一个真正认识自己的人，是没有办法不谦虚的，真正谦虚的人是充满智慧的。因此我们也将谦虚认为是一种纯善的品质，谦虚似乎也是人类自我提升和发展的至高诉求。基于此我们提出以下假设：

H7：谦虚与创业绩效呈正向线性关系。

### 8.2.3 认知灵活性

创业者的认知灵活性表现为个体以各种方法认知和处理来自创业领域中多渠道的信息，而且可以更具情境变化做出适当的反应。认知灵活性是创业者的认知弹性和学习力。首先创业者有意识地吸收和学习多渠道的知识，其次根据不同的场合创业者会有意识地应用这些知识并产生新的知识。

创业过程观认为，创业是一个以机会发现为起点，通过机会评价、利用和开发，创立新企业的过程。创业过程中，创业家总是在高度不确定性的环境中进行决策，并根据不确定性的动态变化相机进行投资决策。在人们的信念中，总是将不确定性和风险挂钩，认为企业家面临的不确定性越大，风险越大，发生失败的可能性也越大。面对外部环境的不确定性，灵活性高的创业者可以根据市场条件的不断变化，灵活地制定和调整其创业决策，以避免损失，提高收益和创造价值。

认知灵活性对创业者灵活地解决创业过程中产生的新问题提供了助力。创业者面临的环境复杂多变，认知灵活性高的创业者更愿意灵活地适应环境。尤其是在无法预测未来情境或者环境发生改变时，个体会主动改变认知，以适应环境，这也是创业者获得经验和学习能力的机会。此外，创业者的活动也是一种需要高度创造力的实践。创业中的内部运营、企业管理、外部合作伙伴与市场等都需要创业者经历从无到有的构建，这其中涉及大量的创新行为和创造，每天也会面对大量的新状况和新问题。而认知灵活性高的个体在遇到问题时的创造力更高（De Dreu，2011）。根据Moore和Malinnowski（2009）的研究，创业活动需要个体的多种认知能力，认知灵活性高的个体在创业过程中遇到问题时更愿意调整自己的思维和克服优势思维的影响，以适应新情境。Clare Kelly等人（2006）的研究指出创造性产品的形成是认知灵活性和坚持性共同作用的结果。

在创业领域，也有的学者将善于依据形势和问题的变化择机采用恰当的认知风格予以应对，而不是依据固定的思维模式的创业者称为专家型创业者（方世建、褚杰，2008）。这种专家型创业者的认知方式也是一种认知上的平衡能力，是创业者在实践中后天习得的一种实践智慧。在其中学习过程起到关键作用，是创业者解读并吸收创业过程中的信息反馈而诱发的学习行为。而这种学习行为对于创业者将创业过程中积累的经验转化为可以指导实践和应用的后续创业知识，并将这些知识形成针对不同情境和挑战的思维解决途径具有重要作用。

创业过程中，市场中不确定性与机会共存，创业者凭借其超过常人的警觉性发现机会、评价机会，然后通过逐步投资对创业机会进行开发和利用。创业决策的灵活性对投资收益具有正向影响。可见创业者的灵活性决策与创业成长和期权价值具有紧密的联系。总之，认知灵活性可以提高创业者对信息的敏感度和吸收力，防止创业者因为急功近利或急于求成而盲目投资或者忽略社会责任等。基于以上分析提出如下假设：

H8：认知灵活性与创业绩效呈正向线性关系。

### 8.2.4　修正后的心理资本

这样我们在原有的心理资本维度中增加三个新的变量，修正后的创业心理资本维度分别是：自信/自我效能、乐观、希望、韧性、谨慎、谦虚、认知灵活性。我们假定加入这些维度之后的整体创业心理资本与创业绩效之间的关系呈正向的线性关系。根据前文的分析，自信、乐观、希望的负面效应过度自信、自恋和急功近利/不近人情可以有效地被谦虚、谨慎和认知灵活性的正面效应抵消。总之，谦虚、谨慎和认知灵活性有助于个体更多方面地了解信息，谨慎地制定决策和与团队成员及合作伙伴建立和维持更良性的关系。因此提出如下假设：

H9：修正后的心理资本与创业绩效呈正向关系。

## 8.3 研究假设汇总与模型构建

根据上述对谦虚、谨慎、认知灵活性与创业绩效的关系推导，本节继续将以上三个维度与创业绩效的关系整合在一起，建立本研究的概念模型。本研究把基于弥补创业心理资本负面效应视角的创业心理资本补充维度对创业绩效产生影响的谦虚、谨慎、认知灵活性等维度作为自变量，将创业绩效作为因变量，建立模型。同样将创业者性别、年龄、受教育程度作为控制变量纳入模型，如图8-1所示。

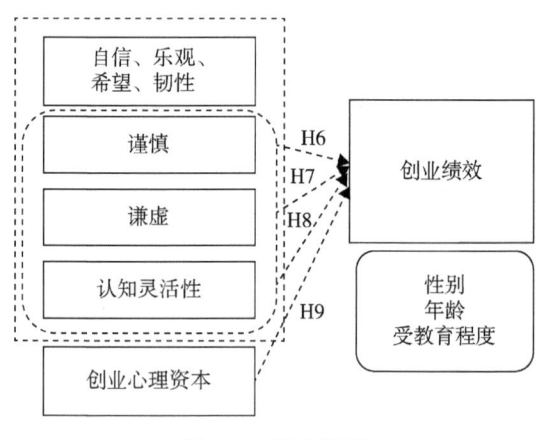

图8-1 研究模型

## 8.4 研究变量的操作性定义与测量方法

本部分主要介绍心理资本的谦虚、谨慎和认知灵活性的操作性定义和测量方法，关于其他的变量在前面实证分析部分已经介绍。在编制这三个变量的测量题项时，我们同样借鉴和采用国内外学者已经开发的变量量表来设计本研究的量表，同时根据笔者对我国创业者的访谈及我国国情对量表中的具体项目进行修改和调整。

## 8.4.1 谨慎的测量

对谨慎变量的测量,有的学者将严谨性作为大五人格的一个子维度设置调查问卷。例如 Costa 和 McCrae(1987)在大五人格理论的基础上,编制了大五人格量表(NEO 量表),该测验的中文版由中科院的心理学家张建新教授修订,该量表属于人格理论中特质流派的人格测试工具,主要用于人力资源管理。还有的学者把严谨性作为一个单独维度设置问卷。根据对谨慎性定义的内涵不同,其设计的问卷内容也不同。例如王登峰和崔红(2003)把谨慎性定义为想获得成功的动机,也有学者把谨慎性定义为个体的独立性和责任意识水平,以及条理性。国内学者也对大五人格的公正严谨性进行了研究,赵国祥(2010)以管理者为被试对公正严谨性进行了研究,认为公正严谨性包含管理技能、有计划性、个人品德、成就取向以及可依赖性五个维度。王登峰和崔红(2003)发现,西方心理学中的谨慎性人格维度与中国人对谨慎含义的理解有很大的不同,西方的谨慎性内涵已不是一个单独的维度,而是分属于不同的人格维度。

虽然对谨慎的内涵和所包含的维度还没有一致的看法,但是也有学者,如 Goldberg(1999)认为应该通过分别对谨慎性单一维度和大五人格的高阶维度进行比较研究,以不同的单一维度开始,让研究者明了哪些维度可以被合并,而哪些子维度可以被分开。Dudley、Orvis 和 Lebiecki(2003)在进行一项元分析时把公正严谨性分为条理性、成就动机、谨慎和独立性四个维度。Hough 和 Ones(2001)把大部分的人格量表也都这样分类。他们认为他们的分类应作为一种数据收集的指南,有的分类可能会和其他的分类合并。可见现有关于严谨性的内涵还没有统一的定论,而依据不同的内涵所涉及的量表也在维度和题项上有很大区别,但这些都为本研究提供了有益借鉴。

除了上述测量方法外,我们也参照了关于创业心理资本中与谨慎性相近的或有关的测量题项。柯江林等人(2009)开发了本土化的心理资本量表,其中包含稳重诚信和沉着冷静两个类别。他们将稳重诚信定义为为人慎重不轻易承诺,一旦承诺就会守信,对拿不准的事情会多听他人意见。沉着冷静是指在出现不利或有利局面以及在重要时刻和场合,都能保持清醒的头脑。

本研究采用李克特7点制量表对谨慎性进行测量。具体测量题项见表8-1。

表8-1 谨慎的测量

| 研究变量 | 操作性定义 | 具体测项 | 测项文献来源 |
| --- | --- | --- | --- |
| 谨慎 | 创业者对创业事务和自己言行密切注意，多听取他人意见并慎重做出决策的行为 | 1）创业过程中不轻易承诺<br>2）喜欢三思而后行<br>3）做重要决定会多听他人意见<br>4）鼓励他人多提意见<br>5）会不断更新知识结构<br>6）不断改进做事方式<br>7）不断提升自己的能力 | Costa 和 McCrae（1987）；<br>Goldberg（1999）；<br>柯江林等人（2009） |

注：变量测量采用李克特7点制量表，具体测项用符合程度来代表分值："1"表示非常不同意，"2"表示不同意，"3"表示有点不同意，"4"表示同意，"5"表示有点同意，"6"表示很同意，"7"表示非常同意。

## 8.4.2 谦虚的测量

随着谦虚研究的进展和理论研究的深入，研究者开始注重谦虚理论的构建并在有关理论的基础上编制相关问卷。Davis等人（2010）基于关系谦虚模型建立了关系谦虚量表（RHS），该量表是一个他评量表，即让关系中的他人评价目标主体的谦虚水平。Davis等人（2010）提出了关系谦虚模型，该模型认为关系谦虚是评价者对被观察者谦虚水平的评价，主要涉及以下两个方面：①以是否具有自我优越感为特征，在人际关系中被观察者是他人导向还是以自我为中心；②是否对自我有准确认知，既不抬高也不贬低自己。该量表是一个5级评分量表，包含3个维度16个问题。3个维度分别是总体谦虚、优越感和准确的自我认知。该量表具有较好的信效度和一致性。但由于该量表是一个他评量表，有可能使评价结果受到一些无关因素的干扰，从而使结果带有一定的主观性，如评价者或被评价者的人格特征以及评价者是否充分了解被评价者等。

Whetstone等人（1992）编制了谦虚反应量表（MRS）。该量表包含21个题目，分为3个分维度，分别是谦虚的社会期望性维度、谦虚倾向维度和对谦虚的厌恶维度，问卷的计分方法是 7 点计分法。该量表的总维度和分维度的克伦巴赫 $\alpha$ 系数为 0.75~0.85，表明具有较好的信度。

胡金生和黄希庭（2009）编制了《大学生自谦认同度评定问卷》。该问卷一共有 3 个维度 15 个题项。通过古籍梳理的方法将中国传统文化中谦虚的功能归纳为和谐性、进取性、礼貌性、防御性和道德性五个方面。因此最初问卷设置将谦虚功能设置为五维度框架。然后通过因素分析法得到三维度的谦虚功能认同度问卷，分别是：①防御性：谦虚具有避免冲突，实现人际和谐的价值；②自我完善：提高自我修养，使人更加完善的功能；③提升形象：获取好感和积极评价的功能。该问卷的内部一致性系数为 0.8。此外，经检验，该问卷与中庸思维问卷存在某种程度的正相关，说明该问卷具有良好的校标效度。由于该问卷的理论基础较薄弱，研究者只是基于古籍和开放式调查来梳理相关维度，缺乏从理论上进行深入的建构，使问卷编制在一定程度上具有数据驱动的痕迹。

谢威士和汪凤炎（2011）认为构建谦虚的心理结构对编制谦虚问卷非常重要，所以他们首先建构了谦虚心理结构，包括谦虚认知、动机激发、情绪体验和行为产生四个维度。其中谦虚认知是指人们在主观世界里对谦虚各方面特质的理解和认可。情绪体验是指人们在表现谦虚时的内心感受，包括积极的和消极的情绪体验，如愉悦、厌恶、忧伤和欢喜。动机激发是指人们在未来某种情境或者为了达到某种目的是否愿意积极、主动地在人际交往中表现谦虚行为的行为倾向，包含趋向性和回避性两方面。行为产生是指实际交往中是否真的表现出谦虚言行。然后请心理学专业人员根据上述理论结构编制问卷题目，再结合对大学生的访谈结果编制大学生谦虚问卷。该问卷包含 4 个维度 20 个题项，每个维度 5 个题项，采用 5 点计分法。4 个维度可以解释总变异量的 51.93%，从信效度相关指标来看，该问卷的拟合水平和构想效度良好。且该问卷编制基于科学的理论建构，有一定的理论基础。但该问卷的主要被试是大学生，能否适用于更广泛的研究对象有待进一步验证。

梁小玲（2011）在综合前人经验的基础上编制了《大学生谦虚心理量表》。她认为谦虚具有防御功能和规范功能，并定义谦虚的操作性为个体为达到某种目的而在人际交往中故意回避自身的一些行为和特质，既包括优势的一面，也包括劣势的一面。该量表共包括 26 个题项，并对谦虚的内涵从谦虚倾向、谦虚效应、谦虚真诚、谦虚规范和谦虚防御五个维度进行划分。该量表采用李克特 7 点计分法，没有反向计分题，分数越高代表越谦虚。问卷内部一致性为 0.879，具有良好的信度，同时内容效度和结构效度也达到标准。因此该量表可以作为稳定可靠的测量谦虚的工具。这些问卷为本研究设计谦虚变量的相关题项提供了借鉴。

柯江林等人（2009）编制的创业心理资本问卷中包括谦虚变量。他们将谦虚定义为是能客观认识和坦白自己相对别人的不足之处，且能对他人长处加以学习和利用的特性。题项包括：提醒自己相对他人的不足，善于发现他人优点，认为他人有胜过自己的地方，遇到难题会虚心向他人求助等。

本研究采用李克特 7 点制量表对谦虚进行测量。具体测量题项见表 8-2。

表 8-2 谦虚的测量

| 研究变量 | 操作性定义 | 具体测项 | 测项文献来源 |
| --- | --- | --- | --- |
| 谦虚 | 创业者能客观认知自己的优点和缺点，并能学习和利用他人的长处 | 1）我认为同事也有胜过自己的地方<br>2）我善于发现别人的优点<br>3）我经常提醒自己"山外有山，人外有人"<br>4）遇到不懂的问题，我会虚心向同事求助<br>5）我时常会想起以前帮助过自己的人，不断改进做事方式<br>6）我认为自己取得的成就与别人的帮助是分不开的 | Davis 等人（2010）；Whetstone 等人（1992）；胡金生和黄希庭（2009）；柯江林等人（2009） |

注：变量测量采用李克特 7 点制量表，具体测项用符合程度来代表分值："1"表示非常不同意，"2"表示不同意，"3"表示有点不同意，"4"表示同意，"5"表示有点同意，"6"表示很同意，"7"表示非常同意。

### 8.4.3 认知灵活性的测量

对认知灵活性的测量方法有多种，有编制问卷的方法，还有的是通过实验的方法进行测量。

Martin 和 Rubin（1995）在分析了认知灵活性理论结构的基础上编制了认

知灵活性量表，用以评定个体的认知灵活性。该量表可以很好地说明人们在日常生活交流中所具有的认知灵活性方式。该量表经授权后，在国内由齐冰等人修订，张建华（2011）、齐冰等人（2013）使用。该量表共包含12个项目，采用李克特6级评定法。该问卷包含三个维度：一是灵活选择，指个体能够在解决问题或面临新的情境时产生选择的意识，并且愿意灵活地对解决方案进行选择，该维度包含6个题项；二是灵活意愿，指个体愿意灵活地适应外部环境，包含3个题项；三是灵活效能，指个体有自信，相信自己具有出色应对各种环境或者问题的能力，同样包含3个题项。该问卷的内在一致性信度良好，为0.82。

Maier和Jacoby（2009）利用实验方法，以认知自动加工过程的干扰原理，比较助长条件和对立条件，以评价认知灵活性。例如让实验者完成"维度变化卡片分类任务"（DCCS）。实验中，先让被试按一种维度（颜色）对测试卡片进行分类，再让被试改变思路，用另一种维度进行分类。在维度变化前的分任务阶段中，认知灵活性和自动加工过程共同作用。在维度变化后的阶段，认知灵活性和自动化加工变为对立状态。这使任务变成了一个执行功能的任务，从而个体和群体会表现出明显差异。任务变化前后的两个阶段即为助长条件和对立条件。比较两种情境下的表现差异即为认知灵活性的作用。利用这种思路，学者们发明了很多种测量认知灵活性的实验活动或任务。

（1）A非B任务。该活动适合测量2~3岁的儿童。在此任务中，一个物体被灵活地藏于A处或B处。考察儿童在所藏地点转变后，到成功搜寻物体之前所犯错误的次数。

（2）多地点搜寻任务。在该任务中，首先让儿童注意到物体被藏于多个地点中的任意一个，且要拿到该物体需经过多个步骤；改变所藏物体的地点，要求儿童用同样的步骤寻找物体。此方法可以比较方便地测量儿童持续犯错误的次数，也可测量任务难度增加时对儿童完成任务表现的影响。

除此之外，威斯康辛卡片分类测验（WCST）、灵活项目选择任务（FIST）、连线测验、停止信号任务等都是利用该实验、活动或任务的方法测量认知灵活性的方法（李红，2004）。

本研究主要采用测验量表的方式对认知灵活性进行测量。采用李克特7

点制量表对认知灵活性进行测量。具体测量题项见表8-3。

表8-3 认知灵活性的测量

| 研究变量 | 操作性定义 | 具体测项 | 测项文献来源 |
| --- | --- | --- | --- |
| 认知灵活性 | 创业者在外部环境或内部创业条件发生变化时可以及时察觉并能够及时做出恰当"反馈"的能力 | 1) 我能用许多不同的方式和他人交流想法<br>2) 在任何既定的情境中，我都能举止适宜<br>3) 在分析事情原因时，我会搜集其他信息帮助判断并愿意创造性地解决问题<br>4) 我会权衡不同的方法，提出的解决方案是我深思熟虑后的结果<br>5) 在任何既定的情景中，我都有着许多可能的行为方式<br>6) 我愿意倾听别人的观点并考虑处理问题的其他方法<br>7) 我有信心尝试不同的行为方式 | Martin 和 Rubin（1995）；张建华（2011）；齐冰等人（2013）；柯江林等人（2009） |

注：变量测量采用李克特7点制量表，具体测项用符合程度来代表分值："1"表示非常不同意，"2"表示不同意，"3"表示有点不同意，"4"表示同意，"5"表示有点同意，"6"表示很同意，"7"表示非常同意。

## 8.5 问卷设计与数据回收

本问卷的设计过程包括初步设计、先期试验和形成最终问卷。完成关于变量的操作定义和测量之后，本研究基于文献中已有的相关量表研究，结合测量变量的内涵，确定了具体测量题项，并设计出了调查问卷的初稿。在先期试验中咨询了创业领域、心理特质领域的相关专家和学者对问卷进行审核和修改。然后联系100多家创业企业进行问卷初步预试。经过信效度分析等实证分析方法对各变量的题项进行分析和检测。在对问卷内容经过反复修改及推敲后，最终形成了问卷终稿。

问卷的其他设计步骤和预试环节与第5章的测量步骤一致。本研究在综合设置包含本部分内容问卷的基础上做的整体预试、修改、定稿和大规模发放问卷，所以其他部分的设计内容不再赘述。

这样，经过先期试验、反复推敲、变量测量文献的再次核实、剔除解释力度不够的题目后，问卷基本完成。测量谦虚、谨慎、认知灵活性三个变量的问卷共包括 20 个题项。

问卷的发放和回收过程同样与前述第 5 章的问卷调查部分一同完成，所以关于问卷的回收数据和对数据的分析方法可以参照第 5 章的内容。

## 8.6 本章小结

本章通过文献梳理和理论推导，确定创业心理资本补充维度与创业绩效之间的关系，并建立两者之间的关系模型。同样分析了谦虚、谨慎和认知灵活性对创业影响的正面效应和负面效应，经过理论推导做出如下假设：谨慎与创业绩效之间呈倒 U 形关系；谦虚和认知灵活性与创业绩效均呈正向关系；而加入补充维度的心理资本整体假设与创业绩效呈正向关系。

然后，在已有成熟调查问卷和测量方式的基础上设计谦虚、谨慎和认知灵活性的调查问卷。谦虚、谨慎和认知灵活性在认知和行为科学领域均是相对比较成熟的概念，也有较为成熟的测量方式，在借鉴这些测量工具的基础上设计问卷。

最后，发放调查问卷并进行数据回收。

# 第9章 新维度实证分析数据与结果

## 9.1 信度与效度分析

对创业心理资本的补充维度与创业绩效关系的实证分析同样首先对问卷结构进行检验，利用信度、效度验证问卷的合理性。

### 9.1.1 信度分析

**（1）谨慎维度的信度分析结果**

从表9-1中可以看出，谨慎的克伦巴赫 $\alpha$ 值为0.906，说明量表题项的可靠性较高。其中，各题项的单项与总分相关系数 CITC 值最小为0.603，最大为0.785，说明该测验题项整体对谨慎的测量具有较高的信度。从各题项的单项与总分相关系数 CITC 值来看，无须进行测项纯化工作。

表 9-1 谨慎的信度分析

| 维度 | 测项 | CITC 值 | 删除本项后的 $\alpha$ 值 | $\alpha$ 值 |
|---|---|---|---|---|
| 谨慎 | JS1：创业过程中不轻易承诺 | 0.603 | 0.905 | 0.906 |
| | JS2：喜欢三思而后行 | 0.749 | 0.889 | |
| | JS3：做重要决定会多听他人意见 | 0.694 | 0.895 | |
| | JS4：鼓励他人多提意见 | 0.740 | 0.890 | |
| | JS5：会不断更新知识结构 | 0.785 | 0.885 | |
| | JS6：不断改进做事方式 | 0.779 | 0.886 | |
| | JS7：不断提升自己的能力 | 0.699 | 0.894 | |

### （2）谦虚维度的信度分析结果

从表9-2中可以看出，谦虚的克伦巴赫α值为0.898，说明量表题项的可靠性较高。其中，各题项的单项与总分相关系数 CITC 值最小为0.706，最大为0.745，说明该测验题项整体对谦虚变量的测量具有较高的信度。从各题项的单项与总分相关系数 CITC 值来看，无须进行测项纯化工作。

表 9-2　谦虚的信度分析

| 维度 | 测项 | CITC 值 | 删除本项后的α值 | α值 |
|---|---|---|---|---|
| 谦虚 | QX1：我认为同事也有胜过自己的地方 | 0.741 | 0.878 | 0.898 |
| | QX2：我善于发现别人的优点 | 0.722 | 0.880 | |
| | QX3：我经常提醒自己"山外有山，人外有人" | 0.721 | 0.880 | |
| | QX4：遇到不懂的问题，我会虚心向同事求助 | 0.745 | 0.877 | |
| | QX5：我时常会想起以前帮助过自己的人，不断改进做事方式 | 0.713 | 0.882 | |
| | QX6：我认为自己取得的成就与别人的帮助是分不开的 | 0.706 | 0.883 | |

### （3）认知灵活性维度的信度分析结果

从表9-3中可以看出，认知灵活性的克伦巴赫α值为0.893，说明量表题项的可靠性较高。其中，各题项的单项与总分相关系数 CITC 值最小为0.468，最大为0.783，说明该测验题项整体对谦虚变量的测量具有较高的信度。从各题项的单项与总分相关系数 CITC 值来看，无须进行测项纯化工作。

表 9-3 认知灵活性的信度分析

| 维度 | 测项 | CITC 值 | 删除本项后的α值 | α值 |
|---|---|---|---|---|
| 认知灵活性 | RZ1：我能用不同的方式和他人交流想法 | 0.691 | 0.878 | 0.893 |
| | RZ2：在任何情境中，我都能举止适宜 | 0.693 | 0.878 | |
| | RZ3：分析原因时，我会搜集其他信息帮助判断并愿意创造性地解决问题 | 0.783 | 0.867 | |
| | RZ4：我会权衡不同的方法，提出的解决方案是我深思熟虑后的结果 | 0.720 | 0.874 | |
| | RZ5：在任何既定的情境中，我都有着许多可能的行为方式 | 0.735 | 0.872 | |
| | RZ6：我愿意倾听别人的观点并考虑处理问题的其他方法 | 0.468 | 0.901 | |
| | RZ7：我有信心尝试不同的行为方式 | 0.750 | 0.871 | |

## 9.1.2 变量的效度分析

### （1）探索性因子分析结果

对谨慎、谦虚、认知灵活性各变量进行因子分析，以检验其结构效度。本量表的整体 KMO 检验值为 0.946 并远高于 0.7 的经验水平，巴利特球形检验卡方值为 4201.705，限度 *Sig.* 值为 0，这些数据表明，量表测量出的数据适合进行探索性因子分析，见表 9-4。

表 9-4 KMO 和 Bartlett's 检验

| KMO 检验 | | 0.946 |
|---|---|---|
| Bartlett's 球形检验 | 近似卡方 | 4201.705 |
| | df | 210 |
| | Sig. | 0.000 |

表 9-5 为对谨慎、谦虚、认知灵活性进行探索性因子分析的结果，显示出特征值大于 1 的主成分有 3 个，因此有 3 个因子可以被萃取。落在各因子上的载荷绝对值系数均超过了 0.4，并且提取 3 个因子之后，累计的方差贡献率

为 66.853%，由此可见，萃取的 3 个因子能够反映大部分原始变量的信息，说明该量表对于所测量的总体构念的解释力较高。虽然谦虚、谨慎、认知灵活性的最后一个题项的因子载荷系数较小，但是也均超过了 0.4，所以可以认为这些题项具有可接受的效度。

表 9-5 变量的探索性因子分析

| 测项 | 成分 1 | 成分 2 | 成分 3 |
| --- | --- | --- | --- |
| QX1：我认为同事也有胜过自己的地方 | 0.778 | — | 0.265 |
| QX5：我时常会想起以前帮助过自己的人，不断改进做事方式 | 0.760 | 0.314 | 0.138 |
| QX3：我经常提醒自己"山外有山，人外有人" | 0.753 | — | 0.325 |
| QX6：我认为自己取得的成就与别人的帮助是分不开的 | 0.746 | 0.204 | 0.222 |
| QX2：我善于发现别人的优点 | 0.736 | 0.155 | 0.255 |
| QX4：遇到不懂的问题，我会虚心向同事求助 | 0.727 | 0.264 | 0.289 |
| RZ5：在任何既定的情境中，我都有着许多可能的行为方式 | — | 0.858 | 0.161 |
| RZ4：我会权衡不同的方法，提出的解决方案是我深思熟虑后的结果 | 0.110 | 0.839 | 0.250 |
| RZ7：我有信心尝试不同的行为方式 | 0.232 | 0.750 | 0.242 |
| RZ3：分析原因时，我会搜集其他信息帮助判断并愿意创造性地解决问题 | 0.157 | 0.700 | 0.371 |
| RZ2：在任何情境中，我都能举止适宜 | 0.187 | 0.699 | 0.288 |
| RZ1：我能用不同的方式和他人交流想法 | 0.496 | 0.675 | — |
| RZ6：我愿意倾听别人的观点并考虑处理问题的其他方法 | 0.380 | 0.614 | 0.228 |
| JS2：喜欢三思而后行 | 0.310 | 0.246 | 0.736 |
| JS5：会不断更新知识结构 | 0.371 | 0.278 | 0.711 |
| JS4：鼓励他人多提意见 | 0.184 | 0.431 | 0.690 |
| JS1：创业过程中不轻易承诺 | 0.229 | 0.182 | 0.678 |
| JS3：做重要决定会多听他人意见 | 0.385 | 0.179 | 0.671 |
| JS6：不断改进做事方式 | 0.414 | 0.397 | 0.611 |
| JS7：不断提升自己的能力 | 0.301 | 0.483 | 0.543 |
| 转轴特征值 | 4.855 | 4.503 | 4.012 |

续表

| 测项 | 成分 | | |
|---|---|---|---|
| | 1 | 2 | 3 |
| 方差贡献率/% | 24.275 | 22.516 | 20.062 |
| 累计方差贡献率/% | 24.275 | 46.791 | 66.853 |

注：1. 提取方法：主成分分析法。

2. 旋转法：具有 Kaiser 标准化的正交旋转法。

3. 旋转成分矩阵，旋转在 6 次迭代后收敛。

**(2) 修正后心理资本的探索性因子分析**

为了检验加入谦虚、谨慎、认知灵活性之后心理资本量表的结构效度，我们也将自信、乐观、希望、韧性、谦虚、谨慎、认知灵活性这 7 个变量共同进行因子分析检验，以验证修正后心理资本结构和维度的有效性。将 7 个维度共 51 个题项纳入 SPSS 因子分析模型。得出的结果如下，修正后心理资本的整体 KMO 检验值为 0.948 并远高于 0.7 的经验水平。巴利特球形检验卡方值为 9175.727，限度 *Sig.* 值为 0。这些数据表明，量表测量出的数据适合进行探索性因子分析。探索性因子分析的结果表明特征值大于 1 的主成分有 7 个，因此有 7 个因子可以被萃取。提取 7 个因子之后，累计的方差贡献率为 71.103%，由此可见，萃取的 7 个因子能够反映大部分原始变量的信息，说明该量表对于所测量的创业心理资本的解释力较高。虽然各变量的最后一个题项的因子载荷系数较小，但是也均超过了 0.4，最小的因子载荷值为 0.485，所以可以认为这些题项具有可接受的效度。

**(3) 基于结构方程模型的验证性因子分析**

在探索性因子分析的基础上，继续对上述整体修正后心理资本的 7 个变量进行基于结构方程模型的验证性因子分析，以检测各变量的区分。本研究使用 LISREL8.7 统计软件，建立结构方程模型，并对模型进行了一阶验证性因子分析。从检验结果来看，一阶验证性因子分析模型的各拟合指数分别为：*Chi Square/df* 为 1.483<3.0，*RMSEA* 为 0.056<0.08，*CFI* 为 0.926>0.8，*NFI* 为 0.981>0.9，*GFI* 为 0.953>0.9，*AGFI* 为 0.898>0.8，说明模型拟合情况较好。

## 9.2 假设检验分析

通过回归分析研究第 8 章的假设，检验谨慎、谦虚、认知灵活性与创业绩效的关系。首先进行相关性检验，同样选取性别、年龄和受教育程度为因变量。

### 9.2.1 相关分析

首先进行假设相关分析。将控制变量性别、年龄、受教育程度，自变量谦虚、谨慎、认知灵活性以及修正后的心理资本与创业绩效纳入模型进行相关分析。

表 9-6 列出的相关关系表明：预测变量中谨慎与创业绩效之间呈正向关系（$r=0.237$，$p<0.01$），谦虚与创业绩效之间呈显著正向关系（$r=0.160$，$p<0.01$），认知灵活性与创业绩效之间呈显著正向关系（$r=0.304$，$p<0.01$），修正后创业心理资本整体与创业绩效之间呈显著正向关系（$r=0.355$，$p<0.01$）。控制变量中性别（$r=0.114$，$p<0.05$）和年龄（$r=0.216$，$p<0.01$）与创业绩效为正向关系。由此可见，除了受教育程度外，预测变量中各维度均与创业绩效具有正向关系。接下来，进一步把创业绩效作为因变量，谦虚、谨慎、认知灵活性和修正后的整体心理资本作为预测变量，性别、年龄和受教育程度作为控制变量进行回归分析。

表 9-6 变量描述性统计与 Pearson 相关系数

| 变量 | | 性别 | 年龄 | 受教育程度 | 谨慎 | 谦虚 | 认知灵活性 | 修正后心理资本 | 创业绩效 |
|---|---|---|---|---|---|---|---|---|---|
| 性别 | Pearson Correlation | 1 | | | | | | | |
| | Sig. (2-tailed) | | | | | | | | |
| 年龄 | Pearson Correlation | 0.099 | 1 | | | | | | |
| | Sig. (2-tailed) | 0.085 | | | | | | | |
| 受教育程度 | Pearson Correlation | 0.079 | −0.046 | 1 | | | | | |
| | Sig. (2-tailed) | 0.170 | 0.805 | | | | | | |

续表

| 变量 | | 性别 | 年龄 | 受教育程度 | 谨慎 | 谦虚 | 认知灵活性 | 修正后心理资本 | 创业绩效 |
|---|---|---|---|---|---|---|---|---|---|
| 谨慎 | Pearson Correlation | 0.278** | 0.009 | 0.098 | 1 | | | | |
| | Sig. (2-tailed) | 0.000 | 0.875 | 0.090 | | | | | |
| 谦虚 | Pearson Correlation | 0.125* | -0.032 | 0.124* | 0.687** | 1 | | | |
| | Sig. (2-tailed) | 0.031 | 0.581 | 0.032 | 0.000 | | | | |
| 认知灵活性 | Pearson Correlation | 0.336** | -0.013 | 0.103 | 0.728** | 0.571** | 1 | | |
| | Sig. (2-tailed) | 0.000 | 0.822 | 0.073 | 0.000 | 0.000 | | | |
| 修正后心理资本 | Pearson Correlation | 0.323** | -0.038 | 0.126* | 0.775** | 0.609** | 0.813** | 1 | |
| | Sig. (2-tailed) | 0.000 | 0.506 | 0.029 | 0.000 | 0.000 | 0.000 | | |
| 创业绩效 | Pearson Correlation | 0.114* | 0.216** | -0.036 | 0.237** | 0.160** | 0.304** | 0.355** | 1 |
| | Sig. (2-tailed) | 0.026 | 0.001 | 0.731 | 0.000 | 0.005 | 0.000 | 0.000 | |
| 平均值 | | 1.33 | 2.05 | 1.40 | 35.46 | 33.25 | 32.15 | 197.19 | 16.93 |
| 标准差 | | 0.470 | 0.843 | 0.950 | 7.23 | 5.81 | 7.09 | 33.56 | 3.590 |

注：*表示 $p<0.05$，**表示 $p<0.01$ (2-tailed)。

### 9.2.2 分层回归分析

接下来通过回归分析进行假设检验，与前述第 6 章的回归方法一样，采取层级回归的方法来验证谦虚、谨慎、认知灵活性与创业绩效之间的倒 U 形关系。在分层回归中，首先将控制变量对因变量进行回归，然后将预测变量、控制变量放在一起对因变量进行回归，最后放入创业心理资本的各维度以及总的心理资本的二次方项进行回归。

同样从表 9-7 中给出的结果可知，在控制变量中，创业者年龄对因变量有正向影响（$\beta=0.231$，$p<0.01$；Step 1），意味着相对于其他控制变量，创业者年龄变量对创业绩效有更加积极的影响。

在自变量中，谨慎与创业绩效之间的正向关系显著，其标准化回归系数（$\beta$）为 0.208（$p<0.01$；谨慎 Step 2）。但是加入谨慎的二次方项后，谨慎及谨慎的标准化系数均变得不显著（$\beta=0.118$ 和 0.098，ns；谨慎 Step 3）。说明谨慎与创业绩效的倒 U 形关系没有获得验证，因此假设 6 没有获得验证。

而谦虚和认知灵活性与创业绩效均呈正向关系，其标准化回归系数（$\beta$）分别为 0.170（$p<0.01$；谦虚 Step 2）和 0.235（$p<0.01$；认知灵活性 Step 2）。说明谦虚及认知灵活性与创业绩效的正向线性关系得到检验，从而假设 7 和假设 8 得到验证。修正后整体心理资本与创业绩效的关系也呈正向的显著关系，其标准化回归系数（$\beta$）为 0.280（$p<0.01$；心理资本 Step 2）。说明修正后的心理资本与创业绩效呈正向线性关系，因此假设 9 获得检验。

表 9-7　回归结果

| 自变量 | 因变量：创业绩效 ||||||
|---|---|---|---|---|---|---|
| | 谨慎 ||| 谦虚 | 认知灵活性 | 心理资本 |
| | Step 1 | Step 2 | Step 3 | Step 2 | Step 2 | Step 2 |
| Step 1：控制变量 | | | | | | |
| 性别 | 0.138<br>(0.147) | 0.505*<br>(0.019) | 0.150*<br>(0.021) | 0.189*<br>(0.011) | 0.131<br>(0.052) | 0.119<br>(0.037) |
| 年龄 | 0.231**<br>(0.000) | 0.237**<br>(0.000) | 0.240**<br>(0.000) | 0.236**<br>(0.000) | 0.233**<br>(0.000) | 0.224**<br>(0.000) |
| 受教育程度 | −0.040<br>(0.213) | −0.073<br>(0.117) | −0.086<br>(0.119) | −0.089<br>(0.109) | −0.088<br>(0.108) | −0.097***<br>(0.072) |
| Step 2：预测变量 | | | | | | |
| 谨慎 | | 0.208**<br>(0.000) | 0.118<br>(0.790) | | | |
| 谨慎的二次方项 | | | 0.098<br>(0.824) | | | |
| 谦虚 | | | | 0.170**<br>(0.002) | | |
| 认知灵活性 | | | | | 0.235**<br>(0.000) | |
| 修正心理资本 | | | | | | 0.280**<br>(0.000) |
| $R^2$ | 0.059* | 0.136** | 0.137** | 0.122** | 0.143** | 0.163** |
| $\Delta R^2$ | 0.059*ᵃ | 0.077**ᵇ | 0.001**ᵇ | 0.063**ᵇ | 0.084**ᵇ | 0.104**ᵇ |

续表

| 自变量 | 因变量：创业绩效 ||||||
|---|---|---|---|---|---|---|
| | 谨慎 ||| 谦虚 | 认知灵活性 | 心理资本 |
| | Step 1 | Step 2 | Step 3 | Step 2 | Step 2 | Step 2 |
| $\Delta F$ | 10.200 | 11.614 | 9.271 | 10.211 | 12.221 | 14.304 |

注：1. $N=301$。
2. *表示 $p<0.05$，**表示 $p<0.01$，***表示 $p<0.1$。
a. 与没有加入任何自变量的模型相比较。
b. 与前一步回归模型相比较。

总体上，以上5个模型（包括单独的控制变量回归模型）中的自变量能显著影响结果变量的变异程度，即对于结果变量方差解释的贡献比率（$R^2$）。其中谨慎的解释变异量为13.6%，谦虚的解释变异量为12.2%，认知灵活性的解释变异量为14.3%，修正后心理资本总体的解释变异量为16.3%，以上均达到了很显著的程度（$p<0.01$），意味着这些因素对于结果变量均具有较好的解释力。

## 9.3 假设检验结果总结与讨论

### 9.3.1 假设检验结果总结

本研究共有4个假设，通过检验分析结果共有3个获得支持，1个没有获得支持。为了更清楚说明研究结果，本研究将所有假设结果汇总在表9-8。

表9-8 本研究假设检验汇总

| 编号 | 假设 | 检验结果 |
|---|---|---|
| H6 | 谨慎与创业绩效呈倒U形关系 | 未获支持 |
| H7 | 谦虚与创业绩效呈正向线性关系 | 获得支持 |
| H8 | 认知灵活性与创业绩效呈正向线性关系 | 获得支持 |
| H9 | 修正后的心理资本与创业绩效呈正向关系 | 获得支持 |

### 9.3.2 假设检验结果讨论

针对以上的实证分析结论讨论如下：

**(1) 谨慎与创业绩效之间的倒 U 形关系不成立**

谨慎与创业绩效的倒 U 形关系并不成立,而获得支持的是谨慎与创业绩效的正向线性关系。根据前文分析谨慎的正面效应包括审慎处理与创业团队成员的关系,关注成员的需求和利益诉求,从而避免创业者急功近利和不近人情。此外,谨慎性可以使创业者及时关注市场中环境和信息的变化,为把握市场转瞬即逝的商机提供前提和可能,从而可以避免创业者因为过度自信和自恋而引起的思维和观念固着。再次,谨慎的创业者也会更客观地评价自己和他人的能力,对自己有正确的认知,对合作伙伴和竞争对手进行更细致的评价,对于企业找准自己的市场定位和生存空间提供了可能。因此创业者谨慎可以促进企业的稳步发展。同时结合资料我们也分析了谨慎的负面效应,根据相关资料和网上评论者的观点,我们推测如果太过谨慎也可能会走向优柔寡断的一端。创业者优柔寡断可能会使企业贻误商机、影响企业团队士气和形成害怕承担责任的风气。

但是本研究的实证分析过程并没有支持这些负面效应。这可能是因为选择从事创业的群体其果断性和决断力表现得往往更为明显,而真正优柔寡断特质较明显的个体可能不会选择创业。对创业者群体的筛选决定了其优柔寡断特质并不突出。鉴于以上对谨慎正面效应的分析,对于更富果断力和执行力的创业者来说,可能更需要谨慎品质的补充,以避免其草率、匆忙做出创业或投资决策,因此在实证检验中得出了谨慎性与创业绩效呈正相关的关系。

**(2) 谦虚与创业绩效之间的正向线性关系获得验证**

实证研究证明了谦虚与创业之间的正向关系。从而验证了谦虚在创业中的积极作用,谦虚有助于创业者对自身的能力有正确的认知和评价,对抵消创业者的自恋和过度自信有积极作用。谦虚有利于创业者建立创业团队的良好关系,带领团队朝着创业愿景不断前行,因此谦虚对不近人情/急功近利也有一定的补偿和抵消作用。谦虚不代表没有主见,一味被别人牵着鼻子走。谦虚与自信及谨慎可以共存,而且可以共同塑造个体完善的人格。从理论和实证分析来看,谦虚在创业活动中具有重要的作用,对提升创业企业绩效、维持企业良性发展具有积极的意义。

### (3) 认知灵活性与创业绩效之间的正向线性关系得到检验

认知灵活性从创业者的认知角度为创业者提供了思维范本的参考。作为创业者其认知要打破僵化和固着，对新事物和新信息要保持开放的心态和不断学习的态度。学习在认知灵活性中发挥着非常重要的作用。在复杂多变的创业环境中，认知灵活性对创业主体以更灵活的方式认知环境及其变化并及时把握其中的商机、选择最优策略具有重要意义。从资源角度讲，认知灵活性高的创业者更富有洞察力，也能更快地搜寻环境中的其他资源，因此企业的生存空间和概率会大大提高。在困境面前创业者也更愿意及时转换思路，调整自己的思维和认知去适应新的环境。也正因为创业者愿意保持一种对新事物、新信息更敏感和警觉的状态，愿意走出自己的舒适圈及思维常态去适应新的环境，因此创业者的自恋、过度自信等固定的思维模式和习惯也更容易被打破。实证研究也证实创业者的认知灵活性对创业成长和绩效具有重要的作用。

### (4) 修正后的心理资本与创业绩效之间的正向关系获得验证

修正后的心理资本与创业绩效之间的正向关系获得验证。修正后的心理资本对创业绩效的解释变异量（$R^2$）为16.3%，较修正前对创业绩效的解释变异量15.3%有提高，说明修正后的创业心理资本对创业绩效有更好的预测力。根据前述分析加入新的变量后，谦虚、谨慎和认知灵活性整体可以有效降低之前心理资本的负面效应，使得创业者自恋、过度自信和急功近利/不近人情的特性有效改善，从而使修正后的心理资本对创业绩效的影响力和预测力显著提高。

## 9.4 本章小结

本章运用统计方法和样本数据，验证本研究提出的假设，并对数据分析结果进行了一些简单的说明和探讨。根据实证检验方法，我们能够通过科学的方法判断假设是否成立，从而得出创业心理资本补充维度：谦虚、谨慎和认知灵活性与创业绩效的相关结论，并进一步总结和讨论研究的主要实证结论。实证检验为本研究的结论分析奠定了科学方法的基础。

# 第10章

# 研究结论与展望

## 10.1 研究结论

大脑是"认知吝啬鬼",人的决策过程是存在偏差的。以往关于创业心理资本的研究,往往只关注其积极影响,近期随着对黑暗人格及行为经济学的研究进展,一些心理要素的负面效应开始引起学者重视。另外,传统的心理资本是否适合创业行为还有待商榷。基于此,本研究构建基于双面效应的创业心理资本理论模型,并构建实证模型检验其能否更好地解释创业绩效,从而再次检验了创业心理资本与创业绩效之间的关系。从总体来看,整个研究分为两大部分。

一是基于认知偏差视角的心理资本与创业绩效的关系再检验。从积极心理学角度分析心理资本的正面效应和从认知偏差视角分析心理资本的负面效应,得出如下结论:乐观超过一定限度有可能会表现出过度自信,自信/自我效能超过限度会衍生出自恋和傲慢等,希望超过一定限度有可能会出现急功近利/不近人情。这些负面效应使创业者出现过度投资、承诺升级等决策偏差,影响创业行为和绩效。因此我们做出心理资本各维度与创业绩效有可能呈倒 U 形关系的假设,并进一步设计和发放问卷验证以上假设。根据实证研究结论,自信、希望与创业绩效之间呈倒 U 形关系获得实证支持,乐观与创业绩效的倒 U 形关系获得部分支持,而韧性与创业绩效之间的正向关系获得支持。同时心理资本总体与创业绩效之间线性关系假设的拟合优度优于倒 U 形关系。然后我们对该结论进行了讨论和分析。

二是为了抵消创业心理资本中各维度超过一定限度带来的负面效应，我们继续探索创业心理资本的新维度。从抵消负面效应的视角出发查阅相关资料进行探索，最终锁定谨慎、谦虚、认知灵活性三个品质。经过文献分析和理论推导分析谨慎、谦虚与认知灵活性是否可以有效弥补心理资本的负面效应，并用实证方法检验这三个维度与创业绩效之间的关系。根据分析创业心理资本与创业绩效关系的思路，我们也从正负两方面分析这三个维度与创业绩效之间的关系，因此假设谨慎与创业绩效呈倒 U 形关系，而谦虚和认知灵活性通过查阅文献和资料没有发现在创业领域里有明显的负面效应，因此假定谦虚和认知灵活性与创业绩效呈正向线性关系。实证检验结果没有证实谨慎与创业绩效的倒 U 形关系，而是证明谨慎同样与创业绩效呈线性关系。这可能是因为在创业者身上优柔寡断的特性体现得并不明显；而谦虚和认知灵活性与创业绩效之间的关系获得验证。最后我们验证了修正后的创业心理资本整体与创业绩效之间的关系，发现修正后创业心理资本与创业绩效之间的正向关系显著，而且对创业绩效的变异解释量有了明显提高，说明修正后的心理资本对创业绩效的预测力良好。

## 10.2 研究贡献

### 10.2.1 理论贡献

**（1）从认知偏差视角分析创业心理资本各维度的双面效应**

国内外理论界对心理资本理论和创业理论的研究较为丰富，对创业心理资本理论的研究也有一定的基础，但是从认知偏差视角分析创业心理资本的研究相对较少，已有的研究多从正面角度分析创业心理资本对创业行为、创业意愿和创业绩效等变量之间的关系，并且多得出了正向的结论。本书对创业心理资本的研究，是从认知偏差的视角出发，从行为经济学和认知学的角度分析创业心理资本各维度对创业绩效的正面效应和负面效应。

创业心理资本是创业者在从事创业活动的一种心理状态,是创业者将创业活动持续进行下去的一种内在驱动力。被学者普遍接受的心理资本构念包括自我效能、乐观、希望和韧性四个方面。认知行为科学的进展,使人们对大脑的认知机制和决策机制有了更深入的研究,认知偏差是人们普遍存在的一种认知偏误。在创业心理资本领域,心理资本各维度超过一定限度有可能会产生偏差认知和行为。根据创业心理品质、心理偏差和黑暗人格等相关文献,发现心理资本的乐观、自信/自我效能、希望品质如果超过一定限度有可能产生以下心理偏差:乐观超过一定限度有可能会表现出过度自信,自信/自我效能超过限度会衍生出自恋和傲慢,希望超过限度有可能会表现出急功近利、冷漠无情的特征。

基于认知偏差视角对创业心理资本双面效应的分析丰富了创业心理资本理论,对于分析和比较创业者心理资本的适当水平和程度提供了理论依据,并对进一步分析创业心理资本与创业绩效的关系和补充创业心理资本新维度提供了理论基础。

**(2) 创业心理资本与创业绩效倒 U 形关系的再检验**

在已有文献中,对创业心理资本与创业绩效的关系研究得出了正向的结论,即创业心理资本对创业绩效有正向线性关系。从认知偏差视角分析创业心理资本与创业绩效关系的研究还不多见。本研究综合前人有关研究分析了创业心理资本的正面效应和负面效应,对创业心理资本各维度与创业绩效关系做出了倒 U 形关系的假设模型,并实证分析验证了创业心理资本各维度变量与创业绩效的关系。在创业心理资本领域丰富了心理资本效应的综合研究,并完善了认知偏差理论。

本研究的理论基础主要有两个方面,一个是创业心理资本理论,另一个是认知偏差理论。目前理论界对于心理资本尤其是组织行为领域对于心理资本的研究很多,但从创业领域研究心理资本对创业活动及行为的影响较少。而认知偏差理论对创业行为的前沿研究集中于两个方面,一个是创业者行为偏差的表现及作用机制,该理论分析了创业者有哪些种类的认知偏差以及这些认知偏差起作用的条件和机制;另一个是创业者认知偏差对创业绩效的影响，这些研究说明创业者的认知偏差如何影响创业者的投资决策过程和人际关系过程，进而如何影响创业绩效。在国内外相关文献中，无论是创业心理资本领域还是认知偏差领域，鲜有从认知偏差视角分析创业心理资本与创业绩效的关系。本研究在充分吸收借鉴创业心理资本理论和认知偏差理论研究成果的基础上，从学科跨度较大的较为分散的相关研究文献中借鉴前人研究成果，经过分析论证，较为全面且开创性地建立了本研究创业心理资本与创业绩效的倒 U 形关系检验模型。模型对创业心理资本的四个维度变量进行分析，并基于双面效应理念设计了自信/自我效能、乐观、希望、韧性的调查问卷，通过实证的方法验证了本研究假设。

结合相关文献和理论推导，创业心理资本的负面效应使创业者出现过度投资、承诺升级等决策偏差，影响创业行为和绩效。例如过度自信有利于创业者开始创建企业或从事创业活动，但是在创业的中期和后期阶段，可能会导致创业者对自己能力和企业过高的评价，投资那些不可能的盈利机会，以及进行高风险的产品创新。因此心理资本与创业变量有可能呈倒 U 形的关系。然后基于已有文献研究成果设计心理资本量表调查问卷和创业绩效问卷，选择创业者群体样本收集数据，验证心理资本与创业绩效是否具有倒 U 形的关系。本研究模型的建立，对于创业心理资本理论在认知行为科学领域的扩展起到了一定的探索作用，为今后更进一步的系统研究开创了一种新的思路和方法。

### (3) 从弥补负面效应角度构建创业心理资本新维度

已有文献中多是采用既定的心理资本维度（Luthans et al., 2004—2010）或者学者们（柯江林等人，2009）开发的本土化心理资本量表来进行创业心理资本相关研究，从弥补创业心理资本由于认知偏差而产生的负面效应的视角构建心理资本维度的文献较少。本研究通过查阅本土化心理资本开发的相关文献以及负面效应的反义词，尝试在心理资本各维度中增加新的要素，以弥补心理资本的负面效应，丰富和完善了创业心理资本理论。

本部分研究的理论基础包括创业心理资本维度理论和创业心理特质理论。目前理论界对于创业者心理资本维度的理论研究较多，但缺乏从各维度超过限度有可能会有负面效应和基于此的各维度之间的相互补充和促进关系角度构建心理资本维度的研究。而心理资本特质理论对于创业领域的研究主要集中于考察创业者具有哪些性格特质或行为特点，以期寻找到成功创业者不同于普通人的行为特质或性格特点。基于这两方面的研究基础，再辅之以网络调查和评价，寻找有哪些心理品质可以弥补或抵消心理资本的负面效应。经过分析推理之后，认为谨慎、谦虚、认知灵活性这三个构念可以作为补充要素。目前从这一角度研究创业心理资本维度构建的理论或研究较少。从理论方面尝试构建心理资本的各维度后，本研究又尝试对新添加维度和修正后总体心理资本与创业绩效之间的关系构建实证研究模型进行检验。本研究在充分吸收借鉴创业心理资本理论、创业心理特质理论的基础上，经过分析论证，再重新检验修正后心理资本与创业绩效之间的关系，对模型共七个维度变量进行分析，涵盖自信/自我效能、乐观、希望、韧性、谨慎、谦虚、认知灵活性，并通过实证分析的方法验证相关假设。

本研究从认知偏差视角出发，结合已有的创业心理资本理论、认知行为理论中创业者特质的有关研究成果，并横向借鉴决策理论的有关研究，着眼于中国创业环境的实际，从认知偏差视角全面系统地建立创业心理资本的各维度，并以实证的方法检验其与创业绩效之间的关系，从而较为完整地对中国企业创业者心理资本与创业绩效关系进行了研究。从认知偏差视角把创业心理资本作为一个相对独立的研究对象，把心理资本与认知行为理论的基本心理规律结合起来，是对创业心理资本理论的有利发展和补充。在完善创业心理资本理论内容的同时，为深化学术界对创业心理资本和创业绩效关系的研究提供了有益借鉴。

### 10.2.2　实践意义

根据本研究的假设及实证结果，我们进一步阐述这些结论对创业者开展创业活动及创业教育培训的意义。

**(1) 创业者心理资本与创业行为的有效结合**

在市场环境变化日益剧烈的条件下，创业者应高度重视创业心理资本的塑造与运用，Luthans 等人（2007）的研究认为心理资本比人力资本、资金资本、社会资本还要重要，良好的心理资本才可以有效驾驭这三大资本。因此创业者通过提升心理资本，使之与创业活动和创业决策过程相互适应，提升创业企业可持续发展的竞争优势。创业者合理掌握心理资本中自信、乐观、希望的程度，通过谦虚、谨慎、认知灵活性来避免以上三个维度超过限度出现的自恋、过度自信和急功近利/不近人情等负面效应。然后再加上韧性维度，帮助创业者面对逆境和困难。因此合理的心理资本有助于创业者在变幻莫测的创业环境中稳步前行，即对环境变化和商机保持敏锐性，又不至于太超前。在这一过程中，循序渐进积累竞争优势和核心能力。不恰当的创业者特质或心理资本程度，如过度自信、自恋或急功近利，不仅会导致创业企业决策失误，而且消耗企业资源和核心能力，甚至威胁企业生存。类似的案例在现代创业企业中比比皆是，这一考验要求创业者必须重视自我的核心心理资本和心理素质的塑造，这是创业企业稳步前行、适应外部环境变化并保持健康发展的有效方式。

(2) 打破固定思维，保持对创业机会的敏感性

创业环境与创业机会对创业企业的作用不言而喻。修正后的创业心理资本更有利于创业者对创业环境和信息保持高度敏感性，对于创业者把握创业机会具有重要作用。外部环境的变化不但带来了威胁，同时也带来了发展机会。合理提升创业者心理资本有利于创业者对环境变化保持敏感性并及时做出反应，促使企业保持持续竞争优势。

第一，合理的创业心理资本有利于创业者及时了解市场需求的变动情况。由于创业者需要搜寻与市场需求密切相关的商业机会，创业者需要及时掌握市场需求的变化情况，根据消费偏好、技术进步速度、产品更新换代的快慢情况，选择恰当的应对方式。企业及时了解市场需求的变动性，这将至少有两方面的作用：一是有利于创业企业及时对于市场需求变化做出战略反应，选择恰当的应对方式，抓住可能的市场盈利机会；二是有利于创业企业培养把握变化的敏感性和处理变化的灵活性，积累动态能力，避免陷入发展惯性。创业者心理资本的谦虚、谨慎及认知灵活性等特质都有利于创业者探索建立

有效的市场环境监测系统，引入先进市场机会评估方法，了解和预测市场需求变动情况。心理资本也有益于创业者有意识地协调企业内部各部门，尤其是销售部门，该部门是与市场直接接触的组织，对市场变化反应最敏感，企业应建立有效的内部组织间协调沟通机制，促进销售部门和技术研发部门的有效沟通，保证市场需求和创业行动的合理对应和匹配。而创业者心理资本有利于创业企业协调各部门的利益，带领企业朝着既定愿景目标前行。

第二，合理的创业心理资本有利于创业者及时了解行业技术的发展状况。研究表明，创业企业的健康发展受到本行业和相关行业技术发展状况的影响，尤其是对一些高新技术创业企业来讲更是如此。对技术环境保持高度关注和敏感有利于创业企业及时引进丰富的技术资源和良好的发展机会，在一定程度上降低企业研发成本，弱化技术缺乏带来的负面影响。就创业心理资本来讲，合理的创业心理资本有利于创业者更自主地把握与本企业主营业务相关的技术前沿。同时，对相关技术的了解，有利于增加企业异质性资源的积累，避免企业被技术锁定，保持企业创新的灵活性，在更大范围内及时发现技术机会。合理的创业心理资本也促使创业者更愿意支出成本借鉴国外领先企业的技术监测机制，甚至愿意通过派遣员工进行跨地区跨行业学习、相关技术培训、知识交流等方式掌握行业技术发展状况，为创业企业发展不断提供技术支持和发现新的技术机会。

第三，合理的创业心理资本有利于创业者及时关注行业竞争策略和市场需求的差异性。对创业环境高度敏感的创业者也会更愿意了解竞争对手或者合作伙伴的竞争策略及了解市场需求的差异化发展。在现实中，很多企业采用差异化策略或非价格竞争策略来建立企业产品或服务的独特优势，取得一定程度的垄断利润。差异化策略有利于企业保持市场敏感性，建立核心竞争优势。而创业者的希望、韧性、认知灵活性等特质有利于创业企业坚持不懈探索创造差异化产品，为企业采取差异化竞争策略提供了强有力的心理资本。

### (3) 合理配置企业内部资源，避免承诺升级

对于创业企业来讲，尤其是初创企业，企业内部资源的合理配置对企业的生存和发展具有重要的作用。而承诺升级是创业者或企业管理者在过去决

策的基础上不断增加承诺的现象，即使有证据或迹象表明已经做出的决策是错误的，但是创业者还是倾向于继续做出同样的决策（McCarthy，Schoorman，and Cooper，1993）。而创业心理资本可以有效避免创业者的承诺升级现象。

第一，合理的心理资本有助于创业者正确评价企业内部可支配的资源和能力，避免出现虚假希望。创业企业要获得持续发展，就要对自身的战略资源和能力有明晰的认识和判断，并结合企业长期发展战略，将适度的资源和能力应用于相应的创业活动和业务中。处于成长期的企业，容易夸大自身的能力，往往将企业内部资源投资于过多的、难度过大的创业项目，出现承诺升级现象，等到后来才意识到企业不具备操作这些项目的能力，已经造成了资源的严重浪费。相反，有时过度自信或自恋的创业者也会出现投资保守的情况，沉溺于已有的市场成功，而忽略了可能的市场或技术机会的投资时机。因此，创业者需要时时反省自身的观念意识和决策正确与否，合理调配和利用创业资源，对创业企业发展具有重要意义。创业资源和能力在创业进程中的合理配置有利于创业项目的成功，进一步促进创业资源的积累和能力的提升，这是一个循环上升的过程。而意识到这些认知偏差的创业者会对创业投资保持高度谨慎，并探索创业活动监视机制，如战略选择机制、创新资产和项目评价机制、风险控制机制等，甚至融入企业的组织结构和创业企业文化中，在企业内部建立起恰当配置和运用企业资源和能力的企业整体体系或架构。

第二，合理的心理资本有助于创业者不断增强对外部创业资源的吸收和学习能力。创业心理资本中的认知灵活性特别重视学习能力和认知能力。而创业企业在发展初期也需要联合不同领域、各种类型的创业资源，而外部资源是创业资源有效供给的重要途径。创业者的高认知灵活性有利于创业者增强对外部资源的搜寻、获取和支配能力，进而健全企业商业机会的发现机制和创业成果的实现机制。外部资源多表现为资金、人才、专利、版权、技术诀窍等资产形式，或商品、配件、模块等有形资产形式。高认知灵活性的创业者更有意愿通过不同企业的交流和项目合作，借以吸收和学习相关经验或技术；或通过交易、咨询、培训、人才或技术转移等中介服务的支持，以增强获取外部资源的实现途径，缩短创业企业实现盈利的创业周期。

**（4）制订合理的企业发展目标，避免急功近利**

相关研究表明，创业企业愿景或目标会影响创业企业的可持续生存和发展。这里的创业愿景或目标包括两个维度：目标实现阶段和战略市场定位。其中目标阶段划分是指长期目标和短期目标的制订，以及实现目标的分阶段任务。战略市场定位是指企业将自身在市场中的位置定位为领先者还是市场追随者。

第一，合理的心理资本有助于创业者确定有规划的目标实现阶段。企业长期发展规划关乎企业的发展战略及未来愿景，是创业企业长期发展依循的目标和前行的方向。短期目标是企业为了生存而制订的分阶段实现步骤和具体任务。长期目标是短期目标的指导方向，而短期目标的顺利实施有助于长期目标的实现。有时两者可以保持一致，有时随着创业环境的变化，两者可能会出现冲突或者不一致，即创业企业发展可能会面临长期利益与短期利益的冲突（眭国余、蓝一，2004）。此时创业者心理资本有助于企业协调两者之间的利益，尤其在两者相互冲突时，不会为了短期利益而急功近利。创业者在制订长期目标时要谨慎、小心，即便把目标定得很高，如果创业者自己想清楚该怎么做，创业团队也不会迷失方向，知道什么才是正确的方式，创业者可以鼓舞大家的劲头和士气把事情做好。反之如果创业者自己都不知所以然就随口说了一个目标，既没有长远规划，也没有带领企业在短期内赚到钱，创业很可能就面临无法继续走下去的危机。所以创业者要勿忘初心，尤其在长、短期利益发生冲突或者创业企业获得初始成功时更要做到谦虚、谨慎，保持希望和韧性，时刻提醒自己的初衷和原则，避免被创业途中的各种压力或者诱惑所击倒，更不要为了急功近利而铤而走险，游走在法律的边缘，这些都会威胁创业企业的可持续成长。

第二，合理的心理资本有助于创业者确定市场定位。市场定位是创业者最大的挑战，准确的市场定位既代表创业的方向，也在很大程度上决定了企业的未来。因此创业者通常需要在初期谨慎制订创业目标，虚心向各方面相关人士学习和听取意见，收集多方面信息确定合理的市场定位。市场定位如果在创业的初期思考得比较深入，后面的路会好走很多。从实际经验或例子来看，很多创业者会想当然地认为自己的创意很美好，方向一定错不了，结果市场往往会给以无情的打击。可见创业的市场定位发生错误，结局是可想而知的。因此创业者要仔细审视自己的目标市场和客户、产品创新点、运营方式及盈利模式等问题，形成明确的、可以形成闭环的商业逻辑，否则一个环节思考不清晰就有可能使创业项目无法落地。因此创业心理资本有利于创业者慎重思考市场定位，避免在错误的方向上越走越远。

### (5) 构建良好社会资本，获取人际网络资源

创业群体面临的一大挑战是创业企业的成活率低、难以发展壮大。其中一方面的原因是初创企业的创业者信息不灵通，社会信任感不强，社会人际网络资源还不丰富，没有构筑有效的互惠与合作机制。而创业者的人际关系网络对创业者具有重要的作用，包括在信息交流获取、资源获取等方面对创业者提供有力的支持。因此创业者需要与投资人、合伙人、技术团队、员工甚至媒体等各方面构建良好的人际关系。而创业心理资本中的乐观、自信、希望等特质在初期阶段有利于创业者提升自我魅力及人际吸引力，但是如果单纯只有这些特质或者这些特质超过一定限度，以致出现自恋、过度自信、急功近利/不近人情等状况，也会损害创业者的人际关系，使员工或合作伙伴对其信任度降低。而创业者谦虚、谨慎及认知灵活性有助于创业者以谨慎、开放的心态与他人建立人际关系。拥有这些特质的创业者会更关注别人的需求，寻找实现双赢或多赢的方式，而不是只关注自己需要什么。他们也更容易获得别人的信任与长期的合作关系。

### (6) 为高校、企业等部门开展创业心理资本培训提供理论依据

随着国家鼓励创业活动政策的推进和实施，各高校、企业等部门特别关注创业群体心理资本的培训与课程开发。创业心理资本培训的首要任务是清晰界定其内容体系，只有这样才能使创业心理资本培训有的放矢，契合创业者的目标。之前的创业心理资本培训的内容主要围绕自信、乐观、希望、韧性维度展开，但是这些维度的内容似乎更注重从鼓励人们去创业及在创业遇到困难时如何继续坚持的角度展开，对于创业的风险及在创业需不需要及何时需要停下来反思一下创业的初衷或做法的内容较为缺乏或不太重视。在创

业实践中我们发现创业成功率实际上是很低的，大多数创业者一开始凭着一股热情或者受环境的影响而走上创业道路，但是大多数被市场竞争或商业规则所淘汰，可见创业只有热情是不够的。再加之人类思维本身就有很多偏误倾向，而创业环境又极其复杂和瞬息万变，在这种情形下创业的成功率更低，其风险更高。考虑以上因素有必要在创业心理资本培训中加入对风险的重视和对大脑认知、思维、决策等规律的认知内容。而创业心理资本的修正内容正是在考虑以上方面的基础上添加了谨慎、谦虚、认知灵活性维度。在创业心理资本培训中补充以上内容可以有效弥补之前心理资本培训对创业风险应对和大脑认知偏误等内容的不足，进而为高校、企业等机构的创业心理教育提供理论建议与实践指导。

## 10.3 研究局限及研究展望

### 10.3.1 研究局限

本研究从认知偏差和认知行为的视角对创业心理资本与创业绩效之间的关系进行研究，是一个较新颖、前沿的研究领域，涉及认知行为学理论、认知偏差理论、创业过程及创业绩效理论、行为决策等多个理论的研究课题。由于研究者自身能力和水平等各方面的限制，本研究尚有不少局限，主要有以下几个方面：

第一，研究设计上的不足。很多因素影响创业绩效的大小。本研究通过对实证结论的深入分析，发现创业心理资本各维度与创业绩效均具有显著的关系。但是对创业心理资本补充维度的确定是通过抵消之前创业心理资本负面效应的基础上进行探索的。这种确定心理资本结构维度方式的可行性和合理性有待进一步研究和商榷。目前确定心理资本维度的方式多是通过结构访谈、语句分析和因子实证分析相结合的方式来进行的。不过这种方式也很难关注或分析某些心理品质的负面效应。在创业绩效上，本研究只是选择创业者的性别、年龄和受教育程度等与创业者有关的变量作为控制变量。没有将企业规模、行业差异和产业特性等与创业企业所属的行业有关的中观或宏观环境等作为控制变量来分析其与创业绩效之间的关系。这些要素对创业绩效可能也存在一定的影响。这在一定程度上影响本研究整体控制变量模型的假设检验结果。

第二，研究方法不足之处。在测量方法上，本研究主要通过调查问卷由被试进行自评的方式，但这种方式可能对某些心理特性尤其是一些负面效应很难做到客观测量。某些特性可能在事情处理过程中或特定情境中才会显现出来，在一般情况下，可能当事人也很难察觉自己具有这些特质。而且在人们普遍具有的自我良好心理偏差的影响下，能知觉这些较为极端的负面影响就更为困难了。而在测量工具的设计上，本研究主要从相关文献和著作中参考已有量表，同时结合研究的内容对其进行一定的修改和调整。例如本研究对创业心理资本乐观、自信、希望和韧性四个维度的题项设计是在结合反映正面效应和负面效应两方面题项的基础上修改而成的。尽管这样的问卷结构经过了信度和效度检验，但是在实际经济含义上这样确定量表内容是否具有可行性还是值得商榷的。

第三，样本数据不足之处。为了保证问卷有效回收率和样本容量，本研究主要通过老师、朋友、同学、亲戚等将调查问卷向正在创业或者有创业经历的人员发出，回收的样本在地区、行业等方面比较集中，本研究虽然回收到301份有效问卷，从数量上达到了实证分析的要求，但是随机性和样本量还显不够。未来如果能够有条件在更大范围进行更大规模的抽样调查会有利于消除误差，有助于获得更加准确的数据。此外限于客观条件，本研究缺乏对创业企业和创业者的案例研究，深入企业实际不够；另外，回收的小部分问卷来源于网络问卷，难以实现对问卷填写的现场控制，这部分被试对创业心理资本内涵的理解程度参差不齐，对本次调查研究的数据质量造成了一定影响。

### 10.3.2 研究展望

由于研究者自身水平所限，以及该问题属于探索性研究，因此本研究还有许多尚未解决的问题。同时，也受到样本数据可获得性的限制，原有的一些研究设想并未完成，希望能在今后的研究中逐步完善。

第一，提高统计样本质量。选取更科学的测量方法和抽样方法，扩大样本的采集范围，增加样本数量。本研究采取"随机抽样"和"方便抽样"两种方式相结合的方法，通过多种渠道，对不同创业者进行问卷发放与回收工作，样本涉及十余种行业、不同所有制和规模的企业，反馈的有效问卷能满足数据统计和分析所需要的样本量，但是，客观上存在时间和经费困难的约束，问卷样本的数量和代表性有限，抽样仍然有误差。未来研究中可以扩大样本采集范围，按照随机抽样的原则，增加样本数量，从而使样本更加具有代表性和普遍性。

第二，将更多的变量纳入模型中。创业心理资本和创业企业绩效均是多维度结构，而且变量之间的影响机制复杂，本研究受研究者能力限制，没有将更多的变量纳入分析模型，如行业性质、企业规模等因素，而这些因素可能影响本研究的实证分析结果。因此，后续研究中应加入可能的影响变量，以进一步验证这些因素对本模型的影响，以及在此基础上再次验证本研究的假设结论。

第三，纵向比较研究。本研究是一个基于截面数据的过程研究，缺乏纵向间的动态比较。未来应补充案例分析，采取纵贯式研究，有针对性地深入研究具体创业者的创业行为尤其是通过深入访谈或者扎根理论，对创业心理资本的维度及正、负效应进行深度分析，以进一步增强结论的针对性与对实践的指导意义。这必将对不同行业、不同年龄群体的创业能力提升和创业企业绩效有所贡献。

综上，创业心理资本及其对创业绩效的关系研究问题还属于探索阶段，对其度量和定量研究还较为抽象，而且具有一定难度。还有很多空白点和基础工作有待进一步填补和完善。希望本研究能对我国理论界和实务界关于创业者心理资本维度及其影响问题的定量研究提供一定的帮助，在后续的研究方向上，笔者愿意和致力于相关领域研究的学者一起做进一步的探讨和探索。

## 10.4　本章小结

本章总结了本研究的主要结论，阐述了基于认知偏差视角的创业心理资本和创业绩效关系问题研究的理论贡献和现实意义。同时，指出了研究中的不足，并展望了将来的研究领域和方向。

# 参考文献

[1] ABBAS M, RAJA U. Impact of Psychological Capital on Innovative Performance and Job Stress [J]. Canadian Journal of Administrative Sciences, 2015, 32 (2): 128-138.

[2] ADAMS R E, BOSCARINO J A. Stress and Well-being in the Aftermath of the World Trade Center Attack: The Continuing Effects of a Community Wide Disaster [J]. Journal of Community Psychology, 2005 (33): 175-190.

[3] ANDERSON C A, KILDUFF G J. Why do Dominant Personalities Attain Influence in Face-to-Face Groups? The Competence Signaling Effects of Trait Dominance [J]. Journal of Personality and Social Psychology, 2009, 96 (2): 491-503.

[4] AVEY J B, AVOLIO B J, LUTHANS F. Experimentally Analyzing the Impact of Leader Positivity on Follower Positivity and Performance [J]. The Leadership Quarterly, 2011, 22 (2): 282-94.

[5] AVEY J B, LUTHANS F, SMITH R M, et al. Impact of Positive Psychological Capital on Employee Well-being over Time [J]. Journal of Occupational Health Psychology, 2010, 15 (1): 17-28.

[6] AVEY J B, PATERA J L, WEST B J. The Implications of Positive Psychological Capital on Employee Absenteeism [J]. Journal of Leadership & Organizational Studies, 2006 (13): 42-60.

[7] AVEY J B, REICHARD R J, LUTHANS F, et al. Meta-analysis of the Impact of Positive Psychological Capital on Employee Attitudes, Behaviors, and Performance [J]. Human Resource Development Quarterly, 2011, 22 (2): 127-152.

## 参考文献

[8] AVEY J B, WERNSING T S, LUTHANS F. Can Positive Employees Help Positive Organizational Change? Impact of Psychological Capital and Emotions on Relevant Attitudes and Behaviors [J]. Journal of Applied Behavioralence, 2008, 44 (1): 48-70.

[9] AYALA J-C, MANZANO G. The Resilience of the Entrepreneur Influence on the Success of the Business [J]. Journal of Economic Psychology, 2014, 42 (2): 126-135.

[10] BAKER T, NELSON R E. Creating Something from Nothing: Resource Construction through Entrepreneurial Bricolage [J]. Administrative Science Quarterly, 2005, 50 (3): 329-366.

[11] BARON R A, ENSLEY M D. Opportunity Recognition as the Detection of Meaningful Patterns: Evidence from Comparisons of Novice and Experienced Entrepreneurs [J]. Management Science, 2006, 52 (9): 1331-1344.

[12] BARON R A, FRANKLIN R J, HMIELESKI K M. Why Entrepreneurs Often Experience Low, Not High, Levels of Stress: The Joint Effects of Selection and Psychological Capital [J]. Journal of Management, 2016, 42 (3): 742-768.

[13] BARON R A, MUELLER B A, WOLFE M T. Self-efficacy and Entrepreneurs' Adoption of Unattainable Goals: The Restraining Effects of Self-control [J]. Journal of Business Venturing, 2015, 31 (1): 55-71.

[14] BARON R A. Psychological Perspectives on Entrepreneurship Cognitive and Social Factors in Entrepreneurs' Success [J]. Current Directions in Psychological Science, 2000, 9 (1): 15-18.

[15] BARON R A. The Cognitive Perspective: A Valuable Tool for Answering Entrepreneurship's Basic "Why" Questions [J]. Journal of Business Venturing, 2004, 19 (2): 221-239.

[16] BARON R A. The Role of Affect in the Entrepreneurial Process [J]. Academy of Management Review, 2008, 33 (2): 328-340.

[17] BARRICK M R, MOUNT M K. The Big Five Personality Dimensions and Job Performance: A Meta-analysis [J]. Personnel Psychology, 1991 (44): 1-26.

[18] BAUM J R, LOCKE E A. The Relationship of Entrepreneurial Traits, Skill, and

Motivation to Subsequent Venture Growth [J]. Journal of Applied Psychology, 2004, 89 (4): 587-598.

[19] BELANGER C. L'echec des Successions des Foundateurs d'entreprise [J]. La Revue Gestion, 2011, 36 (1): 41-46.

[20] BHIDE A. How Entrepreneurs Craft Strategic that Work [J]. Harvard Business Review, 1994, 72 (2): 148-159.

[21] BIRD. Towards a Theory of Entrepreneurial Competency: Advances in Entrepreneurship, Firm Emergency and Growth [M]. Greenwich: JAI Press, 1995: 51-72.

[22] BORMAN W C, WHITE L A, DORSEY D W. Effects of Ratee Task Performance and Interpersonal Factors on Supervisor and Peer Performance Ratings [J]. Journal of Applied Psychology, 1995 (80): 168-177.

[23] BROCKHAUS R H. Risk-Taking Propensity of Entrepreneurs [J]. Academy of Management Journal, 1980, 23 (3): 509-520.

[24] BROCKHAUS R H. The Psychology of the Entrepreneur [M]. Englewood Cliffs, NJ: Prentice-Hall, 1982: 39-71.

[25] BROWN J D. Positive Illusions and Positive Collusion: How Social Life Abets Self-enhancing Beliefs [J]. Behavioral and Brain Sciences, 2009, 32 (6): 514-515.

[26] BRUYAT C, JULIEN P A. Defining the Field of Research in Entrepreneurship [J]. Journal of Business Venturing, 2001, 16 (2): 165-180.

[27] BURT R S. Structural Holes: The Social Structure of Competition [M]. Boston: Harvard Business School Press, 1992.

[28] BUSENITZ L W, BARNEY J B. Difference between Entrepreneurs and Managers in Large Organizations: Biases and Heuristics in Strategic Decision-making [J]. Journal of Business Venturing, 1997, 12 (1): 9-30.

[29] BUSENITZ L W, LAU C M. A Cross-cultural Cognitive Model of New Venture Creation [J]. Entrepreneurship Theory and Practice, 1996 (20): 25-39.

[30] BUSENITZ L W. Research on Entrepreneurial Alertness [J]. Journal of Small Business Management, 1996, 34 (4): 35-44.

[31] BYGRAVE W, HOFERL C. Theorizing about Entrepreneurship [J]. Entrepreneurship Theory and Practice, 1991, 16 (2): 13-22.

[32] CAMERER C, LOVALLO E D. Overconfidence and Excess Entry: An Experimental Approach [J]. American Economic Review, 1999, 89 (1): 306-318.

[33] CAMPBELL W K, CAMPBELL S M. On the Self-regulatory Dynamics Created by the Peculiar Benefits and Narcissism: A Contextual Reinforcement Model and Examination of Leadership [J]. Self and Identity, 2009, 8 (23): 214-232.

[34] CARTER N M, GARTNER W B, REYNOLDS P D. Exploring Start Event Sequences [J]. Journal of Business Venturing, 1996, 11 (3): 151-166.

[35] CASSON M. The Economic Theory of the Multinational Enterprise [M]. London: Macmillan, 2005.

[36] CHANCELLOR J, LYUBOMIRSKY S. Humble Beginnings: Current Trends, State Perspectives, and Hallmarks of Humility [J]. Social and Personality Psychology Compass, 2013, 7 (11): 819-833.

[37] CHATTERJI, AARON K. Spawned with a Silver Spoon? Entrepreneurial Performance and Innovation in the Medical Device Industry [J]. Strategic Management Journal, 2009, 30 (2): 185-206.

[38] CHEN D J, LIM V K. Strength in Adversity: The Influence of Psychological Capital on Job Search [J]. Journal of Organizational Behavior, 2012, 33 (6): 811-839.

[39] CHRISMAN J J, BAUERSCHMIDT A, Hofer C W. The Determinants of New Venture Performance: An Extended Model [J]. Entrepreneurship Theory & Practice, 1998 (23): 15-30.

[40] COLE K, DALY A, MAK A. Good for the Soul: The Relationship between Work, Well-being and Psychological Capital [J]. The Journal of Socio-Economics, 2009, 38 (3): 464-474.

[41] COLOMBO M G, DELMASTRO M. How Effective are Technology Incubators: Evidence from Italy [J]. Research Policy, 2002, 31 (7): 1103-1122.

[42] COOMBES S M T, MORRIS M H, ALLEN J A, et al. Behavioural Orientations of Non-Profit Boards as a Factor in Entrepreneurial Performance: Does Governance Matter? [J]. Social Science Electronic Publishing, 2011, 48 (4): 829-856.

[43] CULBERTSON S S, FULLAGAR C J, MILLS M J. Feeling Good and Doing Great:

The Relationship between Psychological Capital and Well-being [J]. Journal of Occupational Health Psychology, 2010, 15 (4): 421-433.

[44] DAHLING J J, WHITAKER B G, LEVY P E. The Development and Validation of a New Machiavellianism Scale [J]. Journal of Management, 2009, 35 (2): 219-257.

[45] DENISI A S. Some Further Thoughts on the Entrepreneurial Personality [J]. Entrepreneurship Theory and Practice, 2015, 39 (5): 997-1003.

[46] DUNN W S, MOUNT M K, BARRICK M R, et al. Relative Importance of Personality and General Mental-ability in Manages Judgement's of Applied Qualifications [J]. Journal of Applied Psychology, 1995 (80): 500-509.

[47] DURCKER P F. Innovation and Entrepreneurship: Practice and Principles [J]. Social Science Electronic Publishing, 1985, 4 (1): 85-86.

[48] ENGELEN A, NEUMANN C, SCHMIDT S. Should Entrepreneurially Oriented Firms Have Narcissistic CEOs [J]. Journal of Management, 2013, doi: 10.1177/0149206313495413.

[49] EVANS J St B T. Dual-Processing Accounts of Reasoning, Judgment, and Social Cognition [J]. Annual Review of Psychology, 2008, 59 (1): 255-278.

[50] FORBES D P. The Effects of Strategic Decision-Making on Entrepreneurial Self-efficacy [J]. Entrepreneurship Theory and Practices, 2005, 29 (5): 599-626.

[51] GAGLIO C M, KATZ J A. The Psychological Basis of Opportunity Identification: Entrepreneurial Alertness [J]. Small Business Economics, 2001 (16): 95-111.

[52] GALVIN B M, WALDMAN D A, BALTHAZARD P. Visionary Communication Qualities as Mediators of the Relationship between Narcissism and Attributions of Leader Charisma [J]. Personnel Psychology, 2010, 63 (3): 509-537.

[53] GARCIA. Modesty, Humility, Character Strength and Positive Psychology [J]. Journal of Social and Clinical Psychology, 2004, 23 (5): 620-623.

[54] GARTNER W B, BAND S J A. The Nature of Entrepreneurial Work [C] //Entrepreneurship Research: Global Perspective. Amsterdam: North Holland, 1993: 35-67.

[55] GARTNER W B. A Conceptual Frame Work for Describing the Phenomenon of New

Venture Creation [J]. Academy of Management Review, 1985, 10 (4): 696-706.

[56] GARTNER W B. "Who is an Entrepreneur" is the Wrong Question [J]. American Journal of Small Business, 1988, 13 (2): 11-32.

[57] GIBBONS F X, BLANTON H, GERRARD M, et al. Does Social Comparison Make a Difference? [J]. Personality and Social Psychology Bulletin, 2000 (26): 637-648.

[58] GILBERT S J, BURGESS P W. Executive Function [J]. Current Biology, 2008, 18 (3): 110-114.

[59] GOLDSMITH A H, DARITY W, VEUM J R. Race, Cognitive Skills, Psychological Capital and Wages [J]. Review of Black Political Economy, 1998 (26): 13-22.

[60] GOLDSMITH A H, VEUM J R, DARITY W. The Impact of Psychological and Human Capital on Wages [J]. Economic Inquiry, 1997 (35): 815-829.

[61] GONCALO J A, FLYNN F J, KIM S H. Are Two Narcissists Better than One? The Link between Narcissism, Perceived Creativity, and Creative Performance [J]. Personality and Social Psychology Bulletin, 2010, 36 (11): 1484-1495.

[62] GREENBERG J, BARON A B. Behavior in Organization [M]. 6th ed. Englewood Cliffs: Prentice-Hall, 1997.

[63] GREENBERGER D B, SEXTON D L. An Interactive Model of New Venture Initiation [J]. Journal of Small Business Management, 1988, 26 (3): 1-7.

[64] HANSEMARK O C. Need for Achievement, Locus of Control and the Prediction of Business Start-ups: A Longitudinal Study [J]. Journal of Economic Psychology, 2003 (24): 301-319.

[65] HARGADON A, SUTTON R I. Technology Brokering and Innovation in a Product Development Firm [J]. Administrative Science Quarterly, 1997, 42 (4): 716-750.

[66] HARMS P D, LUTHANS F. Measuring Implicit Psychological Constructs in Organizational Behavior: An Example Using Psychological Capital [J]. Journal of Organizational Behavior, 2012, 33 (4): 589-594.

[67] HART S. A Natural-resource-based View of the Firm [J]. Academy of Management Review, 1995, 20 (4): 986-1014.

[68] HAYNIE J M, SHEPHERD D A, MOSAKOWSKI E, et al. A Situated Meta Cog-

nitive Model of the Entrepreneurial Mindset [J]. Journal of Business Venturing, 2010, 25 (2): 217-229.

[69] HAYNIE J M, SHEPHERD D A, PATZELT H. Cognitive Adaptability and an Entrepreneurial Task: The Role of Meta Cognitive Ability and Feedback [J]. Entrepreneurship Theory and Practice, 2012, 36 (2): 237-265.

[70] HAYWARD M L, SHEPHERD D A, GRIFFIN D. A Hubris Theory of Entrepreneurship [J]. Management Science, 2006, 52 (2): 160-172.

[71] HEATON J B. Managerial Optimism, Overconfidence and Capital Decisions [R]. Mimeo: UC Berkeley, 2003.

[72] HILL E L. Evaluating the Theory of Executive Dysfunction in Autism [J]. Development Review, 2004 (24): 89-233.

[73] HITT M A, IRELAND R D, CAMP S M, et al. Strategic Entrepreneurship: Entrepreneurial Strategies for Wealth Creation [J]. Strategic Management Journal, 2001, 22 (6-7): 479-491.

[74] HITT M A, IRELAND R D, CAMP S M, et al. Strategic Entrepreneurship: Integrating Entrepreneurial and Strategic Management Perspectives [J]. Strategic Entrepreneurship: Creating a New Mindset, 2002: 1-16.

[75] HITT M A, TRAHMS C A. Strategic Entrepreneurship: Creating Value for Individuals, Organizations, and Society [J]. Academy of Management Perspectives, 2011, 25 (2): 57-75.

[76] HMIELESKI K M, BARON R A. Entrepreneurs' Optimism and New Venture Performance: A Social Cognitive Perspective [J]. Academy of Management Journal, 2009, 52 (3): 473-488.

[77] HMIELESKI K M, BARON R A. When does Entrepreneurial Self-efficacy Enhance Versus Reduce Firm Performance? [J]. Strategic Entrepreneurship Journal, 2008, 2 (1): 57-72.

[78] HMIELESKI K M, CARR J C. The Relationship between Entrepreneur Psychological Capital and Venture Performance [J]. Frontiers of Entrepreneurship Research, 2008, 28 (4): 1-15.

[79] HOLT D H. Entrepreneurship: New Venture Creation [M]. New Jersey: Pren-

tien Hall, 1992.

[80] HOSEN R, SOLOVEY-HOSEN D, STERN L. Education and Capital Development: Capital as Durable Personal, Social, Economic and Political Influences on the Happiness of Individuals [J]. Education, 2003 (123): 496-513.

[81] HUNT S D, CHONKO L B. Marketing and Machiavellianism [J]. Journal of Marketing, 1984, 48 (3): 30-42.

[82] IRELAND R D, HITT M A, SIMON D G. A Model of Strategic Entrepreneurship: The Construct and its Dimensions [J]. Journal of Management, 2003, 29 (6): 963-989.

[83] JENSEN S M, LUTHANS F. Relationship between Entrepreneurs' Psychological Capital and Their Authentic Leadership [J]. Journal of Managerial Issues, 2006: 254-273.

[84] KAHNEMAN D, MILLER D T. Norm Theory: Comparing Reality to Its Alternatives [J]. Psychological Review, 1986, 93 (2): 136-153.

[85] KAHNEMAN D, TVERSKY A. Prospect Theory: An Analysis of Decision under Risk [J]. Econometrica, 1979 (47): 263-291.

[86] KEH H T, FOO M D, LIM B C. Opportunity Evaluation under Risky Conditions: The Cognitive Processes of Entrepreneurs [J]. Entrepreneurship Theory and Practice, 2002, 27 (2): 125-148.

[87] KIM Y H, CHIU C Y, PENG S, et al. Explaining East West Differences in the Likelihood of Making Favorable Self-evaluations: The Role of Evaluation Apprehension and Directness of Expression [J]. Journal of Cross Cultural Psychology, 2010, 41 (1): 62-75.

[88] KIRZNER I M. Competition and Entrepreneurship [M]. Chicago: University of Chicago Press, 1973.

[89] KIRZNER I M. Perception, Opportunity and Profit: Studies in the Theory of Entrepreneurship [M]. Chicago: The University of Chicago Press, 1980.

[90] KISH-GEPHART J J, HARRISON D A, TREVIO L K. Bad Apples, Bad Cases, and Bad Barrels: Meta-analytic Evidence about Sources of Unethical Decisions at Work [J]. Journal of Applied Psychology, 2010, 95 (1): 1.

[91] KNIGHT F H. Risk, Uncertainty and Profit [J]. Social Science Electronic Publishing, 1921 (4): 682-690.

[92] KNIGHT G. Entrepreneurship and Marketing Strategy: The SME under Globalization [J]. Journal of International Marketing, 2000, 8 (2): 12-32.

[93] LEE K, ASHTON M C. Psychometric Properties of the HEXACO Personality Inventory [J]. Multivariate Behavioral Research, 2004, 39 (2): 329-358.

[94] LI H, LI J. Top Management Team Conflict and Entrepreneurial Strategy Making in China [J]. Asia Pacific Journal of Management, 2009, 26 (2): 263-283.

[95] LI J. Perceived Opportunity, Team Attributes, and Entrepreneurial Orientation in Chinese New Technology Ventures: A Cognitive Perspective [J]. International Journal of Entrepreneurship & Innovation Management, 2017, 12 (1): 84-106.

[96] LING Y, ZHAO H, BARON R A. Influence of Founder-CEOs' Personal Values on Firm Performance: Moderating Effects of Firm Age and Size. [J]. Journal of Management, 2007, 33 (5): 673-696.

[97] LIU C C. The Relationship Between Machiavellianism and Knowledge-sharing Willingness [J]. Journal of Business Psychology, 2008, 22 (3): 233-240.

[98] LOPEZ S J, FLOYD R K. ULVEN J C, et al. Hope Therapy: Helping Clients Build a House of Hope [C] // Handbook of hope: Theory, Measure, and Applications. San Diego: Academic Press, 2000: 123-150.

[99] LUTHANS B C, LUTHANS K W, AVEY J B. Building the Leaders of Tomorrow: The Development of Academic Psychological Capital [J]. Journal of Leadership and Organizational Studies, 2013, 21 (2): 191-199.

[100] LUTHANS B C, LUTHANS K W, JENSEN S M. The Impact of Business School Students' Psychological Capital on Academic Performance [J]. Journal of Education for Business, 2012, 87 (5): 253-259.

[101] LUTHANS F, AVOLIO B J, AVEY J B, et al. Positive Psychological Capital: Measurement and Relationship with Performance and Satisfaction [J]. Personnel Psychology, 2007, 60 (3): 541-572.

[102] LUTHANS F, AVOLIO B J, WALUMBWA F O, et al. The Psychological Capital of Chinese Workers: Exploring the Relationship with Performance [J]. Man-

agement and Organization Review, 2005 (1): 249-271.

[103] LUTHANS F, LUTHANS K W, LUTHANS B C. Positive Psychological Capital: Beyond Human and Social Capital [J]. Business Horizons, 2004, 47 (1): 45-50.

[104] LUTHANS F, NORMAN S M, AVOLIO B J, et al. The Mediating Role of Psychological Capital in the Supportive Organizational Climate-employee Performance Relationship [J]. Journal of Organizational Behavior, 2008, 29 (2): 219-238.

[105] LUTHANS F, YOUSSEF C M. Human, Social, and Now Positive Psychological Capital Management: Investing in People for Competitive Advantage [J]. Organizational Dynamics, 2004, 33 (2): 143-161.

[106] LUTHANS F. Positive Organizational Behavior: Developing and Managing Psychological Strengths [J]. Academy of Management Executive, 2002, 16 (1): 57-72.

[107] MADDI S R. The Story of Hardiness: Twenty Years of Theorizing, Research, and Practice [J]. Consulting Psychology Journal: Practice and Research, 2002, 54 (3): 173-185.

[108] MANO H. Risk-taking, Framing Effects, and Affect [J]. Organizational Behavior and Human Decision Processes, 1994, 57 (1): 38-58.

[109] MARTIN M M, ANDERSON C M. The Cognitive Flexibility Scale: Three Validity Studies [J]. Communication Reports, 1998 (11): 1-9.

[110] MARTIN M M, ANDERSON C M. The Relationship between Cognitive Flexibility and Affinity Seeking Strategies [J]. Advances in Psychological Research, 2001 (4): 69-76.

[111] MARTIN M M, RUBIN R B. A New Measure of Cognitive Flexibility [J]. Psychological Reports, 1995 (76): 623-626.

[112] MCCLELAND D C. The Achieving Society [M]. Toronto: Van Nostrong, 1961.

[113] MILLER D A, FRIESEN M D. The Correlates of Entrepreneurship in Three Types of Firms [J]. Management Science, 1983, 29 (7): 770-791.

[114] MILLER D A, FRIESEN P H. Innovation in Conservative and Entrepreneurial Firms: Two Models of Strategic Momentum [J]. Strategic Management Journal,

1982 (3): 1-25.

[115] MILLER D A. Downside to the Entrepreneurial Personality? [J]. Entrepreneurship Theory and Practice, 2015, 39 (1): 1-8.

[116] MILLER J D, PRICE J, CAMPBELL W K. Is the Narcissistic Personality Inventory Still Relevant? A Test of Independent Grandiosity and Entitlement Scales in the Assessment of Narcissism Assessment [J]. Journal of Personality, 2012, 19 (1): 8-13.

[117] MITCHELL R K, BUSENITZ L W, BIRD B, et al. The Central Question in Entrepreneurial Cognition Research [J]. Entrepreneurship Theory and Practice, 2007, 31 (1): 1-27.

[118] MITCHELL R K, BUSENITZ L, LANT T, et al. Toward a Theory of Entrepreneurial Cognition Rethinking the People Side of Entrepreneurship Research [J]. Entrepreneurship Theory and Practice, 2002, 27 (2): 93-104.

[119] PAGE L F, DONOHUE R. Positive Psychological Capital: A Preliminary Exploration of the Construct [J]. Monash University Business and Economics, Victoria, 2004: 51.

[120] PARK N, PETERSON C, SELIGMAN M E. Strengths of Character and Well-being [J]. Journal of Social and Clinical Psychology, 2004, 23 (5): 603-619.

[121] PENROSE E T. The Theory of the Growth of the Firm [M]. Oxford: Oxford University Press, 1959.

[122] PHILIPP K, MARIA M, CHRISTIAN S. I think I can, I think I can, Overconfidence and Entrepreneurial Behavior [J]. Journal of Economic Psychology, 2007, 28 (4): 502-527.

[123] PIEDMONT R L, WEINSTEIN H P. Predicting Supervisor Ratings of Job Performance Using the NEO Personality Inventory [J]. The Journal of Psychology, 1994, 128 (3): 255-265.

[124] PIERRE A, BENJAMIN F, JONES, et al. Research: The Average Age of a Successful Startup Founder Is 45 [J]. American Economic Review, 2020, 2 (1): 65-82.

[125] RICHARD R. The Hubris Hypothesis of Corporate Takeovers [J]. Journal of

Business, 1986, 59 (1): 197-216.

[126] ROSENTHAL S A, PITTINSKY T L. Narcissistic Leadership [J]. Leadership Quarterly, 2006, 17 (6): 617-633.

[127] SARASVATHY S D, DEW N, VELAMURI S R, et al. Three Views of Entrepreneurial Opportunity [C] // Handbook of the Entrepreneurship Research, 2003: 141-160.

[128] SCHUMPETER J A. Theory of Economic Development: An Inquiry into Profits, Capital, Credit, Interest, and the Business Cycle [M]. Cambridge: Harvard University Press, 1934.

[129] SELIGMAN M, CSIKSZENTMIHALYI M. Positive Psychology: An Introduction [J]. American Psychologist, 2000, 55 (1): 5-14.

[130] SEXTON D, BOWMAN-UPTON N. Validation of a Personality Index: Comparative Entrepreneurial Analysis of Female Entrepreneurs, Managers, Entrepreneurship Students and Business Students [D]. Wellesley: Babson College Center for Entrepreneurial Studies, 1986.

[131] SHAME W H. Venture Management–The Business of Inventor, Entrepreneur, Venture Capitalist, and Established Company, and Established Company [M]. NY: The Free Press, 1974.

[132] SHANE S A. A General Theory of Entrepreneurship: The Individual-opportunity Nexus [M]. Cheltenham: Edward Elgar, 2003.

[133] SHANE S A. Finding Fertile Ground, Identifying Extraordinary Opportunities for New Ventures [M]. New York: Wharton School Publishing, 2005.

[134] SHANE S, FOO M. New Firm Survival: Institutional Explanations for New Franchiser Mortality [J]. Management Science, 1999, 45 (2): 142-159.

[135] SHANE S, LOCKE E, COLLINS C. Entrepreneurial Motivation [J]. Human Resource Management Review, 2003, 13 (2): 257-279.

[136] SHANE S, VENKATARAMAN S. The Promise of Entrepreneurship [J]. Academy of Management Review, 2000, 25 (1): 217-226.

[137] SHARMA P, CHRISMAN J J. Toward a Reconciliation of Definitional Issue in the Field of Corporate Entrepreneurship [J]. Entrepreneurship Theory and Practice,

1999, 23 (3): 11-27.

[138] SHARMA S, VREDENBURG H. Proactive Corporate Environmental Strategy and the Development of Competitively Valuable Organizational Capabilities [J]. Strategic Management Journal, 1998, 19 (19): 729-753.

[139] SIMON M, HOUGHTON S M, AQUINO K. Cognitive Biases, Risk Perception, and Venture Formation: How Individuals Decide to Start Companies [J]. Journal of Business Venturing, 2000, 15 (2): 113-134.

[140] SIMON M, HOUGHTON S M. The Relationship between Overconfidence and the Introduction of Risky Products: Evidence from a Field Study [J]. Academy of Management Journal, 2003, 46 (2): 139-149.

[141] SIU W S, TAM K C. Machiavellianism and Chinese Bank Executives [J]. International Journal of Bank Marketing, 1995, 13 (2): 15-23.

[142] SNYDER C R, IRVING L M, ANDERSON J. Hope and Health: Handbook of Social and Clinical Psychology [M]. NY: Pergamon Press, 1991.

[143] SNYDER C R. Hope Theory: Rainbows in the Mind [J]. Journal of Psychological Inquiry, 2002 (13): 249-275.

[144] SPAIN S M, HARM S P, LEBRETON J M. The Dark Side of Personality at Work [J]. Journal of Organizational Behavior, 2014, 35 (S1): 21-60.

[145] STAJKOVIC A D, LUTHANS F. Self-efficacy and Work-related Performance: A Meta-analysis [J]. Psychological Bulletin, 1998, 124 (2): 240-261.

[146] STEES R M. Work and Stress Introduction to Organizational Behavior [J]. Human Performance, 1988 (32): 160-177.

[147] STERNBERG R J. The Nature of Creativity [J]. Creativity Research Journal, 2006 (1): 74-77.

[148] TETT R P, JACKSON D N, ROTHSTEIN M. Personality Measure as Predictors of Job Performance: A Meta-analytic Review [J]. Personnel Psychology, 1991 (42): 703-742.

[149] THALER R H. Advances in Behavioral Finance [M]. New Jersey: Princeton University Press, 2005: 36-89.

[150] TIMMONS J A, SPINELLI S. New Venture Creation: Entrepreneurship for the

21$^{st}$ Century [J]. Andi, 2008: 100-104.

[151] TIMMONS J A. Characteristics and Role Demands of Entrepreneurship [J]. American Journal of Small Business, 1978, 3 (1): 5-17.

[152] TIMMONS J A. New Venture Creation: A Guide to Entrepreneurship [M]. Irwin McGraw-Hill, 1999: 3.

[153] TOLLETT J H, THOMAS S P. A Theory-based Nursing Intervention to Instill Hope in Homeless Veterans [J]. Advance Nursing Science, 1995, 18 (2): 76-90.

[154] TREVELYAN R. Optimism, Overconfidence and Entrepreneurial Activity [J]. Management Decision, 2008, 46 (7): 986-1001.

[155] TVERSKY A, KAHNEMAN D. The Belief in the Law of Small Numbers [J]. Psychological Bulletin, 1971, 76 (1): 15-110.

[156] VAN-SCOTTER J R, MOTOWIDLO S J. Interpersonal-facilitation and Job-dedication as Separate-facets of Contextual-performance [J]. Journal of Applied Psychology, 1996 (81): 525-531.

[157] VAN-VIANEN A E M. Managerial Self-efficacy, Outcome Expectancies, and Work-role Salience as Determinants of Ambition for a Managerial Position [J]. Journal of Applied Social Psychology, 1999, 29 (3): 639-665.

[158] VENKATARAMAN S, SARASVATHY S. Strategy and Entrepreneurship: Outlines of an Untold Story [J]. Darden Business School Working Paper, 2001 (10): 1-33.

[159] VENKATARAMAN S. The Distinctive Domain of Entrepreneurship Research: An Editor's Perspective. In J. Katz & R. Brockhaus (Eds.). Advances in Entrepreneurship, Firm Emergence, and Growth, Greenwich [M]. CT: JAI Press, 1977: 119-138.

[160] WATSON D, LUTHANS F. Hope, Optimism, and Other Business Assets: Why "Psychological Capital" is So Valuable to Your Company [J]. The Gallup Management Journal, 2007 (11): 121-137.

[161] WILLIAM Q J. A Configuration Approach to Enterprise Strategy Scope: An Upper Echelons Perspective [J]. International Journal of Value-based Management,

1994（7）：91-106.

[162] 班杜拉. 自我效能：控制的实施上［M］. 缪小春, 李凌, 井世浩, 等译. 上海：华东师范大学出版社, 2003.

[163] 蔡华俭, 丰怡, 岳曦彤. 泛文化的自尊需要：基于中国人的研究证据［J］. 心理科学进展, 2011（3）：100-104.

[164] 蔡莉, 柳青. 新创企业资源整合过程模型［J］. 科学学与科学技术管理, 2007, 28（2）：95-102.

[165] 程聪. 创业者心理资本与创业绩效：混合模型的检验［J］. 科研管理, 2015, 36（10）：85-93.

[166] 池丽萍, 辛自强. 大学生学习动机的测量及其与自我效能感的关系［J］. 心理发展与教育, 2006（2）：64-70.

[167] 邓公平. 消极认知偏差：胰腺癌不良预后的实证模型研究［D］. 长沙：中南大学, 2013.

[168] 杜运周, 任兵, 陈忠卫. 先动性、合法化与中小企业成长一个中介模型及其启示［J］. 管理世界, 2008（12）：126-138, 148.

[169] 方阳春. 包容型领导风格对团队绩效的影响：基于员工自我效能感的中介作用［J］. 科研管理, 2014, 35（5）：152-160.

[170] 冯利伟, 王丽华. 员工人格特质对工作绩效的影响机理：基于5个城市中小企业的调查［J］. 经济研究参考, 2015, 26（16）：78-85.

[171] 高娜, 江波. 创业心理资本量表的初步编制［J］. 牡丹江师范学院学报（哲学社会科学版）, 2014（2）：127-129.

[172] 高娜. 创业心理资本模型的构建及开发策略研究［D］. 苏州：苏州大学, 2011.

[173] 高维和. 创业企业家过度自信研究述评［J］. 科技与经济, 2011, 24（3）：80-85.

[174] 顾远东, 周文莉, 彭纪生. 组织创新支持感对员工创新行为的影响机制研究［J］. 管理学报, 2014, 1（4）：548-551.

[175] 关培兰, 罗东霞. 女性创业者积极心理资本与创业发展［J］. 经济管理, 2009（8）：81-88.

[176] 管文件, 张焱. 高科技企业员工心理资本管理与开发研究［J］. 人力资源管

理，2010（8）：72-74.

[177] 郭本禹，姜飞月. 自我效能理论及其应用［M］. 上海：上海教育出版社，2008：114-117，201-212.

[178] 郭成月. 高等职业院校学生创业心理资本研究［D］. 天津：天津大学，2017.

[179] 郝炳瑕，李敬强. 飞行员人格特质对工作绩效的影响［J］. 人类工程学，2016，22（2）：62-66.

[180] 郝喜玲，涂玉琦，刘依冉. 失败情境下创业者韧性对创业学习的影响研究［J］. 管理学报，2018，15（11）：1671-1678.

[181] 何斌. 创业策略、创业认知与绩效关系研究［D］. 杭州：浙江大学，2004.

[182] 何良兴，苗莉，宋正刚. 创业特质研究：基于黑暗人格和情绪特质的述评［J］. 科技进步与对策，2017，34（24）：125-130.

[183] 侯二秀，陈树文，长青. 企业知识员工心理资本维度构建与测量［J］. 管理评论，2013（2）：115-125.

[184] 胡金生，黄希庭. 华人社会中的自谦初探［J］. 心理科学，2009，29（6）：1392-1395.

[185] 惠青山. 中国职工心理资本内容结构及其与态度行为变量关系实证研究［D］. 广州：暨南大学，2009.

[186] 蒋建武，赵曙明. 心理资本与战略人力资源管理［J］. 经济管理，2007（9）：55-58.

[187] 杰里弗·蒂蒙斯. 创业者［M］. 北京：华夏出版社，2002：7-8.

[188] 柯江林，孙健敏，李永瑞. 心理资本：本土量表的开发及中西比较［J］. 心理学报，2009（9）：875-888.

[189] 李晋，侯红梅，李晏墅. 科技型创业者自恋人格与团队创新绩效的非线性关系研究［J］. 经济管理，2018（4）：69-82.

[190] 李美华，白学军. 执行功能中认知灵活性发展的研究进展［J］. 心理学探新，2005（2）：35-36.

[191] 梁佳慧. 父母教养方式、认知灵活性与中学生创造力的关系［D］. 济南：山东师范大学，2017.

[192] 梁九清. 大学生成就目标定向、自我效能感和状态焦虑的关系研究［J］. 中

国健康心理学杂志，2008（1）：16-18.

[193] 刘欣. 创业心理资本、创业机会能力及创业绩效的关系研究［D］. 苏州：苏州大学，2013.

[194] 卢国华. 坚韧人格与应激—心身反应的关系［D］. 天津：天津师范大学，2008.

[195] 卢希鹏. 创业家与非创业家在创业认知之差异［J］. 永续发展与管理策略，2010，2（1）：1-10.

[196] 牛芳，张玉利，田莉. 创业者的自信、乐观与新企业绩效：基于145家新企业的实证研究［J］. 经济管理，2012，34（1）：83-93.

[197] 牛芳，张玉利，杨俊. 坚持还是放弃？基于前景理论的新生创业者承诺升级研究［J］. 南开管理评论，2012（1）：131-141.

[198] 牛骅. 大学生创业心理资本、创业机会能力和创业绩效的关系研究［D］. 重庆：重庆师范大学，2015.

[199] 齐冰，张建华. 高中生认知灵活性问卷的修订及初步使用［J］. 保定学院学报，2013（1）：101-104.

[200] 齐冰，赵兵，王琨，等. 大学生认知灵活性问卷的修订及初步使用［J］. 心理行为与研究，2013（1）：120-123.

[201] 秦峰，许芳. 马基雅维利主义者的工作绩效和职业成功：基于工作场所的元分析［J］. 心理科学进展，2013（9）：1-24.

[202] 芮正云，方聪龙. 新生代农民工创业韧性的影响机理研究：基于创业资本维度的作用差异视角［J］. 社会科学，2017（5）：54-60.

[203] 邵景虹. 创业者自信、乐观的影响因素和其对创业绩效的影响研究［D］. 天津：南开大学，2010.

[204] 宋国学. 创业韧性：概念、测量与影响［J］. 商业经济与管理，2019，39（2）：22-29.

[205] 孙跃，胡蓓. 知识员工流动感知风险的结构维度［J］. 工业工程与管理，2009（14）：110-114.

[206] 唐琪，顾建平. 企业家灵性资本与自我效能感对创业绩效的作用［J］. 企业经济，2016（9）：111-117.

[207] 唐炎钊，张印轩. 大学生创造性人格对创业意愿的影响研究：基于创业自我

效能感的中介效应［J］. 高教探索, 2018（4）: 89-98.

［208］田喜洲, 蒲勇健. 积极心理资本及其在旅游业人力资源管理中的应用［J］. 旅游科学, 2008（1）: 57-60, 66.

［209］汪凤炎, 郑红. 中国文化心理学（增订本）［M］. 广州: 暨南大学出版社, 2013: 8.

［210］王瑾. 大学生创业心理资本的特点及其与创业意向的关系研究［D］. 北京: 中国地质大学, 2013.

［211］王楠. 心理韧性、跨文化适应对外派员工创新绩效的影响研究［D］. 海口: 海南大学, 2019.

［212］王树青. 大学生自我同一性形成的个体因素与家庭因素［D］. 北京: 北京师范大学, 2007.

［213］王雁飞, 朱瑜. 心理资本理论与相关研究进展［J］. 外国经济与管理, 2007（5）: 32-39.

［214］王玉帅, 黄娟, 尹继东. 创业政策理论框架构件及其完善措施［J］. 科技进步与对策, 2009, 26（19）: 112-115.

［215］魏荣. 企业心理资本发展的理论基础及前瞻价值［J］. 社会科学研究, 2010（3）: 44-47.

［216］翁汀辉. 公正严谨性及其子维度与工作绩效关系的研究［D］. 南昌: 江西师范大学, 2007.

［217］吴明隆. SPSS统计应用实务: 问卷分析与应用统计［M］. 北京: 科学出版社, 2003.

［218］吴晓薇, 黄玲, 何晓琴, 等. 大学生社交焦虑与攻击、抑郁: 情绪调节自我效能感的中介作用［J］. 中国临床心理学杂志, 2015, 23（5）: 804-807.

［219］吴耀昌. 创业者生理心理因素对创业绩效的影响［D］. 苏州: 苏州大学, 2015.

［220］夏欢欢. 高管过度自信与企业多元化［D］. 成都: 西南交通大学, 2008.

［221］徐真真, 汪凤炎. 谦虚: 内涵、分类、测量及与相关变量的关系［J］. 心理研究, 2015, 8（6）: 15-21.

［222］薛红志. 营销职能的创业化: 创业导向与市场导向的融合［J］. 外国经济与管理, 2005（8）: 30-35.

[223] 燕国材. 论自谦心与学习 [J]. 上海教育科研, 2010 (10): 52-54.

[224] 杨道建, 李洪波, 徐占东, 等. 网络双重嵌入与大学生新创企业绩效: 双元创业学习的中介与自我效能的调节作用研究 [J]. 科技进步与对策, 2020 (3): 2-9.

[225] 杨帆, 夏之晨, 陈贝贝, 等. 中国人诚实—谦虚人格的特点及其内隐外显关系 [J]. 心理科学, 2015 (5): 1162-1169.

[226] 杨隽萍, 陈佩佩, 包诗芸. 认知偏差和自我效能感对创业风险感知的影响: 新手和连续创业者的对比分析 [J]. 浙江理工大学学报（社会科学版）, 2019, 42 (6): 618-626.

[227] 杨隽萍, 肖梦云, 于青青. 创业失败是否影响再创业的风险感知行为: 基于认知偏差的研究 [J]. 管理评论, 2020, 32 (2): 115-126.

[228] 杨学儒, 李军. 创业者过度自信研究的最新进展与未来展望 [J]. 管理现代化, 2016 (5): 103-106.

[229] 杨月, 万诗雨, 乔文佳. 大学生创业自我效能感与创业意愿的关系研究 [J]. 中国集体经济, 2018 (26): 65-67.

[230] 叶蓓. 管理者过度自信、投资、现金流敏感度与投资效率 [D]. 武汉: 华中科技大学, 2008.

[231] 叶映华, 徐小洲. 大学生创业心理研究的十年回顾与展望 [J]. 教育研究, 2018 (2): 68-74.

[232] 袁子琪. 认知灵活性、工作巧忆广度对言语理解能力影响的实验研究 [D]. 西安: 西北大学, 2011.

[233] 张辉, 牛振邦. 特质乐观和状态乐观对一线服务员工服务绩效的影响: 基于"角色压力—倦怠—工作结果"框架 [J]. 南开管理评论, 2013, 16 (1): 101-121.

[234] 张阔, 张赛, 董颖红. 积极心理资本: 测量及其与心理健康的关系 [J]. 心理与行为研究, 2010, 8 (1): 58-64.

[235] 张伶, 连智华. 基于组织公正调节中介模型的新生代员工自我效能和创新绩效研究 [J]. 管理学报, 2017, 14 (8): 1162-1171.

[236] 张爽. 研究生创业心理资本的研究 [D]. 重庆: 重庆师范大学, 2017.

[237] 张玉利, 杨俊. 企业家创业行为调查 [J]. 经济理论与经济管理, 2003

(9)：45-51.

[238] 张云清. 同动机强度的趋近积极情绪对认知灵活性的影响：任务难度的调节作用 [D]. 福州：福建师范大学, 2012.

[239] 张韫黎, 陆昌勤. 挑战性—阻断性压力（源）与员工心理和行为的关系：自我效能感的调节作用 [J]. 心理学报, 2009, 41 (6)：501-509.

[240] 赵君, 廖建桥. 马基雅维利主义研究综述 [J]. 华东经济管理, 2013, 27 (4)：145-148.

[241] 赵雷婷. 创业教育对创业意愿的影响研究：以创业自我效能为中介 [D]. 西安：西安工程大学, 2019.

[242] 赵文红, 孙卫. 创业者认知偏差与连续创业的关系研究 [J]. 科学学研究, 2012 (7)：63-70.

[243] 赵西萍, 杨晓萍. 复杂工作环境下心理资本的研究 [J]. 科技管理研究, 2009 (6)：409-411.

[244] 郑晓峰. 变革型领导形成机理及其对创新二元性的影响研究 [D]. 合肥：中国科学技术大学, 2016.

[245] 仲理峰. 心理资本对员工的工作绩效、组织承诺及组织公民行为的影响 [J]. 心理学报, 2007, 39 (2)：328-334.

[246] 仲理峰. 心理资本研究评述与展望 [J]. 心理科学进展, 2007 (15)：482-487.

[247] 周明建, 侍水生, 蒋建军. 人—岗匹配与工作态度：自我效能感的中介作用 [J]. 工业工程与管理, 2011, 16 (5)：123-129.

[248] 朱新秤. 社会认知心理学研究的新进展 [J]. 心理科学进展, 2000, 18 (2)：74-80.

[249] 祝振铎. 创业导向、创业拼凑与新企业绩效：一个调节效应模型的实证研究 [J]. 管理评论, 2015, 27 (11)：57-65.

# 附　录

## 创业企业家心理特征与新创企业绩效调查问卷

尊敬的创业企业家：

您好！本问卷是山东省教育厅委托山东政法学院商学院进行的一项研究课题"创业企业家心理资本影响新创企业绩效的机理分析与实证研究"（项目编号YB1085）的重要组成部分，旨在调查创业企业家的心理资本现状及其影响。

本问卷没有涉及公司的具体名称和填写者的真实姓名，您所填写的问卷除了本项目的科研人员能看到外，我们将严格保密，回收的问卷仅作为整体分析和学术研究之用。

本研究项目的研究结论及政策建议对贵公司具有一定的参考借鉴价值，所有参与问卷填写的创业企业家都可以分享本研究项目的研究成果。完成问卷填写后，请您尽快将问卷邮递或传真给联系人，或递交给上门发放本问卷的研究人员。

您的参与对我们的研究非常重要。为获得真实有效的研究结论，烦请您抽出宝贵时间予以填答。本问卷分为四个部分，全部为选择题，请勿遗漏。谢谢！

联系人：杨凤鲜（课题负责人、讲师、博士研究生）

通信地址：山东省济南市解放东路36号山东政法学院商学院

电子信箱：kaixink123@126.com

如果您想获得本研究课题的研究结论，请您留下贵公司的传真号码或电子信箱：

传真：　　　　　　　　　电子信箱：

## 一、创业企业家及企业基本情况（请在选项前的"□"内打"√"）

1. 性别：□男　□女
2. 年龄：□30岁及以下　□31~40岁　□41~50岁　□50岁以上
3. 受教育程度：□高中（或中专）及以下　□大专　□本科　□研究生及以上
4. 创业经历：□无　□曾经有过创业经历　□正在创业　□未来计划创业
5. 创业企业存在年限：□3年半及以下　□3年半以上至6年　□6年以上
6. 创业企业类型：□国有及国有控股　□集体　□私营　□合资或外商独资
　　　　　　　　□其他
7. 创业企业所属行业：□制造　□批发、零售　□租赁和商务服务　□房地产
　　　　　　　　　　□金融　□住宿餐饮　□信息技术及硬件和软件
　　　　　　　　　　□其他
8. 创业企业员工人数：□20人及以下　□21~50人　□51~100人　□100人以上

## 二、创业企业家的心理特征

下面三个表格中左栏有一些句子描述了您在创业过程中的一些心理活动特征，及您是如何看待和评价自己的。对于这些描述，请选择右栏的选项来表示您对这些描述的同意或不同意的程度（用"√"表示）。

| 序号 | 第一部分 | 非常不同意 | 不同意 | 有点不同意 | 同意 | 有点同意 | 很同意 | 非常同意 |
|---|---|---|---|---|---|---|---|---|
| P01 | 我对于未来的创业活动充满信心 | 1 | 2 | 3 | 4 | 5 | 6 | 7 |
| P02 | 我所具备的决断力能够帮助我实现创业成功 | 1 | 2 | 3 | 4 | 5 | 6 | 7 |
| P03 | 我认为我具备足够的领导能力带领其他人进行自主创业 | 1 | 2 | 3 | 4 | 5 | 6 | 7 |
| P04 | 我是一个非凡的人 | 1 | 2 | 3 | 4 | 5 | 6 | 7 |
| P05 | 我认为我很棒，因为几乎每个朋友都会这么说 | 1 | 2 | 3 | 4 | 5 | 6 | 7 |
| P06 | 大家似乎都认可我的影响力 | 1 | 2 | 3 | 4 | 5 | 6 | 7 |
| P07 | 我对未来的创业成功很乐观 | 1 | 2 | 3 | 4 | 5 | 6 | 7 |
| P08 | 在创业中碰到事情时我会首先看到好的一面 | 1 | 2 | 3 | 4 | 5 | 6 | 7 |
| P09 | 我比较认同"风雨之后总有彩虹"这句话 | 1 | 2 | 3 | 4 | 5 | 6 | 7 |
| P10 | 照着我的方式，事情会有好结果 | 1 | 2 | 3 | 4 | 5 | 6 | 7 |

续表

| 序号 | 第一部分 | 非常不同意 | 不同意 | 有点不同意 | 同意 | 有点同意 | 很同意 | 非常同意 |
|---|---|---|---|---|---|---|---|---|
| P11 | 我相信我的创业会非常成功 | 1 | 2 | 3 | 4 | 5 | 6 | 7 |
| P12 | 当陷入困境时,我能想出其他办法来解决问题 | 1 | 2 | 3 | 4 | 5 | 6 | 7 |
| P13 | 对于企业未来的发展我有着清晰的目标 | 1 | 2 | 3 | 4 | 5 | 6 | 7 |
| P14 | 在创业中我会制订一定的目标,并会根据实际情况对目标进行调整 | 1 | 2 | 3 | 4 | 5 | 6 | 7 |
| P15 | 我喜欢用高明的操纵手段来实现自己的目的 | 1 | 2 | 3 | 4 | 5 | 6 | 7 |
| P16 | 确保创业计划对自己有利而不是别人 | 1 | 2 | 3 | 4 | 5 | 6 | 7 |
| P17 | 在困难面前我会越挫越勇 | 1 | 2 | 3 | 4 | 5 | 6 | 7 |
| P18 | 在遇到困难时我会从外界获得支持并渡过难关 | 1 | 2 | 3 | 4 | 5 | 6 | 7 |
| P19 | 我已经经历过很多困难与挫折,对于未来潜在的磨难我都能挺过来 | 1 | 2 | 3 | 4 | 5 | 6 | 7 |

| 序号 | 第二部分 | 非常不同意 | 不同意 | 有点不同意 | 同意 | 有点同意 | 很同意 | 非常同意 |
|---|---|---|---|---|---|---|---|---|
| J01 | 创业过程中我不轻易承诺 | 1 | 2 | 3 | 4 | 5 | 6 | 7 |
| J02 | 喜欢三思而后行 | 1 | 2 | 3 | 4 | 5 | 6 | 7 |
| J03 | 做重要决定会多听他人意见 | 1 | 2 | 3 | 4 | 5 | 6 | 7 |
| J04 | 鼓励他人多提意见 | 1 | 2 | 3 | 4 | 5 | 6 | 7 |
| J05 | 我会不断更新知识结构 | 1 | 2 | 3 | 4 | 5 | 6 | 7 |
| J06 | 不断改进做事方式 | 1 | 2 | 3 | 4 | 5 | 6 | 7 |
| J07 | 不断提升自己的能力 | 1 | 2 | 3 | 4 | 5 | 6 | 7 |
| Q01 | 我认为同事也有胜过自己的地方 | 1 | 2 | 3 | 4 | 5 | 6 | 7 |
| Q02 | 我善于发现别人的优点 | 1 | 2 | 3 | 4 | 5 | 6 | 7 |
| Q03 | 我经常提醒自己"山外有山,人外有人" | 1 | 2 | 3 | 4 | 5 | 6 | 7 |
| Q04 | 遇到不懂的问题,我会虚心向同事求助 | 1 | 2 | 3 | 4 | 5 | 6 | 7 |
| Q05 | 我时常会想起以前帮助过自己的人 | 1 | 2 | 3 | 4 | 5 | 6 | 7 |
| Q06 | 我认为自己取得的成就与别人的帮助是分不开的 | 1 | 2 | 3 | 4 | 5 | 6 | 7 |

续表

| 序号 | 第二部分 | 非常不同意 | 不同意 | 有点不同意 | 同意 | 有点同意 | 很同意 | 非常同意 |
|---|---|---|---|---|---|---|---|---|
| F01 | 我能用许多不同的方式和他人交流想法 | 1 | 2 | 3 | 4 | 5 | 6 | 7 |
| F02 | 在任何既定的情境中，我都能举止适宜 | 1 | 2 | 3 | 4 | 5 | 6 | 7 |
| F03 | 在分析事情原因时，我会搜集其他信息帮助判断并愿意创造性地解决问题 | 1 | 2 | 3 | 4 | 5 | 6 | 7 |
| F04 | 我会权衡不同的方法，提出的解决方案是我深思熟虑后的结果 | 1 | 2 | 3 | 4 | 5 | 6 | 7 |
| F05 | 在任何既定的情境中，我都有着许多可能的行为方式 | 1 | 2 | 3 | 4 | 5 | 6 | 7 |
| F06 | 我愿意倾听别人的观点并考虑处理问题的其他方法 | 1 | 2 | 3 | 4 | 5 | 6 | 7 |
| F07 | 我有信心尝试不同的行为方式 | 1 | 2 | 3 | 4 | 5 | 6 | 7 |

### 三、新创企业绩效

下面的表格调查贵公司的经营绩效，我们采用主观测量的方式。请您对下面两个问题"公司目标对贵公司的重要性"和"您对公司当前目标完成情况的满意程度"进行评价，用"√"选择。

| 公司目标 | 公司目标对贵公司的重要性 ||||||  您对公司当前目标完成情况的满意程度 |||||| 
|---|---|---|---|---|---|---|---|---|---|---|---|
|  | 不重要 | 较不重要 | 一般 | 较重要 | 重要 | 非常重要 | 不满意 | 较不满意 | 一般 | 较满意 | 满意 | 非常满意 |
| 净利润增长 | 1 | 2 | 3 | 4 | 5 | 6 | 1 | 2 | 3 | 4 | 5 | 6 |
| 销售增长 | 1 | 2 | 3 | 4 | 5 | 6 | 1 | 2 | 3 | 4 | 5 | 6 |
| 雇员增长 | 1 | 2 | 3 | 4 | 5 | 6 | 1 | 2 | 3 | 4 | 5 | 6 |
| 市场份额增长 | 1 | 2 | 3 | 4 | 5 | 6 | 1 | 2 | 3 | 4 | 5 | 6 |